建築家坂倉準三の生涯

本書は、1975年9月1日に私家版として発行された同名書籍の新装版です。
訂正などは最小限に留めました。
なお、初版の奥付には、800部限定版、発行者坂倉百合、製作者鹿島出版会と記されています。

大きな声刊行会／鹿島出版会／1975

準三の急逝した1969年から6年間かけてつくり上げられた『大きな声』は、生前親しかった著名な友人の方々、優秀な所員の方々の熱意が実って完成度の高いものに仕上がりました。その後、多くの方たちに愛され、支持されてきましたが、私家版として部数に限りがあったため手に入り難く、長年の間その再版が望まれていました。このたび「坂倉準三展」に合わせて鹿島出版会のご尽力により再版が実現できましたことは、このうえない喜びであります。

『大きな声』は私たち家族にとっても、つねに準三を身近に感じることのできる大切なものでありました。夫人のユリ（百合）は、パリ万博当時の準三との出会いから、生涯彼の支えとなってきました。真面目で一本気だった準三の友人関係も、ユリの存在によって和やかな温かいものとなり、家族ぐるみのお付き合いは最後まで続きました。
一昨年12月、坂倉新平氏の絵画「大きな声」を受け取った数時間後、すうっとこの世を去りました。きっと準三の元へ早く届けたかったのでしょう。今回の展覧会も鎌倉の丘の上から、二人で楽しく見守ってくれていることと思います。『大きな声』ができるだけ多くの方々に届きますことを心からお祈りします。

2009年5月
坂倉竹之助

大きな声

建築家坂倉準三の生涯

アトリエの坂倉準三　　1966

ル・コルビュジエ先生へ

　読売新聞は昨年来，カール・ヤスパース，マルチン・ハイデッガー，ガブリエル・マルセル等々世界的な思想家たちに世界の平和についての答えを求め，問答の形でそれを紙上に連載してまいりましたが，いま世界の平和についてのあなたのお考えを求めることを私に託しました。

　私はあなたが実に50余年にわたって主張しつづけておられるあの「輝く都市」の都市計画理論が，実は深く広い人間愛に基づいていることを知っております。これが，世界平和を希求する世界のすべての国々の人たちの心に通ずる建築家としての一つの正しい考え方だとかたく信ずるのですが。
　現在なお建築創造の戦いのためにきわめて多忙な日々を送っておられます先生に急いで世界の平和についてという重要な課題についての答えを求めることは，先生を大いにわずらわすことになりはしないかと恐れます。

　私も，この日本にいて，忙しい日々の建築創造の活動を通じて，世界の平和への人間共通の努力に参画することが，参画できるようにすることが，建築家としての——ことに30年来あなたのCIAM（近代建築国際会議）に参加してきた建築家としての義務であり権利だと思っております。
　現在の世界の情勢を通して，おのおのの国にあって，われわれ建築家が世界の平和のための建設に積極的に参画できるのは，自らの建築創造活動を通じてよりほかにないと思います。

　いま，世界の平和強化のために，各国の首脳者たちの間で，いろいろの意見交換が行なわれています。原子力時代の現実と呼ばれているものを正当に評価することによって，世界の運命とその諸国民の未来に高い責任をもつ政治家たちが自らの共通の義務として，新しい戦争の危険を除去できる，いっそう根本的な勇気のある措置の実行に着手しなければならぬと考えることが，きわめて緊急であり重要であることは，なんびとも認めるところであります。
　先生もつとにお考えのように，これらの重要な問題は実は世界の国民の人間生活そのものを考えることによって，民族，人種，政治的見解，宗教的信条をこえて，すべての人びとが世界の平和の維持強化の問題がいかに自分たちの関心の中心にならざるをえないかと考えるところにあると思います。

　私は最近これに関連して，きわめて小さいようで，実は重要な一つの運動がこの国にも芽ばえ，それが徐々に全国的に広がろうとしているのを知って，一つの新しい希望を持つようになりました。
　この国の中国地方のある一つの県（山口県）で県知事自らの提唱によって新しくできる国道，県道の両側を草花で埋めようという運動が婦人会，青少年のグループ活動となって芽ばえ，いまや県民全体の一つの活動として強く育ってきたという一つの現実です。これはあなたにとっては，ことさら取り上げる問題であろうかとお疑いになるかもわかりませんが，この社会に共存している，ことに戦後の青少年の，人間性を忘れた，義務観念の著しい欠如の状態を知っている私たちにとっては，一つのまことに輝かしい希望を与えるものです。

　先生が，常日ごろ考えておられるほんとうの人間愛にささえられたもの，それぞれの国の人間生活に基礎をおき，すべての国の人間の幸いを考え，民族，人種，政治的見解，宗教的信条をこえた活動こそが，ほんとうの世界平和確保のための運動になるのです。しかしそれには，まず自分たちの身近にある，たとえば自分たちの道路を美しく育てよう，すべての人たちの協力によって美しい草花で埋めようというような，小さいしかし真実の心のあらわれがなくて，どうしてより大きな，遠い国々との平和共存のことが考えられましょうか。

　私は先生のお宅の屋上の庭をいつも思い浮かべます。この戦争中長い間ほうりっぱなしにしてあったのでよく野生の小鳥たちが，いろいろの木や花の実を運んできたのが育って，先生の好みにあった自然の姿になったあの庭，野生の小鳥の数多く住みついたあの庭，そういう野鳥への心づかいにあらわれる先生の愛情。

　深い人間愛にささえられて，長い間あれほどはげしい戦いを妥協することを知らず，試みをするたびに自分の手をやけどするような，ぶきっちょな，しかし真剣な人間として，すべての夢を持った創造的人間に共通する運命を戦い抜いてこられた先生の世界平和へのお考えはたとえ数行のメモであっても必ずやわれわれを動かすものでありましょう。忙しい先生をわずらわすことをお許しください。
　　　　　　　　　　　　　　　　　　　　　　　　坂倉準三

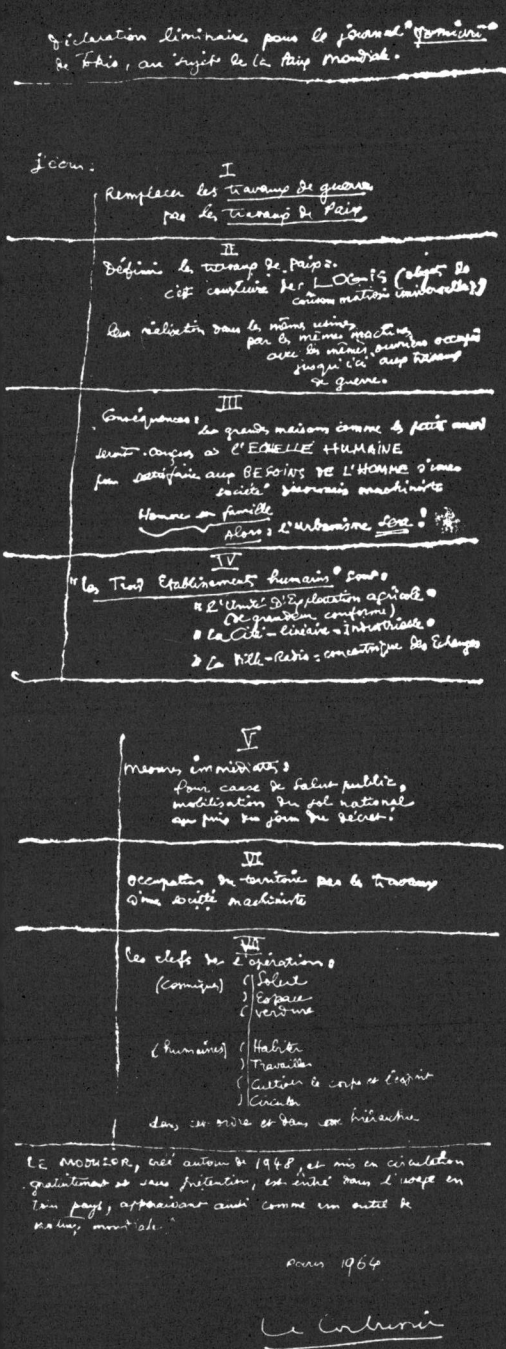

坂倉準三さんへ

私は本日あなたに親しく自分の手でかいた「一つの宣言」をお送りします。あなたのいいように、それを発表してください。私は私の手でかいた筆跡を、そのまま写して新聞に載せてくださるのがよいと思います。私はあなたが要求されるこの小さな「宣言」でずいぶん苦労しました。

あなたへの友愛をこめて
　　　　　　　　　ル・コルビュジエ

世界の平和についての読売新聞社のための宣言
　　私はかくのべる

1

戦争のための仕事を平和の仕事におきかえる。

2

平和のための仕事とはなんであるかをはっきりさせる。すなわち、住居を建設すること。——これは全世界の消費の目的である。
　　同じ工場のなかで、
　　同じ機械によって、
　　今日まで戦争のために仕事をやらされてきた同じ労働者の手によって、
　　これを実現すること。

3

その結果——
　　大きな家と小さい家とが
　　これからの機械文明の社会に生きる
　　人間の要求を満足させるための
　　人間的尺度にあったものとして
　　つくりだされることであろう。

人間と家族
かくて都市計画は、次のように考えられよう。

4

「人間の営みに必要な三つの設立物」は、
「人間の仕事に依存する三つの基準となる建築物」は、
　　「農地開発単位」（適度の大きさ）
　　「直線状工業都市」
　　「商業交換のための同心円的放射状都市」

5

いま直ちに一刻の猶予もなく処置をしなければならないことは——
　　社会の人々の救済のために
　　法令の出た日の価格によって
　　国家の土地を解放すること。

6

機械文明の社会にふさわしい仕事によって土地を占有すること。

7

その実施運用のカギは——
　　（宇宙的には）
　　太陽
　　空間
　　緑
　　（人間的には）
　　四つの機能
　　住む
　　働く
　　心身を育成する
　　この秩序と制約のなかで
　　往来する。

（読売新聞—昭和39年7月26日—世界人と平和問答より抄録転載）

序　　　　　　　　　　　ホセ・ルイ・セルト

私はパリのセーヴル街35番地にあったル・コルビュジエの仕事場で坂倉準三に初めて出会いました。そこで彼は"サカ"という名で呼ばれていました。私達はこの都市でエクスポ37の開催の間，始終会っていました。当時彼は日本館を建てていて，それはちょうどアアルトオ設計のフィンランド館に隣接し，私が設計していたスペイン館から通りを隔てたところでした。ピカソの"ゲルニカ"が誕生したのは，その頃でした。

　スペイン人民戦争が荒れ狂っており，サカが日本へ発った直後に起った第2次世界大戦の前哨を思わせるものがありました。戦時中，私達はみんな別れ別れになっていたのですが，友情は存続していました。そして近代建築国際会議によって，私達は再び結びつけられました。近代建築国際会議とか，セーヴル街での体験に私達がこれほどまでに密接につながっていたことに，サカやその他の近代建築国際会議の仲間達と，大いに驚き，大いに喜び合ったのでした。私達のコルビュジエに対する大きな尊敬の念が，私達を結びつけていたのです。戦後の数々の会議，サカの

アメリカ訪問，私の日本訪問，そしてパリのシャルロット・ペリアンとの集まりなどが，私達の友情を続けさせてくれました。

　坂倉と前川國男はコルビュジエの理念と日本に対する堅い信頼を，日本に移入したのです。そして，それによって，建築における東洋と西洋のよろこぶべき結婚がもたらされ，日本で開花するに至りました。後に丹下健三が，この方向を，さらに極限にまで発展させたのです。多年にわたるサカのすぐれた仕事を見ますに，彼と彼の協力者は，彼らのつくりだした建物に首尾一貫した質を保ってきました。空間の豊かさと仕上げの美しさが一体化された公共建築は，戦後の日本における建築の奇蹟の一つです。富んだ戦利者が自らの国民に与えることができなかったような文化センターを，敗戦国はその国民に与えることができたのです。1963年の日本訪問の期間中，アメリカに比較して，日本がいろいろな面をもっていることに私は驚きました。たとえば，この国では公共建築がそうどこにでも見ることができないような市民的な，文化的な質をもっているのです。グッド・デザインが，もちろん坂倉を含む多くの日本の建築家達の中に，自然に芽ばえてきているように思えました。日本の建築は，ほかの多くの国々よりも良い現代建築の例をたくさん示しております。

　私がコルビュジエのアトリエで過していた間に，仕事をしている坂倉と前川に会う機会が度々ありました。そして後にハーバード・デザイン学校のマスターコースで，再び日本の建築家のデザイン才能，つまり生まれつき持った空間関係，プロポーションのセンス，過去に完成されたものと現在の最高のものを総合させる能力に，親しく接しました。1963年に坂倉の建築のいくつかを見たとき，私は彼のデザイン的，技術的才能の伸びを強く感じました。それらの建物は，その後に続いてつくられた一連の作品の最初のものでした。岐阜・羽島市の市庁舎が初めで，呉市市庁舎がその後に続きます。上野市市庁舎，和歌山のホテル・ブルースカイ，エキスポ70の電

力館，大阪の薬品会社中央研究所，そして東京のビラ・セレーナはすべて，いろいろな違ったスケールの中に含まれた問題を解くために，坂倉が示した才能と能力のきわだった例であります。彼は広い空間に対する認識をもっており，コンクリートと艶のあるタイルの使用は常に生き生きとしており，その上強烈であるにもかかわらず，決して粗野ではありません。日本にもち込まれた彼の建築の要素は，完全に日本に同化させられました。それを可能にしたのは，彼の精神が，日本の伝統の最良のもの，すなわち彼の国の名もない建築に深く根ざし，科学技術などというものを超越した不変の要素——景観と人間と建築を一体にするような要素に愛着を失うことなく，ヨーロッパを楽しみ，そして理解したからです。

　しかし私は日本を訪問中，このような良質のものが，都市計画の分野にまでは，広がっていないことに当惑したものです。京都にみられるような，きわ立った計画的デザインをのぞいて，日本の都市は全般的に，いろいろの建築上の業績に比較すると，はるかにおくれております。しかし未着手のいくつかの例を含めて，都市問題におけるここ数年来の興味深い発展は，将来への大きな約束を物語っております。

マサチューセッツ州ケンブリッジにて
ホセ・ルイ・セルト

I met Junzo Sakakura in Le Corbusier's workshop at 35, rue de Sèvres in Paris, where he was known as "Saka". We saw each other frequently during the Expo 37 in that city when he was building the Japanese Pavilion, close to Aalto's Finnish Pavilion and across the street from the Spanish Pavilion that I was designing. Picasso's "Guernica" was born in those days.

The Spanish Civil War was raging and was the prelude to World War II, which began shortly after Saka left for Japan. We were all separated during the war years, but our friendships continued, and we were brought together again by the International Congresses for Modern Architecture (CIAM). With Saka, as with other CIAM colleagues, it was both surprising and gratifying to find how close we had stayed to the CIAM and the rue de Sèvres experience—our great admiration for Le Corbusier held us together. The post-war congresses, Saka's visits to the United States, my visit to Japan and meetings in Paris with Charlotte Perriand kept our friendships alive.

Sakakura and Kunio Maekawa were the importers of Le Corbusier's principles and firm beliefs to Japan, giving birth to a happy marriage of East and West in architecture that has since blossomed in that country. In subsequent years, Kenzo Tange has brought this trend to its farthest development. In reviewing Saka's considerable work, spanning a great many years, he and his associates have maintained a consistent quality in the buildings they have produced. Their public buildings, incorporating a generosity of spaces and beautiful finishes, are part of the Japanese post-war architectural miracle. The country that lost the war could give its people cultural centers that the wealthy victors "could not afford." In 1963 during my visit to Japan, I was surprised at the different attitude of Japan as compared with the United States—the public buildings there have a civic and civilized quality that is rarely seen anywhere else. Good design seems to come naturally to many Japanese architects, including of course, Sakakura. The architecture of Japan shows more examples of good buildings of recent date than the majority of other countries.

During my years at Le Corbusier's atelier I had many opportunities to see Sakakura and Kunio Maekawa at work; and later in the Master's class at the Harvard School of Design, I once again became familiar with the designing gifts of the Japanese architects—their inborn sense of spatial relationships, proportions and their ability to integrate the roots of the past and the best of the present. When I saw some of Sakakura's buildings in 1963, I was impressed with the development of his design and technical abilities. Those buildings were the first of a series that were later produced. The Hajima Municipal Office in Gifu was followed by the Kure Municipal Office, the Ueno Municipal Office, the Hotel Blue Sky in Wakayama, the Electric Power Pavilion in the Osaka Expo of 1970; the Pharmaceutical Company Central Laboratory in Osaka and the Villa Serena in Tokyo are all outstanding examples of the ability and talent demonstrated by Sakakura in solving problems at many different scale. His knowledge and use of concrete and glazed tiles in vast surfaces is always animated; and besides being strong, it is never brutal. The elements in his architecture that were imported to Japan were assimilated by a mind that had enjoyed and understood Europe without losing its attachments to the best in Japanese tradition: to those elements deeply rooted in the anonymous architecture of his country, constant elements that are beyond technology—which bring the landscape, the people and the buildings together.

During my visit to Japan however, I was intrigued that these qualities had not developed further into the urban design field. Their cities (inspite of some outstanding planning design such as that seen in Kyoto) were as a whole, far behind their varied architectural achievements, but the great interest developed in recent years in urban problems together with some examples not yet built, hold great promise.

José Luis Sert
Cambridge, Massachusetts

編集委員

阪田誠造
竹村真一郎
富永惣一
西澤文隆
藤木忠善
前川國男
柳　宗理
　（五十音順）

装丁　亀倉雄策

目　次

序　　　　　ホセ・ルイ・セルト ──────── 8

人間坂倉準三 ────────────── 17
　人間坂倉準三　　富永惣一　18
　「モシ，モシ……」　シャルロット・ペリアン　31

坂倉準三への手紙　前川國男 ──────── 39

ÉLÉVATION ──────────────── 53
　パリ万国博日本館　1937　　54
　　巴里万国博日本館について／坂倉準三　　パリ博日本館の印象／F.サメル
　　パリ万国博日本館批評／S.ギーディオン他　　東京・巴里 1936～37／藤木忠善
　新京南湖ボートハウス　1938　　74
　等々力飯箸邸　1941　　76
　　「家の精」について／今泉篤男
　組立建築　1941～50　　84
　　組立建築から最少限住居まで／藤木忠善
　鎌倉近代美術館　1951　　92
　　6週間の秀作／阪田誠造
　新宿西口広場　1966　　102
　　ある問答／竹村真一郎
　家　具　1939～69　　110
　　坂倉準三と家具／布川俊次
　諸活動　1937～69　　118
　　かたちのない建築／藤木忠善

坂倉準三年表　1901～69 ─────────── 127
　略歴・作品／建築界・世界

坂倉準三著書・論文・文献目録　176　　坂倉準三建築研究所スタッフ年譜　187
写真撮影　188　　装幀者の弁／亀倉雄策　188　　あとがき　189

再版資料　坂倉準三主論文　191

人間 坂倉準三

人間坂倉準三　　　　　　　　　　　　　　　　　　　　　　　　富永惣一

　私が坂倉準三を識ったのは，東大文学部にいた頃だから，大正13年だったと思う。坂倉も私も，美学美術史学科の学生だったが，はじめの1年間は殆んど話す機会がなかった。同期生に望月信成君（後の大阪市立美術館長）がいて，坂倉は望月君と親しかった。望月君が私に坂倉を紹介してくれた。そのあたりのことははっきり覚えていないが，いつもあまり口をきかぬ寡黙な青年であった。謙遜で，決して自己を主張するふしが見えなかった。話しても何か口ごもる様子であった。その坂倉が1年も経たないうち，急に大いにしゃべるようになった。というのはおそらく，その頃から私達ふたりの間に美術というものが掛け橋となって来たからだと思う。共にこれという確信もなければ，美術にひたむきに走るという気配もなく，ただ漫然と画家や作品のことを話しはじめたものだが，それがきっかけとなって近づきはじめ，大学では珍しく語り合う間柄になった。しかし依然として何故美術を勉強するのか，私自身もよく自覚していないし，坂倉もどうしてこの学問にとび込んで来たのか，やはりはっきりしていないようであった。大学自体も文学部と云えば学生は少なく，殊に美術史などに至っては数えるほどで，私のクラスは総勢4人

だった。東京の大震災から間もない頃であったが、今から思えば時代はのんびりして、誰も就職のことなど気にもかけなかったし、そんな話をした覚えはない。大正年代は第1次世界大戦によって利を得た日本が、にわかに経済的な繁栄を得た時代で、ともかく世界的な経済活動の網に、日本も首をつっ込み始めた頃で、そのお陰でか、私も坂倉も、また同期の諸君も、生活のことに別に苦労することはなかった。勿論、誰も金持ではないが、また、そんなに貧しい気配は少しもなかった。何となく家の仕送りで楽に暮らせたし、気楽だった。学内の雰囲気も決してさし迫った空気は何一つなく、悠然たるもので、教室に出るも出ないも、全く気分次第のようなところがあった。ある博士の教室は出席する者がふたりきりのようなこともあり、私達がもし欠席すれば、博士は授業するわけにいかず、それでは困るので、「どうぞ出席して下さい。」と、教務部から頼まれたことさえあった。その上、坂倉も私も生まれながら呑気なたちだったから、東大の3年間は最も楽しく、むしろ他愛ないものでさえあった。本郷通りに「呑気」というおでん屋があって、坂倉とよくそこに入って、大根や豆腐を食べながら、ボッティチェリがどうの、ジョットがどうのと、話すのが教室にいるよりはずっと楽しく、ためになっているような気がしていた。私は怠けものだったが、坂倉も律気なくせに、大学は何物ぞという顔つきをしていた。

　ある時、このおでん屋の路地を入って、曲り曲って行くあたりに、坂倉の下宿があり、そこを訪ねたことがある。6帖の畳が敷いてあり、その部屋の割合には大きな机が置いてあったが、別に本らしいものはなく、とくに勉強している様子もない。しかし、その反対側の壁には、おそろしく大きなボッティチェリの「ヴィーナスの誕生」の、色刷りの複製がかかっていた。金色の額縁が光っている。坂倉はその頃、ルネッサンスに興味をもっていたことは知っていたが、こんなに大きなボッティチェリの額絵を部屋一杯に飾りたてているとは、思いもよらなかった。だから、やがて卒業論文にはボッティチェリでも書くのだろうと、聞きもしなかったがひとりで思い込んでいた。ところが間もなく、坂倉は腸チフスにかかった。1月経っても姿を現さなかった。

上　大学時代の坂倉準三が自室に飾っていたボッティ
　　チェリ　ヴィーナスの誕生　1487
下　坂倉準三の渡欧の目的の一つはこの僧院を訪れる
　　ことでもあった　カーンの聖エティエンヌ修道院
　　教会　11〜13世紀

なんでもかなり重い病状だと聞いたが，伝染病なので，見舞にも行けなかった。病後の静養もあって，それから数ヶ月は杳として音沙汰がなかった。私はそろそろ卒業論文にかからなければならなかったが，坂倉は病気のため1年延ばすことになった。そういうことで，その頃から殆んど1年ほど会う機会もなくなってしまった。私はこうしてひと足先に大学を卒業した。卒業しても更に1年，大学院に通っていたので，時たま坂倉と顔を合わすことはあった。いよいよ坂倉も卒業論文を書かねばならなくなった頃，偶然，大学の運動場の横でバッタリ出合った。久々だったので，近所の「青木堂」という名物の喫茶店へ行って話してみると，坂倉はゴシック建築について論文を書いていると云った。私は全く虚を突かれたような気持で不審な顔をしたに違いない。いつの間にボッティチェリからゴシックに移ったものか，一向に見当がつかなかった。その辺のことを別に聞き返しもしなかったが，恐らくこの病気以後1年間，あまり会わなかったうちに，彼の興味は建築の方へ移動して行ったように思われた。やがて論文も出来，無事卒業したが，卒業間際になって，突如手紙が来た。それによると，卒業したらすぐにフランスに行く。ル・コルビュジエの所で働く，というのである。私は再び虚を突かれた。およそこれまでの坂倉はフランス語のフも知らず，一高時代はドイツ語班だったから，彼の中にフランスと結びつくものは何も感じなかった。そのフランスが所もあろうに，パリの只中の近代建築の花形，ル・コルビュジエを目がけてとび出すというのには，驚かざるを得なかった。しかし，今にして思えば，これが坂倉なのである。おそらくチフスの病床にあった時，壁を見詰めながら，日本を去ることを夢みたに違いない。平常の坂倉の格好から見れば，むしろ重厚で，時には少し鈍重な所さえ感じられたのだが，彼はまた思い切った飛躍をする大胆な男だったのである。

　建築に興味を抱いてから，おそらくこれを歴史的に調べることに甘んぜず，自分の建築を地上に建てたい夢にかられたに違いない。そうなると，ひたむきに建築，建築となる。建築となったからには，現代，世界で最高の建築家でなければ気が済まない。彼はル・コルビュジエを選んだ。しかし，彼は建築に関する限り，おそらく全くの素人で，ゴシックのことは多少調べたにし

ても，少しの基礎的知識もなかったはずである。フランス語も知らない。それでいて直ちに現代建築の創始者の膝もとにとび込もうと決意した。こうして，彼は日本の大学の建築科とは全く無縁であり，一般の建築家とは軌を異にしたのである。

　この決意はやがて実現した。卒業して間もなく，春まだ浅い頃，フランス船に乗って横浜から出帆するという知らせが来た。私は画家佐藤敬君と，もうひとり誰だったか忘れたが，3人で横浜まで見送りに出掛けた。夕方であった。船は翌朝早々出帆するということだったので，船内でフランス料理を食べ，他愛なく話し合っていたが，気がついてみると真夜中になっていた。それで我々3人は別れを告げ，船から降り，タクシーに乗って帰ろうとすると，坂倉も降りて来て，車に乗り込んだ。我々は桜木町の駅へと運転手に告げたが，坂倉は大きな声で，「いや，街へ。」と云う。「もう遅いから帰ろう。駅へ。」と云うと，また坂倉は「街へ」「街へ」と繰り返す，運転手は困って，「では，真直ぐ走りましょう。」と，ただ当てもなく深夜の横浜を直線に走りはじめた。坂倉はどうしても別れるのがいやだったのだ。はじめて見る外国船へ乗って，ひとり異国へ旅立つ青年は，必死になって我々を離そうとしなかった。止むなく私は坂倉の片腕を握りしめながら，「僕が残ろう。だから駅へ行こう。」と云うと，やっと坂倉もうなずいた。こうしてふたりを駅に降ろして，再び私と坂倉は船に戻った。そして，船室のベッドの上に横たわりながら，また何か他愛なく話し続けた。しかし，ふたりとも，いつしかまどろみはじめた。気がついてみると，船のエンジンの音が高くなっている。ドラが鳴りはじめた。出帆である。「出帆だ，出帆だ。」と，私は思わず叫んだ。「じゃあ，行って来い」と，私は走り出るようにして船を降りた。と，同時にはしごが巻き上げられ，大きな船体は動きはじめた。坂倉も甲板に出て来ている。ふたりが甲板の上からと桟橋の下からと，見合す間に，船は桟橋を離れた。坂倉も私も思わず，力限り手を振った。何か云ったが，それは互いに聞こえなかった。次第に船は遠のき，その影は小さく，ほのかにあけゆく朝霧の中に消え去った。誰ひとり甲板にも桟橋にも人影ない寂しい別れ

◀　坂倉準三スケッチ　リュクサンブール公園　1938

であったが，また，これほど美しい別れはなかった。

　おそらくフランスへ行ってからも，当座は坂倉も困ったであろうし，第一，ル・コルビュジエも当惑したに違いない。これには先にフランスで建築に専念していた前川國男君が，当初は面倒を見てくれて，彼の夢は実現の第一歩に達したのである。建築の第１ページから，しかも異国で始めることになったのだから，並大抵の苦労ではなかったであろう。しかし，そういう冒険的な困難に出合うと，坂倉はそれに猛然と飛びかかるところがある。建築については未知であろうとも，フランス語は未だ不自由であろうとも，やがてル・コルビュジエは彼のひたむきな純情を感じとった。家具の方を専門に担当していたペリアン女史も，この青年の誠実な人柄を直ぐに見抜いた。アトリエの人達，サメルもセルジュも，やがて皆この新来の日本の青年を心から愛した。坂倉の建築はこうして，ル・コルビュジエ，ペリアンたちのアトリエにこもる愛情の中で育った。ル・コルビュジエは，ただ単なる建築の師であるばかりでなく，おそらく父のような存在であったろう。若い建築家にとって，それはこの上ない幸福であった。

　やがて，私もまたフランスに留学することになった。３年振りで私はパリの町中で坂倉と出合った。もうその時はすっかり外国生活にも慣れ，フランス語も覚え，新来の私の先輩格となっていた。その日から３年余り，１日として坂倉に会わない日はなかった。先ず，パリの町の様子を教えてくれたし，一切の世話をしてくれた。その親切さは言葉では尽せないものであった。私の住む下宿も熱心に探してくれたし，一切の下準備は彼に負うものであった。ここで，大学以来のふたりの会話が再びはじまるが，坂倉と私との間に，かつてない別の芸術観が対立していることを私は直ぐに感じた。坂倉はパリ生活を通じ，建築を通じ，既に３年前から現代と取り組んでいる。云うまでもなく，ル・コルビュジエは近代建築の前衛であり，草分けでもあった。従来のアカデミックなフランス建築に真向から挑んで，建築の革命的飛躍を考えていた創始者である。こ

◀　ヴェネツィアに遊ぶ坂倉準三（左）と富永惣一　イタリア，ギリシア旅行　1932

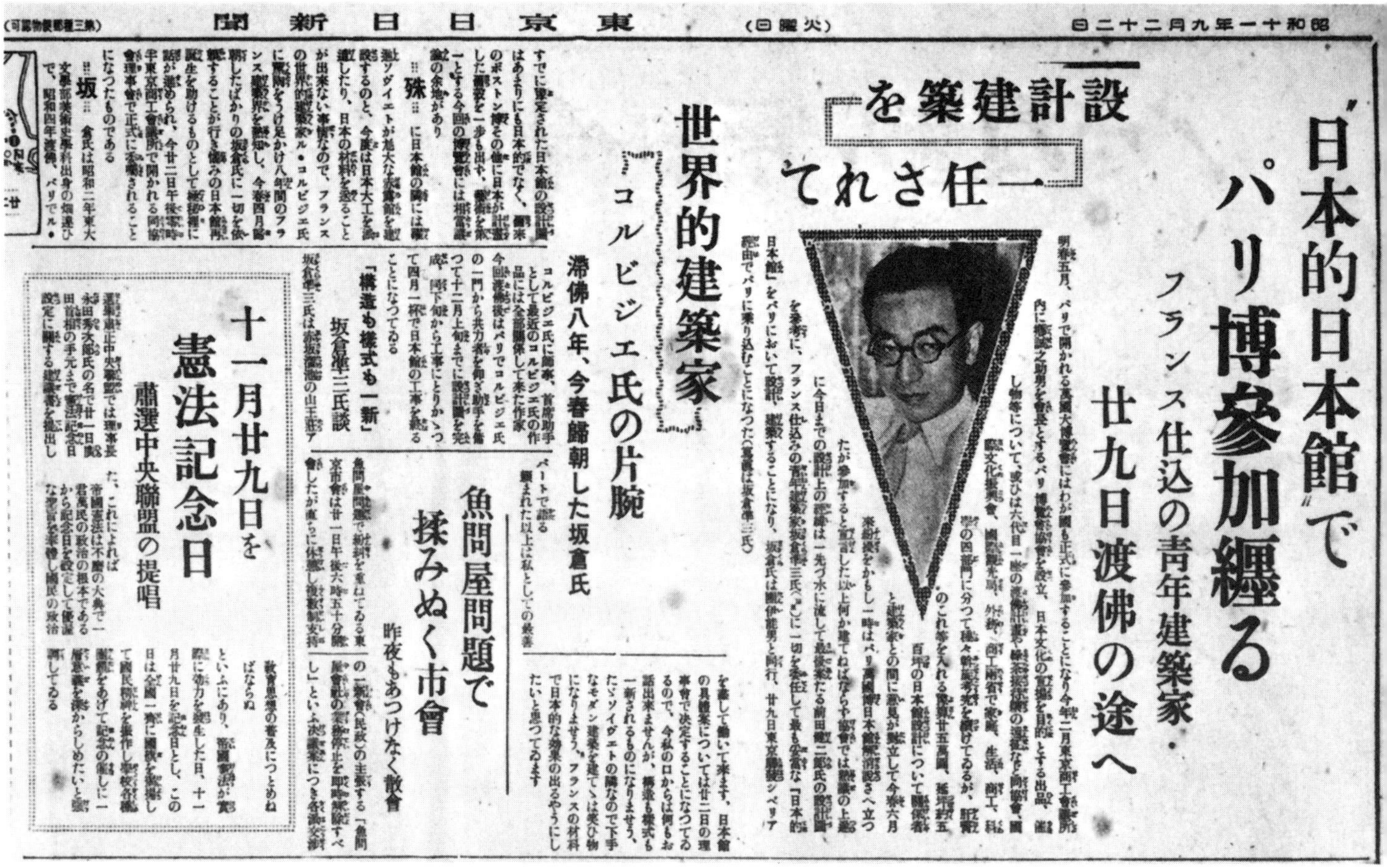

昭和十一年九月二十二日 (火曜日) 東京日日新聞 (第三種郵便物認可)

"日本的日本館"でパリ博參加纏る
フランス仕込の青年建築家・廿九日渡佛の途へ
設計建築を一任されて

明春五月、パリで開かれる萬國大博覧會にはわが國も正式に參加することになり今年二月東京商工會議所内に[illegible]之助男を會長とするパリ博覧會協會を設立、日本文化の宣揚を目的とする出品、陳列物等について、或ひは六代目一座の[illegible]や[illegible]など[illegible]、國際文化振興會、國際觀光局、外務、商工兩省で委員、生活、商工、科學の四部門に分つて種々研究を續けてゐるが、[illegible]のこれ等を入れる總工費廿五萬圓、延坪約五百坪の日本館設計について[illegible]と建築家との間に意見が對立して今春六月[illegible]をかもし一時はパリ萬國博日本館[illegible]さへ立つたが參加すると[illegible]した以上何か建てねばならず[illegible]では[illegible]の上[illegible]に今日までの設計上の經緯は一先づ水に流して最後案たる前田[illegible]二郎氏の設計圖を參考に、フランス仕込みの青年建築家坂倉準三氏(寫眞)に一切を委任して最も安全な「日本的日本館」をパリにおいて設計、建築することになり、坂倉氏は[illegible]伊能男と同行、廿九日東京驛發シベリア經由でパリに乗り込むことになつた(寫眞は坂倉準三氏)

すでに[illegible]された日本館の設計圖はあまりにも日本的でなく、[illegible]のボストン博その他に日本が計畫した[illegible]を一歩も出ず、[illegible]を[illegible]一とする今回の博覧會には相當[illegible]の余地があり

殊 に日本館の隣には[illegible]ソヴイエトが尨大な[illegible]を[illegible]するのと、今度は日本大工を[illegible]したり、日本の材料を送ることが出來ない事情なので、フランスの世界的建築家ル・コルビジエ氏に[illegible]を受け足かけ八年間のフランス[illegible]を[illegible]し、今春四月[illegible]したばかりの坂倉氏に一切を依[illegible]することが行き悩みの日本館[illegible]を助けるものとして[illegible]が進められ、今廿二日午後[illegible]時半東京商工會議所で開かれる同協會理事會で正式に[illegible]されることになつたものである

坂 倉氏は昭和二年東大文學部美術史學科出身の[illegible]で、昭和四年渡佛、パリでル・[illegible]

世界的建築家「コルビジエ氏の片腕」
滯佛八年、今春歸朝した坂倉氏

コルビジエ氏に師事、首席助手として最近のコルビジエ氏の作品には全部關係して來た作家今回渡佛後はパリでコルビジエ氏の一門から共力者を仰ぎ助手を備つて十二月上旬までに設計圖を完成、[illegible]下旬から工事にとりかゝつて四月一杯で日本館の工事を終ることになつてゐる

「構造も様式も一新」坂倉準三氏談

坂倉準三氏は[illegible]の山王[illegible]アパートで語る

[illegible]まれた以上は私としての最善を盡して働いて來ます、日本館の具體案については廿二日の理事會で決定することになつてゐるので、今私の口からは何もお話出來ませんが、構造も様式も一新されるものになりませう、たゞソヴイエトの隣なので下手なモダン建築を建てゝは笑ひ物になりませう、フランスの材料で日本的な効果の出るやうにしたいと思つてゐます

魚問屋問題で揉みぬく市會
昨夜もあつけなく散會

魚問屋問題で紛糾を重ねてゐる東京市會は廿一日午後六時五十分[illegible]會したが直ちに休憩し[illegible]支持の[illegible](民政)の主張する「魚問屋會社の[illegible]停止を即時[illegible]すべし」といふ[illegible]につき[illegible]

十一月廿九日を憲法記念日
肅選中央聯盟の提唱

[illegible]中央聯盟では理事長永田秀次郎氏の名で廿一日[illegible]田首相の手元まで憲法記念日設定に關する建議書を提出した、これによれば帝國憲法は不磨の大典で一君萬民の政治の根本であるから記念日を設定して健全な[illegible]を率替し國民の政治教育思想の普及につとめねばならぬといふにあり、帝國憲法が實際に効力を發生した日、十一月廿九日を記念日とし、この日は全國一齊に國旗を[illegible]して國民[illegible]を[illegible]し學校官[illegible]を[illegible]をあけて記念の催しに一層意義を深からしめたいと[illegible]調してゐる

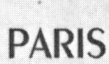

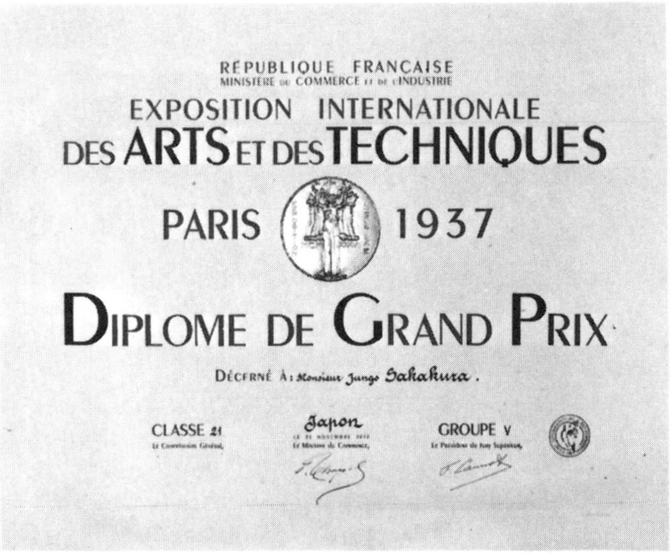

RÉPUBLIQUE FRANÇAISE
MINISTÈRE DU COMMERCE ET DE L'INDUSTRIE
EXPOSITION INTERNATIONALE
DES ARTS ET DES TECHNIQUES
PARIS 1937
DIPLOME DE GRAND PRIX
DÉCERNÉ À: Monsieur Junzo Sakakura.
CLASSE 21 — Le Commissaire Général,
Japon — Le Ministre du Commerce,
GROUPE V — Le Président du Jury Supérieur,

上　パリ万国博日本館建設のため坂倉準三の再渡仏を伝える東京日日新聞　1936(昭和11)年9月22日
下　日本館に与えられた建築部門グランプリ賞状　1937

こに学ぶ坂倉が同じく現代と未来に向かって，前衛的な革新の意欲に燃えていたのは当然である。ところが，私は大学で美術史を学び，歴史的回顧の中に古典的伝統を誠実にたどり，古代ギリシアからルネッサンス，近代へと先輩の研究を後生大事に遵奉すればよいとのみ考えていた。坂倉が語り出すこの鋭い近代芸術論を聞いて，またしても虚を突かれて，私は当惑した。考えてみれば，私には生きている現代に対する何の構えもなかった。現代はそこにあるものとしか見ず，過去の生命にのみ立ち向かっていた。坂倉はその時，私の前に現代をどっかとすえつけた。こうして彼は，ル・コルビュジエのガルシュの住宅建築をはじめ，数々の代表的近代建築を見せてくれた。あのヴォージラールの通りの，ル・コルビュジエのアトリエにも連れていってくれた。ペリアン女史にも会わせてくれて，何とか私にも現代が何物であるかを教え込もうとしていた。

滞仏中，多分1932年だったと思うが，坂倉と画家野口彌太郎君と私と3人でイタリアからギリシアに旅行したことがあった。イタリアでは寺院や美術館，ギリシアでは古代遺跡を矢継ぎばやに見て廻ったが，この楽しい旅で私はふたりから多くのものを学んだ。坂倉は寺院を見ても廃墟に立つ古代建築の遺跡を見ても徒らに細部に捉われず，これ等の過去のモニュメントの本質的な意味を探そうとした。ゴシックの大伽藍の構成する形態が生み出す必然的な美の性格を大きく捉えようとする。古代建築の秩序が何を意味するかを考えようとする。坂倉は芸術品を単に鑑賞の対象としないで，その社会性と実際に生きる機能との関連において見ている。野口君は若い画家として鋭敏な感覚によって，それらの古きものの中に溌剌として生きる実感的美を汲みとっていた。パルテノン神殿の柱も，生きた女のトルソと感じた。美術史書の中にのみ知識を探そうとしていた私にとって，このふたりの見る眼と感じる魂はこの上ない賜物であった。あの時の感動と示唆は今に生きている。

私は3年余りをもって帰国したが，坂倉は以後なお数年パリにとどまって一筋に近代建築の先駆者の群の中で努力し続けた。やがて坂倉も帰国する時がきた。暫くは赤坂のアパートに仮り住

いしていた。この頃だったと思うが，俄かに腹痛をおこして見るも気の毒だった。盲腸炎ではないかと思ったが，医者はにこにこして食べ過ぎですと云って一向気にとめない様子だった。もともと坂倉は大食漢だったが，聞いて見ると1週間毎日続けてうなぎを食べたのだそうである。油っこいものが好きだったが，それにしてもうなぎを食べすぎたのが原因で腸をやられたのだった。2，3日すると，もうケロリとして元気になったが，また懲りもせずうなぎを食べようとしたのには呆れた。身体については常に自信があり，90歳までは充分生きると云っていた。事実，裸体になると，背は低いが胸から腹部にかけて筋骨逞しく引き締っていた。ことに腰の筋肉が盛り上がっていて，これは古代ギリシアの男子像そっくりだと云って自慢していた。

　帰国してこれから腰をすえて，日本での仕事が始まると思っていたところ，その翌年には，思わぬ幸運が坂倉を訪れた。パリの万国博の中の日本館の建築の話がもち上がり，当時の国際文化振興会でその人選が始まっていた。委員の団伊能氏の肝いりで結局，これはパリから帰りたての坂倉が事情も知っているだろうから適任と云うことになったからである。坂倉は帰ったばかりだが，再び出掛けられると勇み立った。ここで初めて自分の設計を実現できる喜びに胸ふくらませた。このしらせが来たその夜だったか，2，3日経ってからだったか，坂倉といっしょに郵便局に行ってル・コルビュジエにこの旨を伝え，よろしく協力たのむという電報を打ったことを覚えている。こうして坂倉は再びフランスに発った。そして日本館は彼の最初の作品として立派に出来上がった。写真が送られて来た時は，私も嬉しかった。建築家坂倉がここに出現したことをはっきりと見たからである。丁度その頃，ル・コルビュジエのアトリエで働いていたサメルがモスコー廻りで日本にやって来た。サメルと久々に会って積もる話をしたが，この日本館のことが一番聞きたかった。私はサメルに頼んで坂倉の「日本館について」という小論を書いて貰って，それを翻訳して朝日新聞に送った。これが恐らく坂倉の建築についての最初の公の記事だったと思う。
　日本館は万国博の各国館の中で特に注目され，その結果，建築グラン・プリ賞を授与された。

坂倉の最初の作品に対する最初の大賞であった。10年に近い異国での苦労がここに酬いられ，実ったのである。坂倉の喜びは測り知れなかったに違いない。
　これを第一歩として建築家坂倉の仕事が国内でも始まる。鎌倉の近代美術館以降，綿々と続くが，建築のことについてはここでは略する。

　以来数十年親しかった坂倉が全く思いもかけぬ病魔に倒れ，世を去ったことは今日になっても信じられない。逞しい肉体と頑として妥協しない意志をもっていた強健な坂倉の不死身なイメージのみが残っている。
　これからと云う時，坂倉は倒れた。まだまだ創り出すべくして果たさなかった建築的創造が山のように彼の構想の中に築かれていたに違いない。
　坂倉は生来温和な性質であるが，内面に抱く意志には並々ならぬ剛毅なものがあった。何事に対しても自分が納得しない限り妥協しないと云う態度を貫いていた。最も根底から思考して最善の形において構想するまで動こうとしない頑固な見識に終始していた。安易に間に合わせることを一切拒否するのである。これがやがて大きく伸びて行った坂倉の本領をなすものであった。そのためには，俗見と闘わねばならなかったし，多くの反対者を作ったかも知れなかった。しかし，坂倉は終始その意志を通して生きた。本業である建築のみならず，ささいな日常生活の隅々にまで，それは発揮された。一緒に買いものに出掛けても，坂倉は決して手軽に買うことをしない。いいかげんなものは歯みがき一つでも嫌うのである。晩年ゴルフを楽しんだが，ゴルフ道具に至っては，腕前にお構いなく，世界最高のものを数種買いこまねば気がすまなかった。
　「無官の大夫でいたい」と坂倉は若いときから云っていた。名誉も地位も恐らく金も一切本当は欲しない男だった。ただ生涯に求め得る最高の仕事のみに打ちこみたかったのであろう。その願いもいまだ尽されず，夢を抱いたまま，忽然として世を去ったのが惜しまれてならない。

ピエール・ジャンヌレとともに　ル・コルビュジエ
のアトリエにて　模型は「輝く都市」　1936

「モシ、モシ‥‥」　　　　　　　　　　　　シャルロット・ペリアン

「モシ，モシ……皆と同じように，アローではどうしていけないの？」
　それは若かりし頃のコルビュのところでのこと，私達は，こう彼をやさしくからかいました。そして彼も，私達が彼を愛していることを知っているものですから，又それを楽しんでいました。
　彼は7年間私達の仲間でいました。一緒にシャレット（charette ──徹夜とかラッシュの意　訳注）をしました。彼は夜明けに疲れはてて眠っていました。しかし，そんなことがあっても，彼は私達のもとを離れようなどとは考えませんでした。すばらしいグループでした。コリ，サメール，セルト，それにその頃にはすでに去ってしまっていた人々（その中に私は前川のことを思い出すのですが）。
　サカはコルビュのアトリエでは，ふたり目の日本人でした。そこは熱に浮かされたような世界中の若者が，考えたり，語ったりしながら，何かをつかもうと，そして未来の幸せな人間生活の

条件を築こうと，一堂に会しているといった，修練場でした。

　40年後，ようやく，私達は「生活の質」というものを案じておりますが，当時は，まだそれが存在しておりました。私達は認識の上では，機械主義を信じ，それによって人間を解放する新しい社会が実現されるのだと堅く信じておりました。私達は，人間の天賦の最も偉大なる結果として，交通や余暇をはじめとするあらゆる活動の生活環境が調和をもって展開する都市が生まれることを想像しておりました。私達はそこへの道がこれほどに長く，これほどに腐敗したところを通り抜けなければならないなどとは，考えてもみませんでした。私達は極端に楽観的で，限りないよろこびにとりつかれていたのです。

　お金もなく，働く以外には何の必要もありませんでしたが，私達にとっては，すべてが可能でした。私達のサカはこんな7年を過しました。その上，彼は遠い日本に戻るために，毎年フランスを離れる予定を立てていました。しかし彼は遊びに対してと同じように，仕事にも貪欲でしたので，いつもそれを思いとどまったのです。

　私達は毎年，冬になると山へ出かけました。クリスマスにはチロルへ，毎週末と復活祭の休みには，フランスで遠出をしました。標高4,000メートル以上のスイスのヴァレーをスキーで滑り降りている最中，私達はクレヴァスにさしかかっておりました。その時，疲れた彼は美しい氷河の一塊の前で，私にこうたずねました，「これは永遠の雪か？」と。それで私は氷河が日本にないことを知りました。永遠の雪をふむという彼の望みはかなえられたのでした。彼は満足して山を下り，私達と別れました。彼は目的を達成したのでした。

　サカは闘士で，一生自分のアイディアと理想を実現するために闘いました。

　ずっと後に，私は日本で彼に再会し，彼のおかげで，この日本の国を知りました。私は彼を愛しました。彼の率直さとひかえめな変わらぬ友情と，今では私の家族と同様な彼の家族を尊敬し

若き仲間達とともに　アルプスのスキー場は彼らの
合歓の場所であった　ペリアン（左上）　坂倉準三
（左中）　1933頃

ル・コルビュジエ，レジエ，ペリアン三人展のため来日したペリアンと語る坂倉準三　自室にて　1955

ました。彼の家族を知ったのは，戦争という困難な時代でした。彼は決してくじけることなく，私が多分あまりにも外人すぎるということを決して私に感じさせませんでした。私は決して彼のことを忘れないでしょう。

　私達が一緒にした最後の仕事は，パリの日本大使館公邸でした。私達は現代技術から出発した建築をめざしましたが，日本の伝統との共鳴をともなった建築という意味で，私達の仕事のなかで最も厳しい試練となったのです。

　サカは，その時代を建設するという義務をになった建築家であることを常に望みました。しかし伝統から離れたことはありませんでした。それが彼の長所であり，力であり，私の賞讃するところなのです。

　この大使館については，彼はそれを完全な作品とするために，環境，備品の選択に至るまでを，自分の仕事と考えました。そして又一つの住居の機能を果すだけのものではなく，高い日本の文化を象徴するような大使館にすることを旨としていました。彼はこの仕事に熱中しましたが，不幸にして1年早く私達のもとを去り，彼自身の作品を完成できませんでした。

　この小文を書くに際して，私はサカの存在の反映である作品ではなく，サカ自身を浮彫りにすることを選びました。

　有能で，華々しく生きる人達は，多勢おりますが，彼の生き方はそんなものではありませんでした。望んだこと，彼はそれを獲得するために闘い，それを実行するために闘ったのです。彼の生涯を賭けて……。

Mochi Mochi ...... pourquoi pas Allo comme tout le monde ?......
C'était chez Corbu, au temps de notre jeunesse, nous le moquions gentiment, et il jouait le jeu, car il savait que nous l'aimions.

Il est resté 7 ans notre compagnon, nous avons fait des "charettes" ensemble, il s'endormait au petit matin, épuisé, mais l'idée ne lui serait pas venue de nous quitter; c'était la belle équipe : Kolli, Sammer, Sert, d'autres déjà partis (je pense à Maekawa)

Saka était le 2ème japonais chez Corbu, creuset où toute la jeunesse passionnée du monde se rencontrait pour définir en pensée, en paroles, et édifier les conditions de vie de l'homme heureux de demain.

Quarante ans après, on se préoccupe aujourd'hui, enfin, de la "qualité de la vie". En ce temps elle existait encore, et nous croyions fermement en l'apport des connaissances, au "machinisme", aux sociétés nouvelles pour libérer l'homme, nous imaginions des cités où le cycle de ses activités y compris transport et loisirs se déroulerait harmonieusement, pour le plus grand épanouissement de la nature humaine. Nous ne pensions pas que le chemin serait si long et qu'il faudrait passer par un tel pourrissement ...... Nous étions d'un optimisme fou ...... et d'une joie sans fin.
Sans argent, sans autres besoins que d'oeuvrer, tout nous était possible — 7 années pour notre Saka, et chaque année il devait repartir rejoindre son lointain Japon — mais il restait, âpre dans son travail, comme dans ses loisirs.

Nous partions chaque hiver en montagne, au Tyrol à Noël, En france chaque fin de semaine et à Pâques les grandes randonnées. Au cours d'une course au Valais, à plus de 4,000 mètres, au passage d'une rimaie, fatigué, il s'est arrêté devant ces belles tranches de glace vive, il m'a demandé:"C'est de la neige éternelle"? et j'ai compris que les glaciers n'existaient pas au Japon. Son désir avait été exaucé = fouler la neige "éternelle". Content il est redescendu, nous a quittés ;il avait atteint son but.

Saka était un batailleur, toute sa vie il a lutté pour réaliser ses idées, ses idéaux.

Bien plus tard, je l'ai retrouvé au Japon, grâce à lui j'ai connu ce pays, je l'ai aimé — j'ai apprécié ses qualités de droiture et d'amitié discrète, indestructible, sa famille = la mienne — je l'ai connue dans une période difficile — la guerre — Il n'a jamais failli, ne m'a jamais fait sentir que j'étais peut-être de trop ...... une étrangère ...... je ne l'oublierai jamais.

Notre dernière expérience fut l'ambassade du Japon à Paris, notre plus dure expérience, nous avons œuvré pour une architecture partant des techniques d'aujourd'hui, mais avec les résonances des traditions japonaises.
Saka s'est toujours voulu comme architecte chargé de construire son temps, mais il n'a pas divorcé d'avec ses traditions — Ce qui a fait sa qualité, sa force, et mon admiration.

Pour cettre ambassade il devait mener l'œuvre jusqu'au choix de son environnement, de ses objets, et faire d'elle en plus d'une résidence, une ambassade de la haute culture japonaise. Il en était enthousiaste, malheureusement Saka nous a quittés un an trop tôt ⋯⋯ et n'a pu achever son œuvre.

J'ai choisi dans ces lignes d'évoquer Saka et non ses œuvres reflet de son être.

Il est des hommes de facilité et de brillance, ce n'était pas son cas — Ce qu'il a voulu, il a du lutter pour l'obtenir, pour le faire — Toute sa vie.

Charlotte Perriand

坂倉準三への手紙

坂倉準三への手紙 　　　　　　　　　　　前川 國男

はじめに

　僕がはじめて君に逢ったのは，1929年の秋だった。巴里の秋は早い。ヨーロッパの枯葉は，湿度の高い日本の枯葉と違って，カラカラという音をたてて小さなつむじ風に巻かれるように，ここかしこと吹き溜ってゆく。そのような巴里の9月の半ばすぎに僕ははじめて君に逢った。場所はコルビュジエのアトリエに近いセーブル街の角にある，ホテル　リュッテシャのレストラン。秋といっても未だ残暑のはげしい土曜日の午後だった。あれから半世紀に近い年月の経過は，いわば合理主義的な近代建築の興亡の歴史といえるのかも知れない。頑固で強情な君は，その反面いかにも折目正しい「しつけ」を身につけた典型的な良家の「坊ちゃん」であった。ただし君を識って50年に近い年月の間，どういうわけか「建築」について話し合ったり議論したりしたことは殆んど僕の記憶にない。不思議なことだが何故そうだったのかその理由を思いつかない。そこで遅ればせ乍らここで坂倉君に宛てて手紙を書こうと思い立った次第である。

私がはじめて，ヨーロッパの土を踏んだのは，1928年の4月，第1次世界大戦の終結から10年，戦勝国フランスは，戦後繁栄の絶頂にあった。今日のように商業航空のなかった時代のこと，シベリア経由2週間の汽車旅行で，パリの北停車場に着いたのは，忘れもしない1928年の4月17日の早朝であった。はじめて吸ったヨーロッパ大陸の清々しい朝の空気の味を今でも思い出す。話に聞いたシャンゼリゼーの大通りを，深々と緑に蔽うたマロニエの古い並木は，どうしたことか1本残らず姿を消して，そのかわり太さも10センチ前後の，か細いプラタナスの苗木が4月の微風にゆらいでいた。今日，春にもなれば，シャンゼリゼーを，緑に包むプラタナスの並木は，爾来，半世紀，パリの運命を見守りつづけた貴重な歴史の証人である。その頃，このアベニューの両側にたちならんだ高級アパートの1階は，殆んどが「高級自動車」のショールームに改装されて，磨き上げられた「高級車」が，その妍を競う有様だった。「高級自動車」とひと口に申しても，今日ありきたりのそれとは少しわけがちがっていた。第1次世界大戦の終結後10年，ヨーロッパはモータリゼーションの第1期のはじまった頃だった。ロールスロイスは申すまでもないが，イスパノスキーザ，パンアールレバッソー，ビュガッチ，ファルマン，ヴォアザン，イソッタ等々と，殆んど「手造り」に近い豪華な車のパレードといった有様だった。マロニエの大樹の緑にほの暗い並木路を，「椿の花」を胸に抱いた「佳人」が，軽駕を駆って往来したという19世紀のイメージとは，大分様子のちがった光景だった。

　しかし，そうした「繁栄」とはウラハラに「戦争」がひとびとの心の奥底に残した傷痕は深かった。「科学技術」の「進歩」は当然人間の幸福に直結するものと信じて疑わなかったひとびとは，眼の前に展開された戦争の惨状に対して，茫然と自分の眼を疑った。ヨーロッパの合理的科学的精神の昂まりにつれて，ひとびとは「進歩」の魔力に憑かれて，その万能を信じていた。

良き時代の姿をとどめるシャンゼリゼー通り　1929　▶

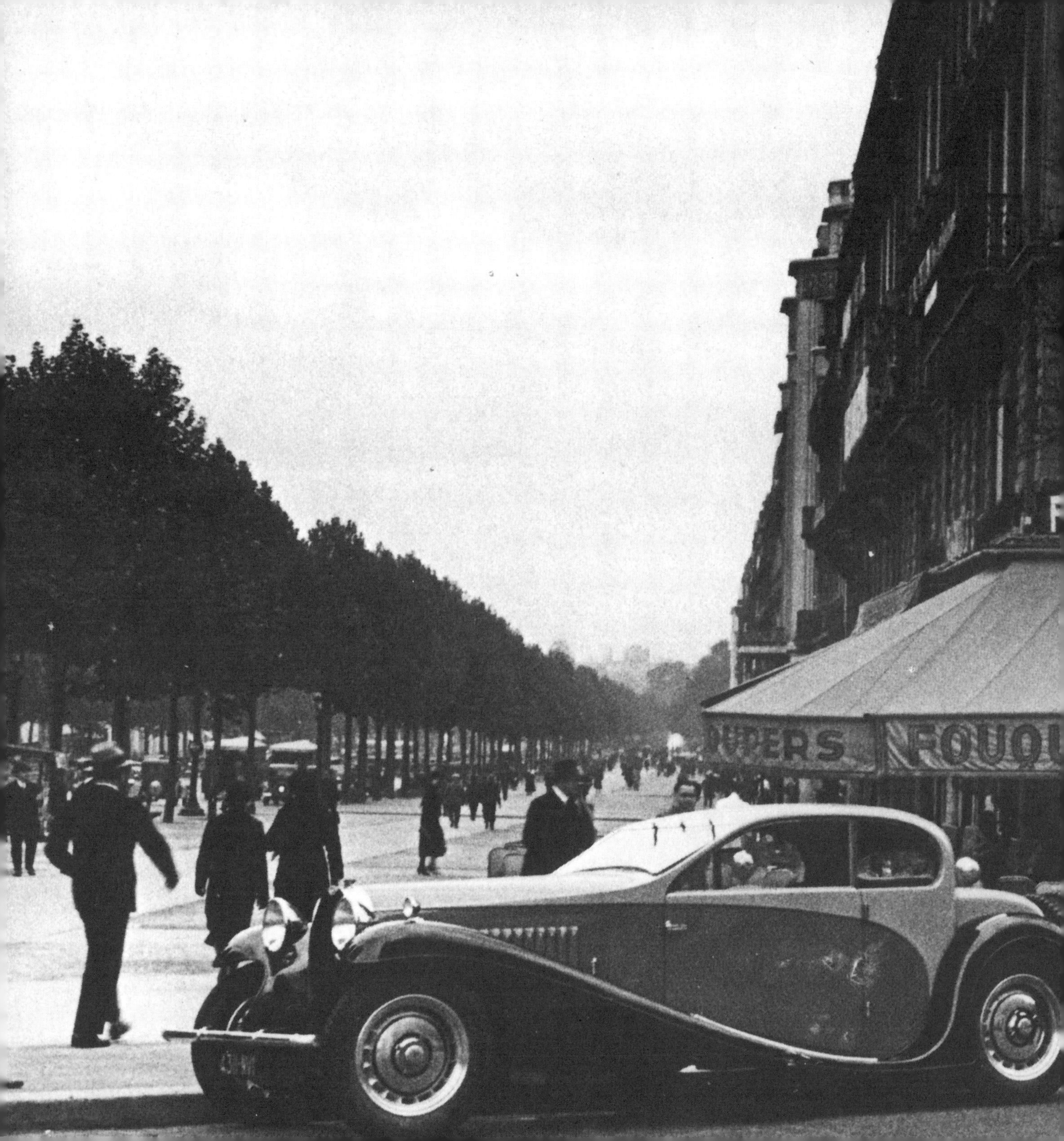
UPERS
FOUQU

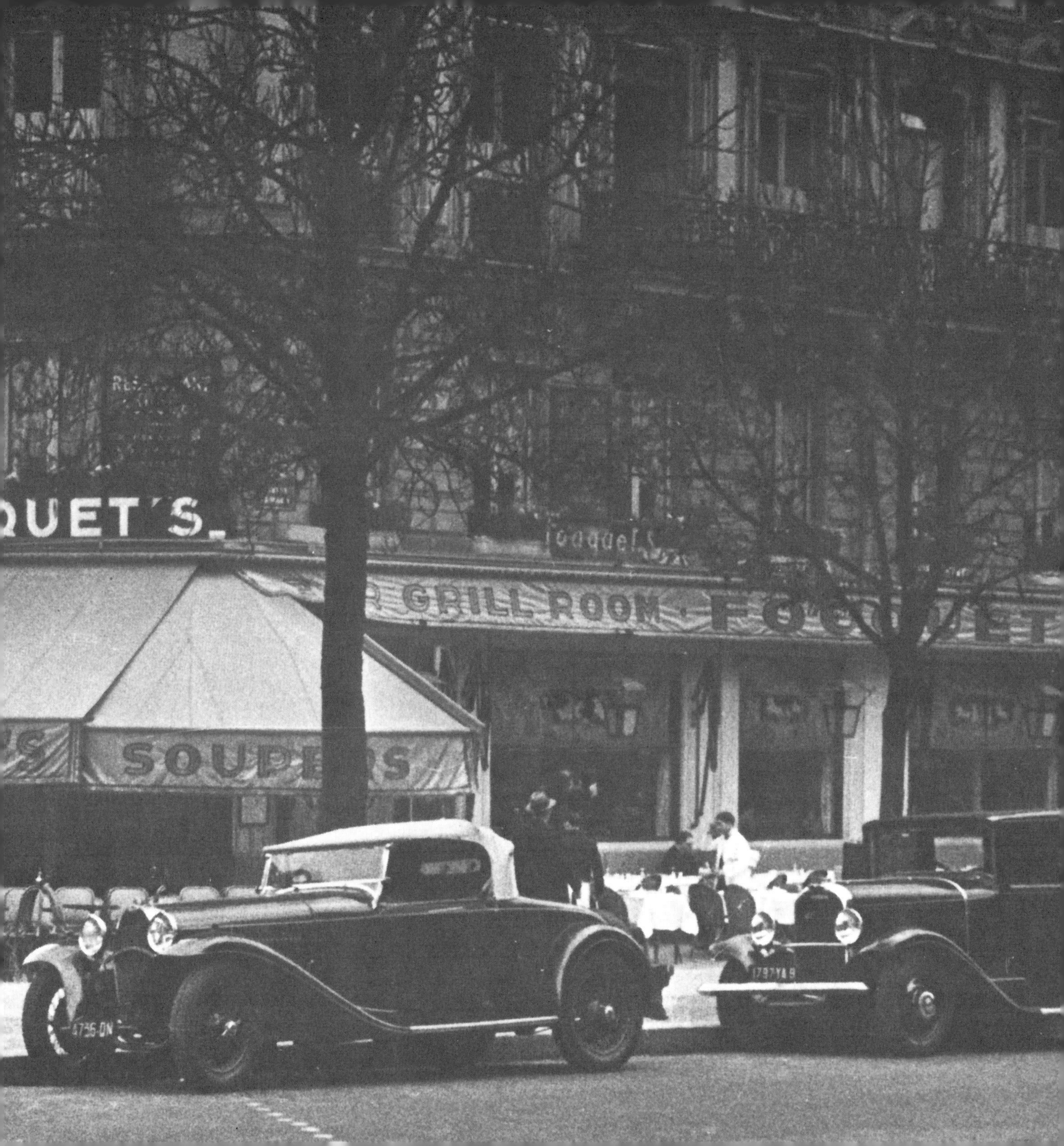
QUET'S
GRILL ROOM

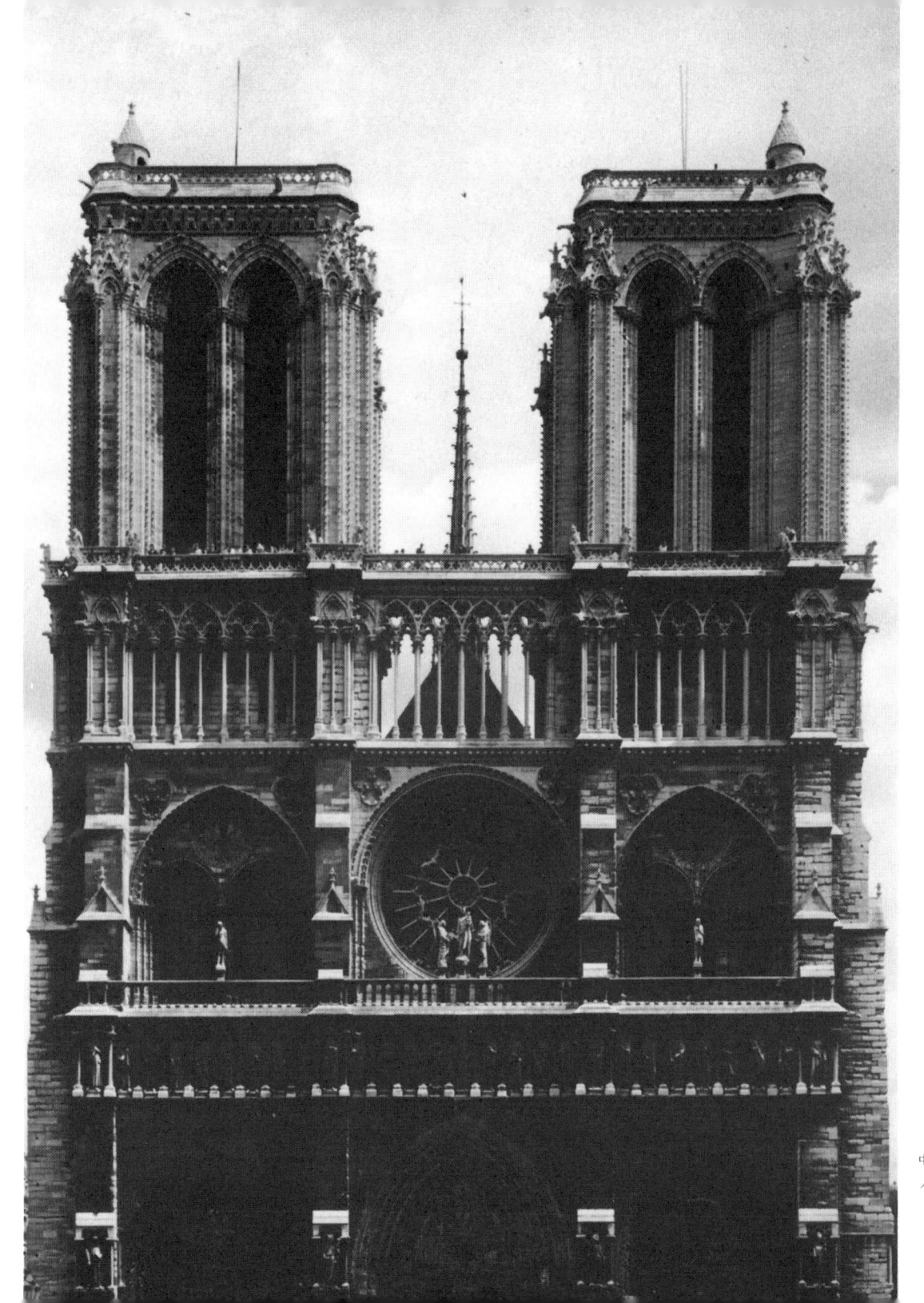

中世の伽藍
ノートルダム・ドゥ・パリ

「科学」とか、「進歩」の凡ゆる「道標」は、凡て人類世界の幸福の「彼岸」を指していると信じていたのに、その期待がやがて戦争によって無残に裏切られてしまう結果となるのだが、建築家コルビュジエは自ら合理主義を標榜して、新しい建築技術の可能性に、かがやかしい未来を信じて、次のように書いた。「……かつて中世伽藍が白かった時、人々はすべてのことに挙って参加した。それは仰々しく事を行う「芸術家」の集まりではなく、民衆であり、前進する国全体であった。」と。（生田、樋口、訳『伽藍が白かった時』）

　神を中心にして、強固に武装された中世の身分社会は、ひとつの信念のもとに、異常なまでに高く中空にそそり立つカテドラルを建ておおせた。中世の崩壊とともに整然と強力に整備された身分社会は喪われてしまった。然しそのかわり、われわれは「工業」という新しい味方をもっている。新しい工業技術に武装された現代は、かつて見事なカテドラルを建設した中世がそうであったように、新しい人間環境の建設に突進する準備万端がととのえられている。期待される新しい人間環境の実現を小児のように胸をときめかして待望してやまなかったコルビュジエの期待は遺憾乍ら次から次へと裏切られて、ついに世界は第2次の戦争の惨禍に見舞われることとなった。1950年代の苦渋にみちた彼の述懐。

　「20世紀はカネのために巨大な建設をしたけれども、人間のタメには何ひとつ建設しなかった。」と。

　強力な工業力に武装された現代社会を、整然とした身分社会を武器として完成された「中世」になぞらえて、素晴らしい人間環境を築き上げる可能性を予見したコルビュジエには、見事なカテドラルの建設を可能ならしめたいろいろな契機の中に、たったひとつ見落したものがあった。つまり中世の建設を可能ならしめた中世社会の生きた民衆を一つの目標に結びつけた「連帯感」

を見落していたのではなかったか。民衆に共感された共同の目標のないところに，どうして「連帯感」が育ち得るであろうか。現代の「豊かな社会」，凡ての人間にとって可能性の氾濫した現代社会には，所詮「中世人」が共有して巨大なカテドラルを築き上げた「連帯感」が生まれるわけがない。「新しい中世」の待望に胸をときめかせたコルビュジエの見落した現代社会に於ける「連帯感」欠落の故にやがて合理主義精神の敗北という形で手痛い挫折感を味わされることとなる。

　しかし，このような合理主義的精神のつまずきが，合理主義的な新建築運動の過程の中に瞥見されるようになる以前に，20世紀の初頭からすでにヨーロッパの精神界には技術文明に対する「憂慮」が折にふれてささやかれていた。たとえばオスワルト・シュペングラーは19世紀ロシヤのダニレフスキーの書いた「アジアとヨーロッパ」に触発されて，有名な「西欧の没落」を発表して，西欧の文明に対しはげしい批判を行った。近代ヨーロッパがあれ程信じ，且つ誇りとして疑わなかった人間の理性の根元に向けられた不信と疑惑が，20世紀の初頭からすでに心ある知識人の意識の片隅に無気味なとぐろをまいていた。当時の国際連盟が自らオルテガ，ヴァレリー，ル・コルビュジエといったヨーロッパの知識人をジュネーブに招集した知的協力委員会におけるヴァレリーの発言を知った時の強い印象を私は今も忘れない。

　「……人間を今日の状況に逐いこんだものは他ならぬ人間の精神である。その同じ精神はいかにして今日の状況から人間を救うことができるのだろうか。」と。ヴァレリー程の犀利な知識人であっても，現代的理性の枠内にとどまる限り，「蠅とり器」に捉われた蠅のように，そこからの脱出口を見出すことは極めて困難だったのだろう。人間の理性の勝利は一見，明確であったけれど，その勝利の実効についての「確信」はどうやらその根底をゆさぶる何物かを当時の知識人

達は感じていたに相違ない。合理精神の破綻は当然合理主義的近代建築の挫折を予告しているものと考えることが当然であろう。それでもなお合理的建築にひかれてコルビュジエの門を叩いたのは何故だったのだろう。

　僕等の学生時代は「ワスムート」を中軸とするドイツ表現派の建築がさかんに建築界を賑わしていた。芸術史家エリー・フォールは19世紀的折衷主義の100年に亘る長いトンネルをくぐりぬけて近代建築はようやく折衷主義の建築から自己を解放できるという自信をもちはじめたと書いた。表現派という名称に明らかなように建築家の内面を自由に表現しようといういわば神話的直感的な自由な造型的発想を競っていた。にも拘わらず表現派とは対蹠的な科学的（？）発想を中軸とする合理主義建築にひかれたのは何故だったか。
　僕個人に関する限り、それはラスキンの名著「建築の七燈」の影響、殊にあの本の第2章にかかれた「真実の燈」からうけた強烈な印象と、第1次世界戦争の戦後急激に起った住宅不足に対応すべきであるという建築家の使命感であった。
　第1次世界戦争の終結後急速にまき起った住宅難に対する建築家としての使命感が、いわば神話的思考への傾斜の強い表現派的建築よりも、科学的思考に鼓舞された合理主義的建築を選択させたのだった。

　戦後のヨーロッパはお定まりの住宅難に苦しんでいた。それを救うために住宅の生産を近代工業生産にのせて、より早く、より安く、より安価に生産することに建築家は、その全力を傾ける社会的責任があると思われた。そこにはいささかも建築家の「お遊び」的妥協も許されないと考えられた。表現派の建築の主張するような、建築家の内面の表現に憂身をやつすことは、建築家

の堕落につながるものとさえ思われていた。そこに求められていたものは飽くまで経済的合理性であり，一種の禁欲主義をよしとする，索莫とした合理性が巾をきかす情勢となって，新建築は次第にその造型的想像力の枯渇に不感性となってゆくわけである。

　ラスキンは，「建築の七燈」の第2章「真実の燈」の一節に次のように書いた。
　「……度重なる戦火の洗礼も，ゴシックを滅ぼすことはできなかった。しかしゴシックがその「真実の燈」が喪われた時，ゴシックはついに亡びた……」
　建築に於ける「真実」とは一体何だろう。フランスの文豪ゾラに次のような言葉があるという。「……もしも細部の「真実」に支えられなければ「小説」という大きな「虚構」は忽ち崩壊してしまうだろう……」（中村光夫氏『日本の近代』）と。
　同様に「建築」も，それを構築する細部の『真実』に支えられなければ忽ち崩壊せざるを得ないだろう。
　「……青空の泛ぶ子羊のようにみえる白い雲は，実は大空に浮ぶ水滴のかたまりに過ぎない……。」（ラスキン）
　建築に於ける「真実」とは，「白い子羊」のように見える「水滴」ではないか。恰度現代の散文文学が細部の「真実」に支えられて，人間の行動そのものに作者の「詩」を描き出すと同じように，建築もまた，その「細部の真実」に支えられたフィクションと考えられるのではないか。しかし1920年代の合理主義的建築の旗印のもとに集まった青年建築家はもっとラジカルに即物的であり，禁欲的であった。これは明らかに戦後のヨーロッパ社会の「左傾」現象の影響であったと思われる。たとえば鉄とコンクリートの近代技術をもって建てられたルネサンスまがいの銀行建築のファッサードに並んだドーリック，オーダーの疑似石柱を飾る金で，何戸の庶民住宅を

理性と感性の創造物
エッフェル塔

建てるべきだといったたぐいのナイーブな正義感がまかり通る時勢だった。彼等はコルビュジエの好んで用いた「トラセ, レギュラトール」(tracé régulateur) に強く批判的であり, 毎日午前中は例のピューリスムの画家として絵をかいていることに甚だ批判的であった。コルビュジエの設計図はファッサードが彼の描く絵画的であるのみならず, その平面図, 断面図も絵画的であり, したがってその建築も厳正な意味に於て純粋に科学的思考の生み出したものとはいい難かった。要するに, 人間の作る「建築」には純粋に神話的思考の産物というものも, 純粋に科学的思考の結実したものもあり得ないのだ。

　1929年のある晴れた春の日に, 何の用だったか思い出せないが僕はコルビュジエとふたりで, バスのデッキに立ったままルーヴルの前庭を横切っていた。コルビュジエは突然のどかな巴里の春の空に聳えるエッフェル塔を見て私に云った。

　「1925年の「装飾芸術展覧会」の頃, 頽廃したこの工芸展覧会に抵抗した一文を草して「エッフェル塔は水晶のように美しかった。」とかいた。しかし正直のところ, エッフェル塔は本当に美しいのかどうか自分にも実はまだよく解らない。あと50年位たってみないとエッフェル塔は美しいと断定できないように思う。」と言った。

　この塔の設計者は19世紀に大活躍をしたエンジニーヤである。しかしあの塔の設計は, その最初の発端から「理性」の仕事ではなかったろうと思う。地上300メートルの塔は恐らくこんな「形」だろうという「直感」からスタートしたに相違ない。しかも実際の設計や施工にあたって, 彼はある建築家の応援をたのんで, これを完成した。人間の理性の仕事には日々の新知識の蓄積によって, それこそ「日進月歩」と呼ばれる激しい変化が行われるけれども人間の「感性」にはそのような急変は起り得ない。芸術作品の「ペレニテ」つまり「永遠性」の問題の根底には, こ

うした人間の「感性」の変化の鈍重性が横たわっているという意味のことを聞かされたわけである。彼の話の中で「あと 50 年云々」といわれたその「50 年」は既に間近い今日此頃，エッフェル塔の「老化」とその取り壊しが取沙汰されているという今日の状況をコルビュジエに見せたいと思う。

　先頃，彼が 1925 年頃に計画したボルドーのペサックの集団住宅の変わり果てた現状の追跡調査の興味深い報告書が出版された。その本には皮肉にも彼のいった次の様な意味のことばが引用されている。「正しいのは常に「人生」であり，誤りをおかすのは常に建築家である。」と。

　近代の合理主義的建築は今日一敗地にまみれたことは事実かもしれない，だからといって今日の建築が合理的思考を捨て去るわけにはいかない。つまり人間は一度手にしたものを捨てることはできないだろう。単なる経済的合理主義の論理でなく，新しい価値観の論理を見出す「直感」こそが残された唯一の活路ではないか。

ÉLÉVATION

パリ万国博会場　左上　日本館

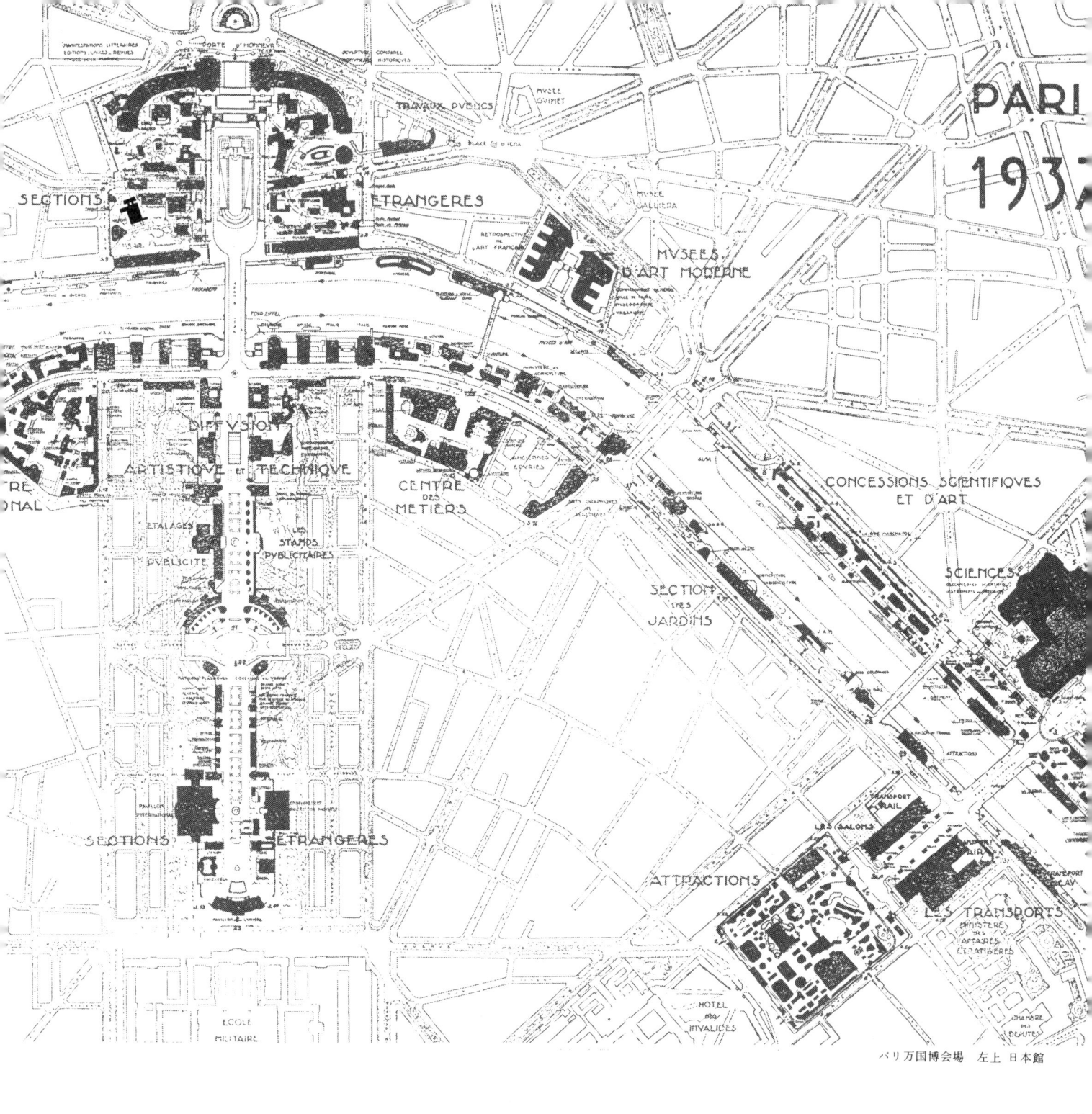

パリ万国博日本館　1937

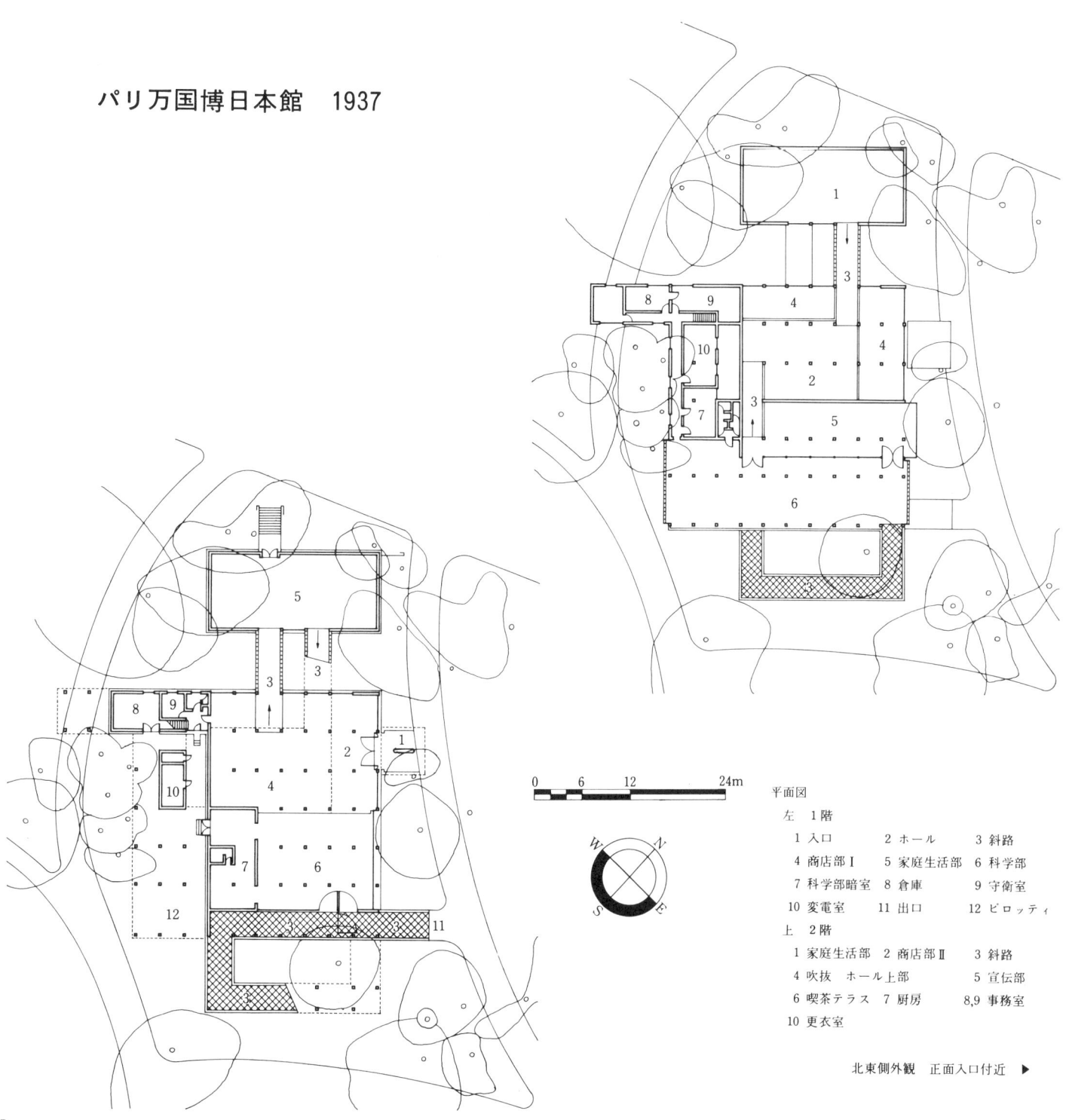

平面図
左　1階
1 入口　　　2 ホール　　　3 斜路
4 商店部I　 5 家庭生活部　6 科学部
7 科学部暗室 8 倉庫　　　 9 守衛室
10 変電室　 11 出口　　　12 ピロッティ
上　2階
1 家庭生活部　2 商店部II　　3 斜路
4 吹抜　ホール上部　　　　　5 宣伝部
6 喫茶テラス 7 厨房　　　8,9 事務室
10 更衣室

北東側外観　正面入口付近　▶

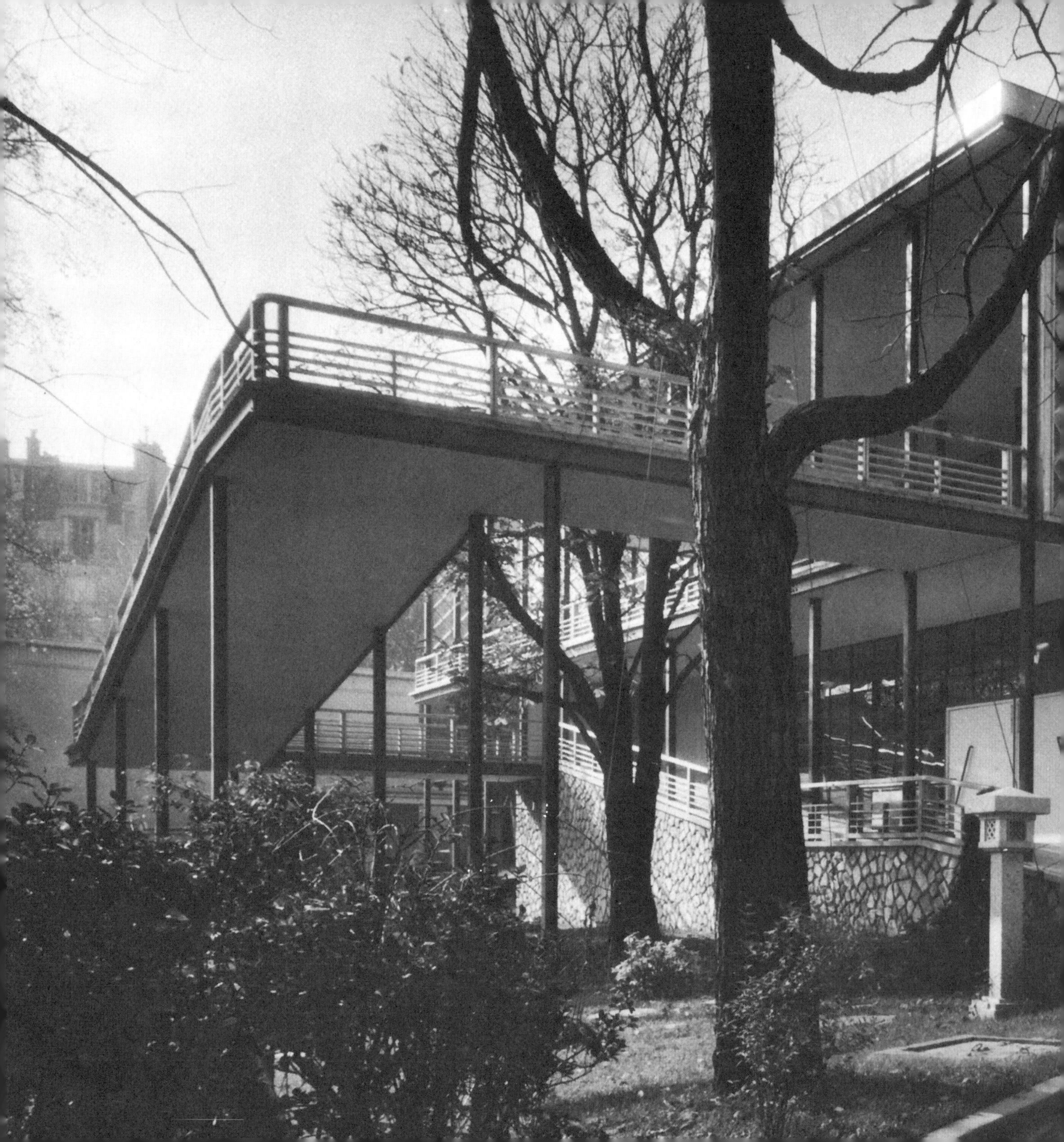

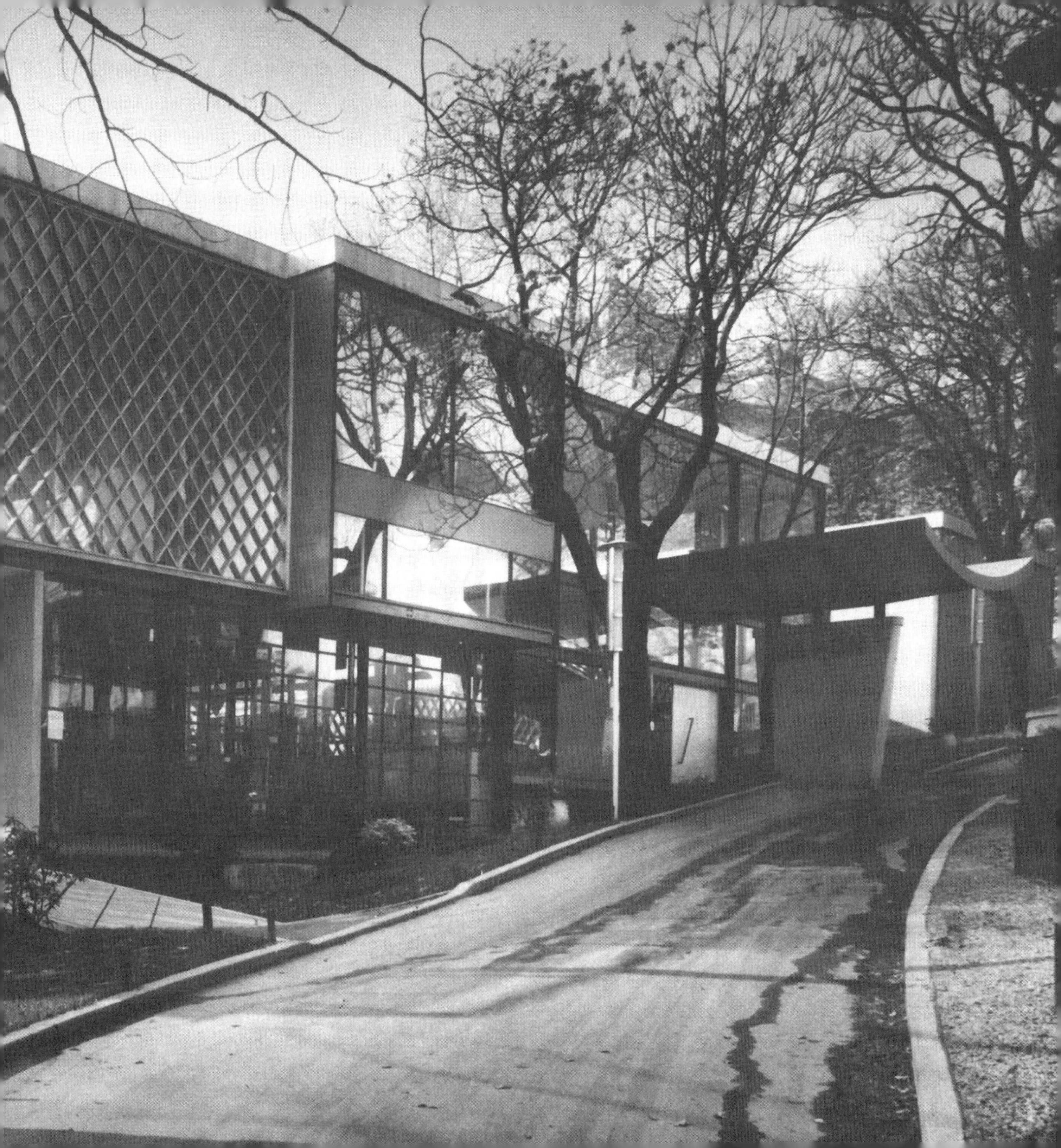

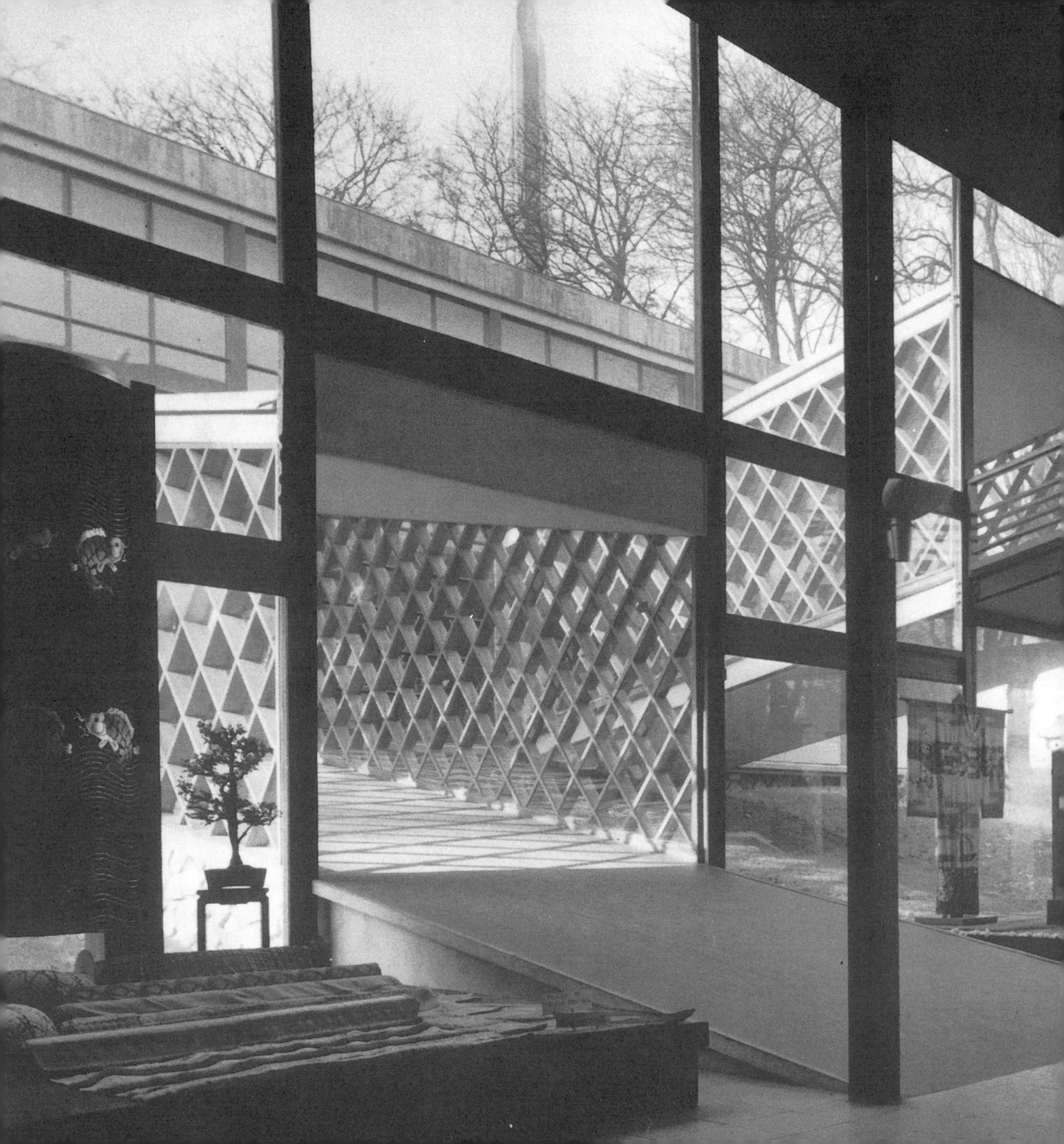

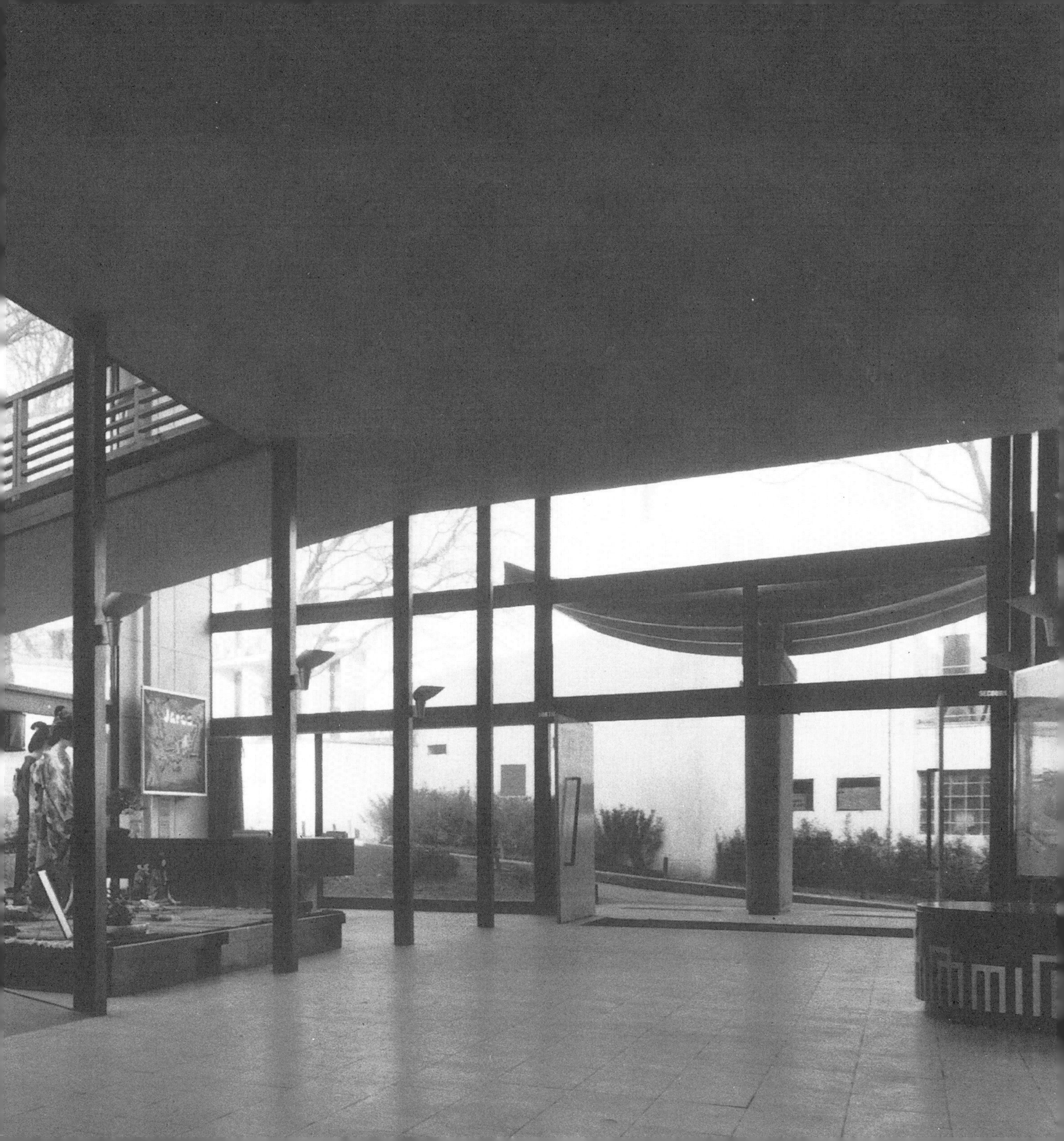

巴里萬國博日本館について　　　　坂倉 準三

1937年巴里萬國博覽會日本館の建築は、作者の理解による斯くあるべき新しき日本建築の一作例である。

作者は將來あるべき日本建築をかく理解する。

西歐のあらゆる建築に於ける新しい運動は、いち早くこの日本に傳つた。殊にこの十數年以來、過去の死したる建築の破壊と新しき建築の樹立のためのいろいろの新運動は、次から次へと傳はり來つて、この國の若い建築家たちを喜ばし勵ました。

フランク・ロイド・ライトの過去の樣式破壊運動に始まり、ウオルター・グロピュースの合理主義國際建築運動を經て、ル・コルビュジエの新建築樣式樹立の途に至る、これらの必然の新建築運動の本質と眞の役割は、しかし、この國の建築家たちに、よく理解咀嚼せられたのであらうか。

少數の眞面目なる建築家の努力にも拘らず、これらのあらゆる新運動は日本の建築界には新しさの故に一つの新しき流行として登場し、その本質を理解される事なしにこの國の建築の生展進歩する眞の榮養となる充分なる暇もなく消え去つた。

近來我が國の建築界に所謂日本主義建築の新潮流擡頭し來りたるは、過去十數年來のいろいろの新建築樹立のための輝きし諸運動がこの國の建築界の大部分に少しも理解されることなく單なる流行として迎へられ送り去られた何よりも明らかな證據である。

グロピュースを代表者とするバウハウス一派の運動として日本に傳へられた合理主義國際建築運動が新建築樹立の十字軍運動の前驅として爲した功績は大きい。しかしそれはあくまでも次に來るル・コルビュジエの新時代の建築樹立の運動の前驅としての功績である。

我が國に於いては不幸にしてグロピュースからコルビュジエに至る新建築樹立運動の歷史性は何ら理解されるところとならなかつた。

この無理解が近年に至つて、生長する世界日本の眞の新建築樹立の運動に凡そ逆行する所謂日本主義建築思潮の時代錯誤的登場を許すに至つた。

時代の進歩に取り殘された過去の形骸に粉飾されたる建築を破壊し、新しい時代の建築を樹立せむとする諸運動の役割を一語の中に含む有名なるコルビュジエの「家は住むための**機械**なり」はしかし、この國においては正しく理解されることなくして餘りにも有名なる一流行語となり終つた。

我が國の建築界に理解されたるが如く「家は住むための**機械**なり」ではなくコルビュジエの云はんとしたのは「家は**住む**ための機械なり」であつた。

機械といふ言葉のうちに盛られたる意味はあらゆる近代科學の成果を新しい建築のために總動員して、醜き一切の不必要なる粉飾を洗ひ落し、不健全なる粉飾點に換へるに粉飾なる科學點を建築にもたらさんとすることである。これはすでにグロピュースの名に代表せられる合理主義國際建築運動の標識であつた。この運動には大いなる功績と同時に少からぬ缺陷或は危險が同時に藏されてゐた。その機械のうちに**住む**もの

が**人間**であると云ふことを忘れ勝ちであつたと云ふことである。

　合理主義國際建築運動が世界各地の氣候風土人情慣習の違ひによる地方性を無視する危險に曝されたのはこれがためであつて、それがまた各國に近來時代錯誤的國粹建築の擡頭を許す所以ともなつた。

　コルビュジエが合理主義國際建築運動の成果を基礎として更に一歩を進めて新しい時代の建築樹立の路を拓いた歴史的役割は「家は**住むための機械なり**」の語のうちに明瞭に説明されてゐる。

　住むといふことの強調は建築の中心となるものが**人間**であるといふことと生理的（水　空氣　太陽　樹木　自然の中に生育する）心理的（事物の情緒に感ずる）動物としての人間であるといふことを何よりも先づ忘れてならないと云ふことである。

　新しい時代の建築はあくまでも新時代の科學の成果を總動員したる合理的建築でなければならないと同時に、更にその上に生理し心理する動物としての**人間**が住むためのあらゆる條件を具へたものでなければならない。ここに始めて世界の各國の地方性を滿足せしむる新時代の建築が生れ得る。

　更にもう一つ最も肝要なることは建築はそれ自身一つの有機體でなければならないといふことである。建築を構成する各要素は有機的に結合して一つ全體を形成してゐるものでなければならない。過去の眞にすぐれたる建築は、すべてかゝる有機的構成であつた。「一寸の蟲にも五分の魂」といふ如く、小さくは一つの住居から大きくは大都市に至るまで有機體としての一つの魂の通つたものでなければならない。一つの「生き物」でなければならない。

　我が國の語るべき建築の一つとして近來特に人の口にのぼる桂離宮もさういふ意味で一つの有機體としての魂の通つた建築である。

　建築が一つの有機體である限りその構成要素の何一つその全體を離れてはその生命を失ふことは明かである。

　桂離宮の優れたる建築美を構成するものはその構成要素の一つ一つではなく、それらが桂離宮といふ一つの特殊の機能を滿足せしめるために總動員されて一つの有機體を爲す樣に結合されてゐるところに桂離宮の建築美の積極性がある。もう一言解り易く冗言を加へるならば桂離宮を構成する各要素は何一つ取はなして他に移されないものである。軒先の形も床の構成も庭石の配置も、すべてこれらの要素が一緒になつて桂離宮といふ一つの特殊建築のすぐれたる建築美を構成してゐるのである。

　桂離宮はあくまで一つの特殊の機能をもつた特殊建築である。（この事は忘れてはならない。）しかし、そのことはあくまで桂離宮が一つの**眞の建築**であることを妨げない。

　もう一言冗言を繰り返せば、桂離宮が數百年後常に日本建築の一つのすぐれた範例である所以はその構成の精神にあつてその一つの構成要素のためではない。そのすぐれたる建築精神をこそくみとるべきである。

　こゝに一人の建築家ありて、その構成要素の一つを取りて全く機能を異にし構造をかへたる現代日本の建築の構成せむとせむか、そこにあらはれるものは最早一つの有機體としての建築にはあらずして、實に建築の一つの畸形に外ならない。かゝる試みに於いてその建築家は自らの建築に對する全き無理解を曝露すると同時に、實に日本文化の冒瀆者としての非難を自ら負ふべきである。

　所謂日本主義建築なるものはかゝる日本文化冒瀆者たちの畸形建築に外ならない。

　巴里博日本館は謂ふまでもなく博覽會建築つまり博覽會のための出品物展示の建築である。日本館は一つの博覽會建築としての機能を滿足せしめるために特殊の構成と形式とを有してゐる。しかしそれと同時に日本館は一つの有機體として構成せられたる建築であり、日本の建築精神を魂として持つてゐる建築である。少くとも作者はさういふ意圖の下に日本館の建築に全力を傾けた。作者の菲才何處の點まで作者の意圖が實現し得たるか、廣く諸賢の批判を待つ次第である。

（日本工作文化連盟　「現代建築」創刊号—昭和14年6月—再録）

入口ホールと商店部第一展示室　▶

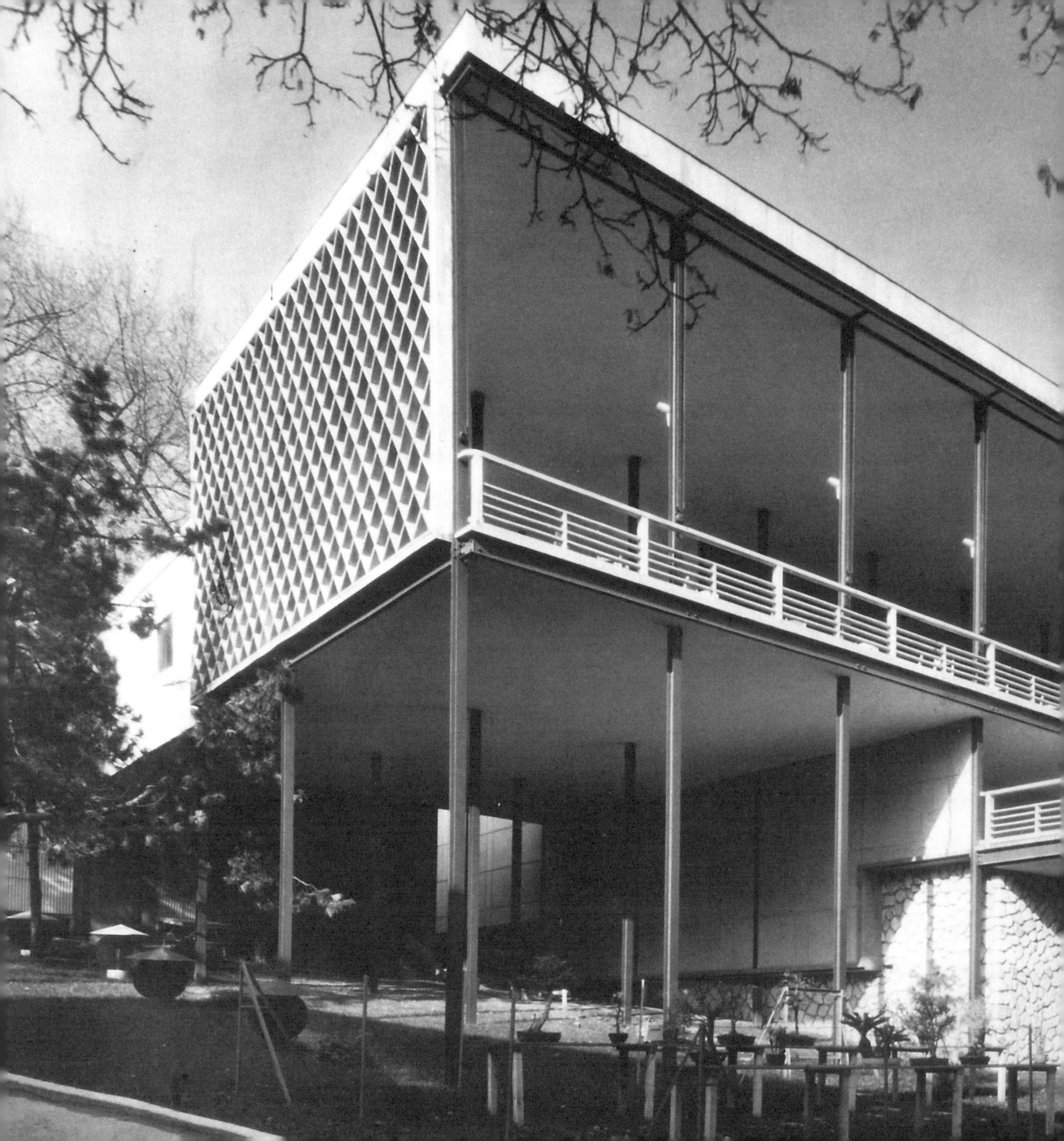

東南側外観　喫茶テラスと斜路

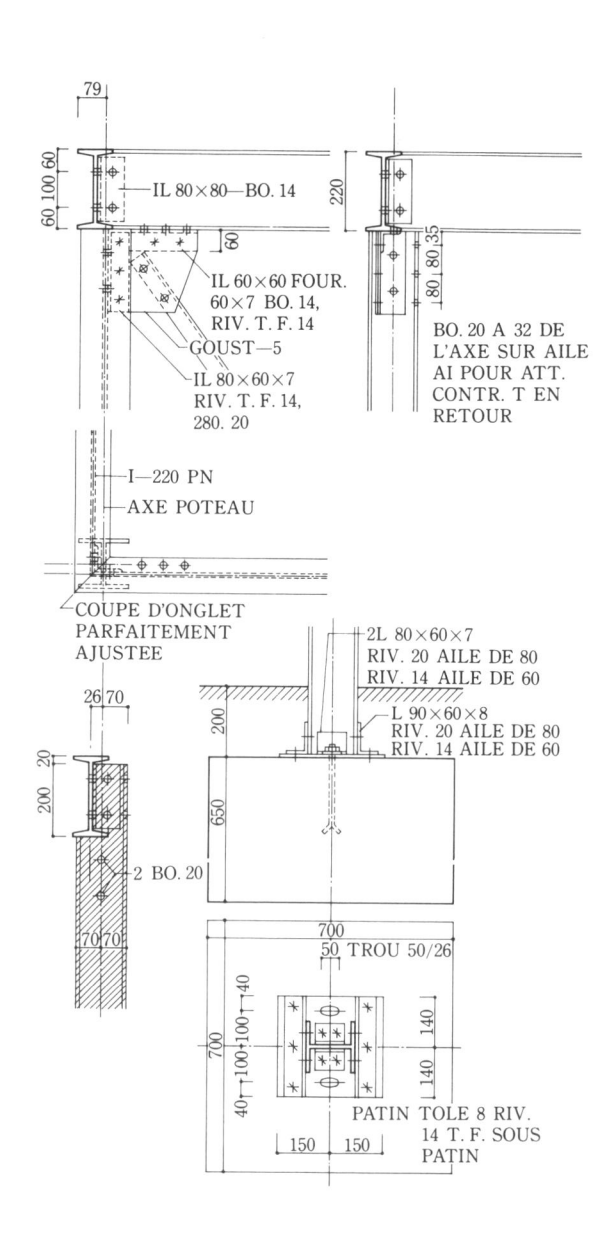

79
60 100 60
IL 80×80—BO. 14
220
80, 80, 35
IL 60×60 FOUR.
60×7 BO. 14,
RIV. T. F. 14
GOUST—5
IL 80×60×7
RIV. T. F. 14,
280. 20

BO. 20 A 32 DE
L'AXE SUR AILE
AI POUR ATT.
CONTR. T EN
RETOUR

I—220 PN
AXE POTEAU

COUPE D'ONGLET
PARFAITEMENT
AJUSTEE

26 70
200 20
200
70 70
2 BO. 20

2L 80×60×7
RIV. 20 AILE DE 80
RIV. 14 AILE DE 60

L 90×60×8
RIV. 20 AILE DE 80
RIV. 14 AILE DE 60

650

700
50 TROU 50/26
40 100 100 40
700
140 140
150 150

PATIN TOLE 8 RIV.
14 T. F. SOUS
PATIN

左上，下　工事中の日本館
右上　柱・梁・基礎詳細
　　　地盤がよかったため基礎は簡単で
　　　ある。柱は頭を梁の形に切込みボ
　　　ールトによる取付。梁の隅部は
　　　45°に切断すり合せ。

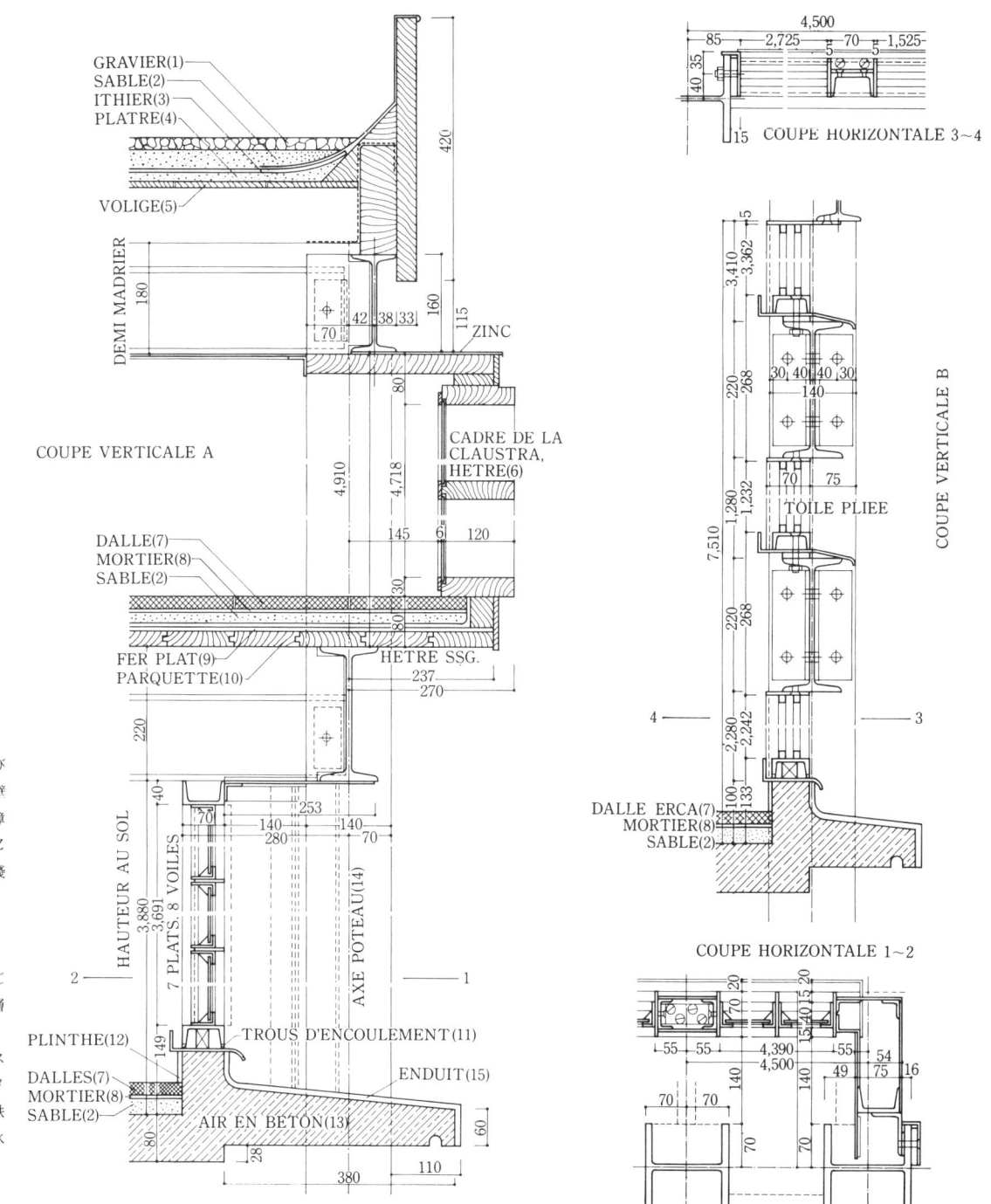

矩形詳細

左　科学部，喫茶テラス北東面
　　　1階科学部外桟付ガラス面および2階喫茶テラス菱目格子ガラス壁の詳細　外桟付ガラス面は日本障子の矩形に準じて割付けられ，Z形鋼，平形鋼の組合せによって桟の立体感が強調された。

右　入口ホール北東面
　　　正面入口側大ガラス面の詳細
　　　1　防水押えの豆砂利層　2　同じく砂層　3　アスファルト防水層　4　プラスター　5　野地板　6　菱目格子　30×120　ブナ材　ニス仕上　格子目486×585　7　セメントタイル　8　モルタル　9　鉄板　幅35mm　10　床板　11　流水孔　12　幅木　13　コンクリート　14　柱心　15　モルタル押え

日本館建築概要

敷地・環境 トロカデロ庭園 樹木の多い南東向斜面 勾配約1/8，敷地面積：2600 m²

規模・構造 建築面積：延1076 m² 鉄骨造2階建，H形鋼柱とI形鋼梁の単純な骨組と山形鋼筋違による構造，柱：H-140×140／梁：I-220×98，I-160×75／柱間：3×4.5，3×6，3×9 m

各部構造 1階床：土間コンクリート／2階床・屋根：鉄骨梁間に木造根太組厚板張／壁：鉄骨柱梁間に木造間柱胴縁組

外部主要仕上・色彩

〔屋根〕陸屋根 アスファルト防水豆砂利押え

〔軒蛇腹〕ナラ材 ニス仕上

〔鉄骨柱・梁〕オイルペイント仕上 フランジ：赤褐色／ウェブ：ウルトラマリン／斜路支持鉄骨：ウルトラマリン

〔外壁〕展示室：石綿セメント板 イゾレル 8mm厚 押縁止オイルペイント仕上 灰白色／西南側事務棟：石綿セメント波形板 エヴェリット オイルペイント仕上 白色／変電室：煉瓦積 オイルペイント仕上 黒色

〔外壁基部擁壁〕間知風化粧乱石積

〔開口部〕大開口部：柱・梁に磨ガラス直接取付篏殺／一般開口部：スチールサッシ並ガラス篏殺 オイルペイント仕上 赤褐色／菱目格子壁：ブナ材 並ガラス篏殺 ニス仕上／出入口ドア：ベニヤフラッシュ ラッカー仕上 白色

〔手摺〕ブナ材 ニス仕上

〔入口庇〕壁形柱：鉄筋コンクリート 色モルタル塗石面仕上 赤褐色／曲面屋根：鉄網モルタル 防水層／天井：プラスター塗 オイルペイント仕上 白色／床：セメントタイル エルカ 30cm角 青色／文字板 ナラ材 ラッカー仕上 濃緑色

〔斜路床〕色モルタル塗 菱目目地付 赤色

　上記の他特記すべき色彩としては，北東面2階宣伝部出窓外部側面は赤色，また，北西面家庭生活部外部は柱間毎に白，緑，黒，赤，黒，緑，白の順に彩色された．

内部主要仕上・色彩

〔床〕1階展示室：セメントタイル エルカ 30cm角 白色（科学部のみ緑色）／2階展示室・斜路：リノリューム リノスタ 2.5mm厚 赤褐色／喫茶テラス：セメントタイル エルカ 30cm角 青色

〔壁〕石綿セメント板 8mm厚 押縁止 不燃ペイント仕上 灰白，淡黄土，淡黄緑，コバルトブルー等の各色

〔天井〕根太下木摺打付プラスター塗 不燃ペイント仕上 白色

〔鉄骨柱・梁・スチールサッシ〕オイルペイント仕上 赤褐色

〔手摺〕ナラ材 ニス仕上

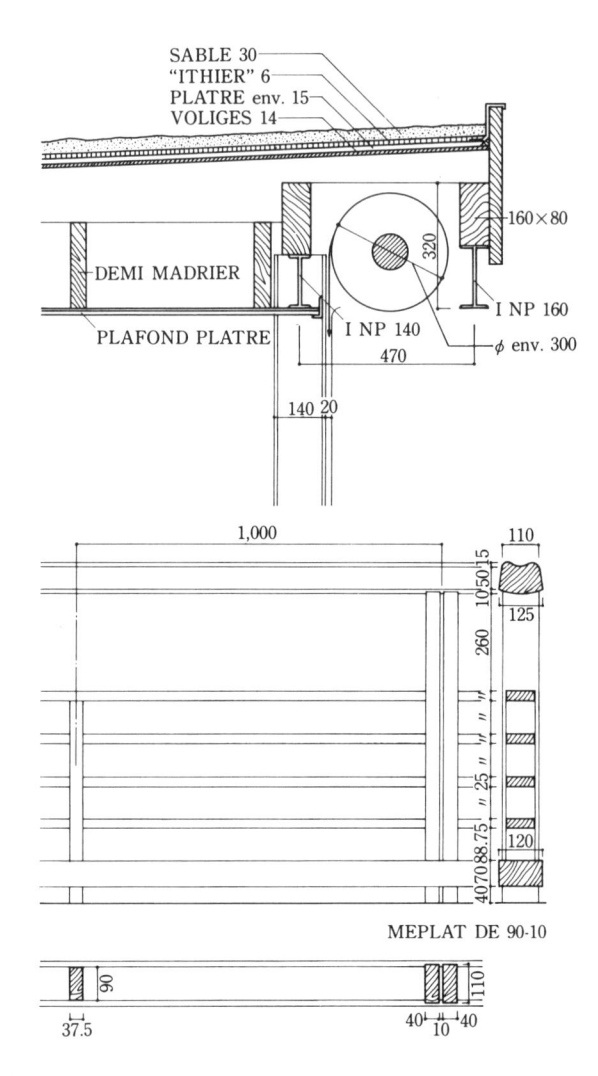

上　喫茶テラス日除け詳細

下　手摺詳細

手摺は建物全体と調和し，しかも日本的な感じを出すように特に注意して決定された．手摺はすべて下から見上げられる位置にあるため，各部材を高さに比して幅の広いものとし，見上げられたとき豊かな構成を表現するように考えられた．束の間には補強のため床鋼材に直接つながる鋼板が挿入された．

右上　商店部第二展示室より家庭生活部をみる
左下　喫茶テラスの外部詳細　緑，白，赤の
　　　布製日除け
右下　家庭生活部西北面の外部詳細　壁面は
　　　歌舞伎幕の四色を白，緑，黒，赤の原
　　　色に還元して配色されている　文字板
　　　はナラ材，表面生地仕上，側面白色

パリ博日本館の印象　　フランソア・サメル

傳統美の近代化に成功

　パリ萬國博覽會は二週間前に幕を閉ぢたがここ數ケ月と云ふものパリは全世界そのものであつた。各國の建築家が數知れずここで輝かしいコンクールを競つた。各々自國の生粹な特性を、その國民的思考を各國の會館に託して表明したのだ。國内には千萬の民草が住む廣い國土の眞の姿と想ひを、限られた狹い地域に、時には一家の隅程の室に展開する。これは不可能に近い難しい業ではあるが、優れた數人の建築家はよく此の難事をなしおほせた！　その中に一人の日本人建築家があつた。

　坂倉準三氏によつて建てられた日本館は正にその一つである。美しい此の國の近來の目醒しい多面的進步が、その精神的、物質的活力と共にここに明白に示されてゐる。日本古來の傳統的美と質とを生かし、建築をめぐる自然の風光をとり交へながら、單純な近代的構想と優雅な組立を見せた。

　折々此の國では支那風の屋根組や、田舍家めいた屋敷を本來の日本建築と思ふ考へ違ひが見受けられるが、これこそ似て非なるものである！

　日本館の建築家は斷乎として此の感傷的な又卑俗な樣式をかなぐり捨てて眞に近代的に生きやうとする若い進步的國家にふさはしい新しい樣式を採用する事によつて問題を解決した。

　有名なるフランスの建築家ル・コルビュジエの門弟たる坂倉氏は洗練されたる趣味と才幹とを以つて、美しい比例によつて空間を仕切り、採光と着色の變化を巧妙に活かした。而も到る所日本建築の傳來の美しい範例をとり入れる注意が拂はれてゐる。例へばあの骨組みの小ぢんまりした華奢な線ある格子を思はせる對角線的な格子、舊い館の木工を思はせる骨組等。あの長廊下を登つてテラスに腰を卸し、間近い木立を眺めるのは何としたよろこびだつたらう。又用ひられた材料、例へば鋼鐵、アスベスト、ガラス、木材等が如何にも適切な理解によつて使驅されて何と自然に美的效果を作つてゐた事だろう。

　實際日本館はトロカデロの斜面の庭に位置して數多の木立に取りかこまれてゐるのだがここの木立は灌木や草花を取り交ぜて建築の外廓に加はつて日本らしい景色の特性をうかがはせて居る。かうした庭に輕快な整頓された建築の胴體を直線的な輪廓を描いて浮び出してゐる。それは細部に至るまであくまで純粹な構想と樣式とを示してゐる。

　室内の陳列物の選擇や配列に於けるいくらかの缺陷を除けば日本館は內部外部共に一つの統一と調和のうちにまとまつてゐる。さればこそフランスの最も有力な建築雜誌「今日の建築」は日本館を場中の最も興味あるものの一つとして擧げてゐる。何はともあれ今回の博覽會にあのパリの日本學生會館の先例を追はず新しい近代建築を見せた事は賞讃に値する。あの學生會館はフランスの建築家によつて試みられた古風な建物で支那風の屋根組、岩や小松を配したロマンティックな庭がそなへられた所謂日本建築であつて、建築としての效果は薄弱なものである。之に反して今度の日本館は第一に現代の建築である。現實の要求を具體化した發展的樣式である。しかもそこに傳統的美しさを含みつつ力强い此の國の活力をにじませてゐるではないか。

（筆者はチエツコスロヴアキアの建築家，譯者は學習院教授富永惣一氏）

（東京朝日新聞—昭和12年12月8日—より轉載）

巴里萬國博日本館批評──海外誌より抄錄

S. Giedion : DIE WELTWOCHE

‥‥全く解放的に建てられたパヴィリオンの中、最も美しいのは恐らく日本のそれである。色々の勾配の斜路が建物の中を通り、各部分を結びつけ、戸外へ、そして又戸内へと導く。部屋が狭いにも拘らず、何よりも先づ、庭園とよく結合して居る事が感じられる。パヴィリオンは西洋風でありながら全く日本精神を以て貫かれて居る。三十そこそこの建築家坂倉の名は銘記しておく必要があらう。日本はパリで物笑ひの種にならなかつたといふ事を彼に感謝するべきである。何故なら、我々は日本館の内部が、拙劣なヨーロッパまがひの家具だの、デパート式のガラクタだの、それから特に、全く調子外れの勿體らしい日本の發明品などの羅列で示された程支離滅裂だとは到底思ひも及ばなかつたからである。‥‥

H. R. Hichcock jr: ARCHITECTURAL FORUM 1937-9

日本館では、初期の國際樣式を思はせる形式と、過去の民族的な形式を調和させやうとして居る。結果は極めて良好であり、前揭のパヴィリオンの幾つかと同樣な、博覽會らしい調子を出して居る。陳列物に就いては、大部分はヨーロッパ製品の安つぽい、味も素つ氣もない模倣であり、批評の限りでない。

Dipl-lng. R. François : D. B. Z. 1937-9

‥‥日本館は現代の建築技術と過去の建築樣式とを融和せしめた興味ある例を示して居る。

日本家屋の木造骨組の纖細さと輕快さをその儘鐵骨で再現する事が意圖され、構造的には稍々無理があらうが、骨組は細く美しく組み上げられて居る。この輕々とした架構の間の壁は硝子や石綿板などで充塡されて居るが、かかる近代的な建築材料が使用されて居るにも拘らず、その印象は奇しくも純粹に日本的な印象であり、アメリカニズム臭や、かび臭い鄕土臭などとは凡そ緣遠いものである。‥‥

S. D. G. : BEAUX-ARTS 1937-11-12

パヴィリオンを建てるに當つては、各國とも美的な考慮を主として居る。日本は傳統的な傾向を重んじ、民族的な樣式を探つた。しかし、この國民は、若くしてしかも同時に老ひて居り、傳統に忠實にしてしかもモデルニスムにも理解に富むので、その文化の徵を示すにも、過去と現在の深刻な不和を見せつけたりはしない。

ル・コルビュジェの弟子である靑年建築家坂倉準三に依つて設計せられたこのパヴィリオンは、民族的といはれる建築に對する考慮が、進步せる技術と兩立しないものではないといふ事を輕妙な奇拔な方法で、しかも完全に證明して居る。

その明快なプラン、單純なヴォリューム、裝飾されぬ材料、すき透つた壁面などに依り、このパヴィリオンは日本の民族的な古典建築である茶室との連繫を主張する。又その同じ特質に依つて、このパヴィリオンは文字通り現代的なのである。‥‥

Guston Varenne : LECESSIN 1937-8〜9

‥‥日本は、古き文明を持つた國が、その地方的特質や過去の傳統の優れたものを活しつつ、現代生活に適應出來るといふ最も典型的な例を示して居る。鐵と硝子だけで出來て居ながら、このパヴィリオンは他國のものとは決して似て居ない。部屋から部屋に伸びた傾斜路でつなげられた平面や、外部に對する大きな開口、テラス等は、多くの他の鋼のパヴィリオンが齎し得なかつた美しさを產み出して居る。

Mirroir du Monde 1937-6-18

どのパヴィリオンも、日本館ほど巧みに舊い藝術的傳統と進步した近代技術とを調和させては居ない。それにこれは恐らく內部外部とも、素材以外の他の裝飾を大膽に施さずして成功して居る唯一の例であらう。トロカデロの庭に立つて眺望するとき、この建物は、最も裝飾されない貧弱なといふ感じは些も與へない。それどころか、鋼の細い梁や、硝子や、石綿板、木、石の壁などのすつきりとした構成に依つて一段の生彩を與へて居る。

（日本工作文化連盟　「現代建築」創刊号─昭和14年6月─より転載）

東京・巴里 1936〜37　　　　　藤木 忠善

　1930年代のヨーロッパは激動の時代を迎えていた。1936年ドイツのラインランド進駐とスペイン内乱の勃発によってファシズムの脅威は急速に現実のものとなり，それに対抗する民主勢力の動きは頂点に達しつつあった。一方1920年代以降の活溌な芸術運動も，その中心であったドイツ，ソビエトにおける政治的圧迫によって挫折に向っていた。

　1937年パリ万国博は「近代生活における芸術と技術」と題して，このような状況のなかで開催されることになった。この博覧会は右翼政権時代に提案され，その後一時断念されていたが，1936年人民戦線内閣が成立し，首相レオン・ブルムが経済危機打開を期待してその開催を決定したものであった。そして彼は「万国博の成功はファシズムに対する勝利なり」と声明して労働大衆を励ました。会場はセーヌ川を挾んで四会場に分かれ，その延長は7km，面積100万m²におよび，シャイヨー宮の改築を含む大規模なものであった。

　参加国40数カ国が予定され，日本も招請に応じて参加を決定し，商工省，日本商工会議所，国際文化振興会，日本貿易協会よりなる巴里博覧会協会が設立された。それはちょうど日本が2.26事件，日独防共協定締結，そして翌年には日華事変勃発と軍国主義への過程をはっきりと辿り始めた時期であった。

　巴里博覧会協会は日本館について「日本文化を世界に宣揚するに足るもの」という基本方針を決定するとともに，フランス当局と折衝を重ね，敷地は会場の西端に当るトロカデロ庭園の傾斜地2600m²に決定された。そして設計は国際文化振興会に委任された。同会より委嘱を受けた東大教授岸田日出刀はさらに前田健二郎，前川國男，市浦健，吉田鉄郎，谷口吉郎の5名の建築家を建築委員として数案の設計原案を作成した。しかし巴里万国博協会はこれを日本的でないとして決定を持ち越してしまった。建築委員側はそれを不満として「今回の参加條件であるフランスの技術と材料で可能なようなもので日本建築の精神を織り込んだようなもの」を主張し，それが通らなければ手を引くまでと声明した。「何が一体日本的か」という根本問題で対立したまま前川國男案を推していた岸田委員長も6月20日の最終決定期限を待たずにオリンピック施設視察のためベルリンへ出発してしまった。

　巴里博覧会協会はこの事態を切抜けるため実施案の作成を前田健二郎に委嘱し，8月上旬に完成，最終案として決定した。この実施案は面積1500m²，平屋建，高さ20mの塔を持ち，柱は漆仕上，外壁は白壁となまこ壁からなり，工費は70万円が予定されていた。同協会はさっそく実施案についてフランス当局と交渉した結果，参加協約の遵守，工事契約方法，現地での労働力の確保と監督等の問題に関して多くの困難が生じてきた。これらの問題を解決するには現地の事情に明るい専門家が必要とされた。そして国際文化振興会理事であり巴里博覧会協会理事を兼ねていた団伊能らの推薦で坂倉準三に一任することが同協会理事会で決定されたのである。坂倉は7年間ル・コルビュジエのもとにあり，その年の春帰国したばかりであった。1936年9月29日，坂倉は推薦者でありまた同時に東大時代の師である団伊能とともに実施案を携え，シベリア経由で再びパリへ向かった。

　坂倉の出発する前後から日本館に関する様式論争がジャーナリズムを賑わし始め，当初最有力案であった前川案も発表され，新聞は藤島亥二郎，森口多里らを登場させてこの問題を取上げ，また建築学会も「日本建築の様式に関する座談会」を開催した。

　10月14日パリに到着した団，坂倉はただちにフランス当局，指定された協力建築家ダニスと折衝に入った。そしてセーヌ川を隔ててエッフェル塔と相対するトロカデロ庭園の敷地を調査した。その結果，敷地南西側のル・ノートル通りからの眺めとアプローチを重視して設計された実施案は樹木繁茂のため不適当なこと，また樹木の伐採には多額の納付金が必要であり，樹木移植や土地の復旧義務に要する費用にも乏しいので，東南に開けた敷地の自然を最大限に生かすような設計案が必要であることが判明した。

　新しい計画は坂倉にとっては住み慣れたセーブル街のコルビュジエの

アトリエの片隅を借りて進められた。同アトリエ出身で当時独立していたオーストリア人のボラック、同アトリエのスタッフであったボッシュが協力者となり、それに在仏留学生の井上清一が加わった。設計は地形と樹木を出来るだけ損わずに建物を配置することから始まったが、坂倉の答は単純明快であった。それは傾斜地をそのまま生かして数ブロックに分けられた建物を、樹木を避けて段状に配置し、それらをスロープでつなぐことであった。それは同時に流れるような動線と変化に富んだ展示空間、そして環境への調和を創り出すものであった。鉄骨、ガラス、アスベスト板といった新しい材料と工法の撰択は彼にとっては自明の理であった。唯一つ、苦心したのはディテールであった。彼自身もディテールが重要であることをよく知っていたからスロープや吹抜けの手摺などは何度となく書き直された。特徴的な菱目格子のガラス・ウォールは当初の実施案のなまこ壁の大胆な翻案であった。また正面入口の庇は彼が苦しんでいるところへコルビュジエがやってきて「日本にも鳥居のような曲線があるではないか」といって描いたデッサンがヒントになったという。10月下旬に始まった設計は順調に進み、早くも12月中旬に入札にかけられ、12月29日起工式が行われた。この設計案は翌年の1月、日本橋高島屋で開かれた日本館出品物展示会において公表された。

日本館のすぐ隣りではアアルトのフィンランド館が工事中であった。大通りを隔てた向う側ではセルトがスペイン館を、ワイスマンがユーゴスラビア館を担当していた。二人とも坂倉と同じコルビュジエの弟子であった。そしてコルビュジエ自身も新時代館を建築中であったので、ときどき弟子達の現場を訪れて彼等を励ました。日本館の背面の壁には歌舞伎の幕の四色が淡く塗り分けられていたが、ある時コルビュジエがその色が中途半端ではっきりしないと助言したので、それまで迷っていた坂倉も思い切って鮮かな色を自由に使って成功することが出来た。

パリ万国博開会式は5月24日に行われたが相次ぐサボタージュのため殆んどのパビリオンが未だ工事中で、完成しているのは自国から労働力を動員したドイツとソビエトの2大国だけであった。日本館の工事も遅れていたが陸屋根の姿がだんだんと現れてくると、古建築を模した過去の万博日本館とはあまりに異なったその姿に日本側当局は困惑し、日本的でないとして非難を浴びせた。日本館内部の展示計画と出品物の選定は巴里博覧会協会および商工省当局を中心に進められた。送られてきた出品物を見てその西欧におもねた品々に坂倉は慨嘆したが彼はとうとう展示の会議からもボイコットされてしまった。日本館は6月上旬に完成し、開館されるや各国の建築家、批評家の注目のまとになったのである。

恒例のパビリオンの建築コンクール参加には自薦手続が必要であったが日本側当局は当然のことながらその参加を辞退してしまった。坂倉は自分の信念の正しさを示す機会を失って落胆した。ところが審査委員長であったオーギュスト・ペレーは手続の有無にかかわらず日本を含む4カ国にグランプリを与えることに決定し、10月22日受賞式が行われた。一流建築家の手になる大パビリオンが競うなかで、アアルトのフィンランド館、ピカソ、ミロ、カルダーの芸術に飾られたセルトのスペイン館等と並んで無名の青年建築家が設計した小さな日本館が受賞したことは坂倉準三の名を一躍国際的にした。そして彼は正統派近代建築家としてデビューしたのである。

この受賞の真の価値は日本館がコルビュジエの亜流と見做されることなく、異国趣味とも無縁な博覧会のための一つの有機体として第一級の現代建築であることを認められたことにある。この日本館に桂離宮の持っているような日本建築の特質を見出し、伝統と近代の融合を指摘することはたやすいが、その問題は彼自身にとっては永遠の課題であったに違いない。むしろ臨時的な博覧会建築の機能と敷地環境の性格、鉄骨構造の持つ特質を看破して合理に対する直截なアプローチと実際的解決をおし進めることによって、このパビリオンが必然的に生み出されたことに驚きを感ずるのである。

人民戦線の嵐のなかで開幕したパリ万国博も11月25日その7カ月に亘る会期の幕を閉じた。グランプリに輝いた日本館も翌年の6月に取毀され、トロカデロ庭園のなだらかな斜面はまたもとの静寂を取戻したのである。

西南側外観 ▶

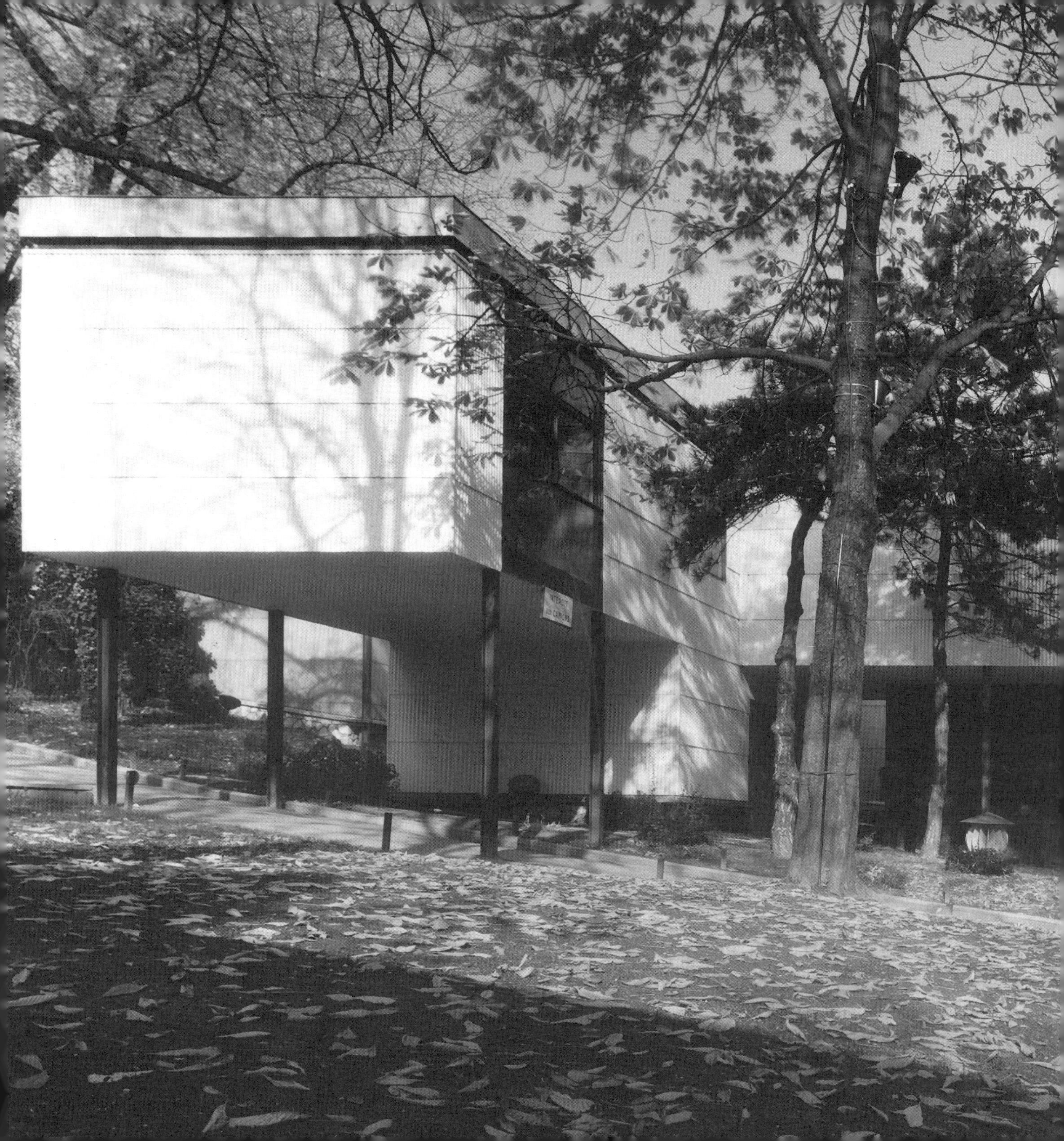

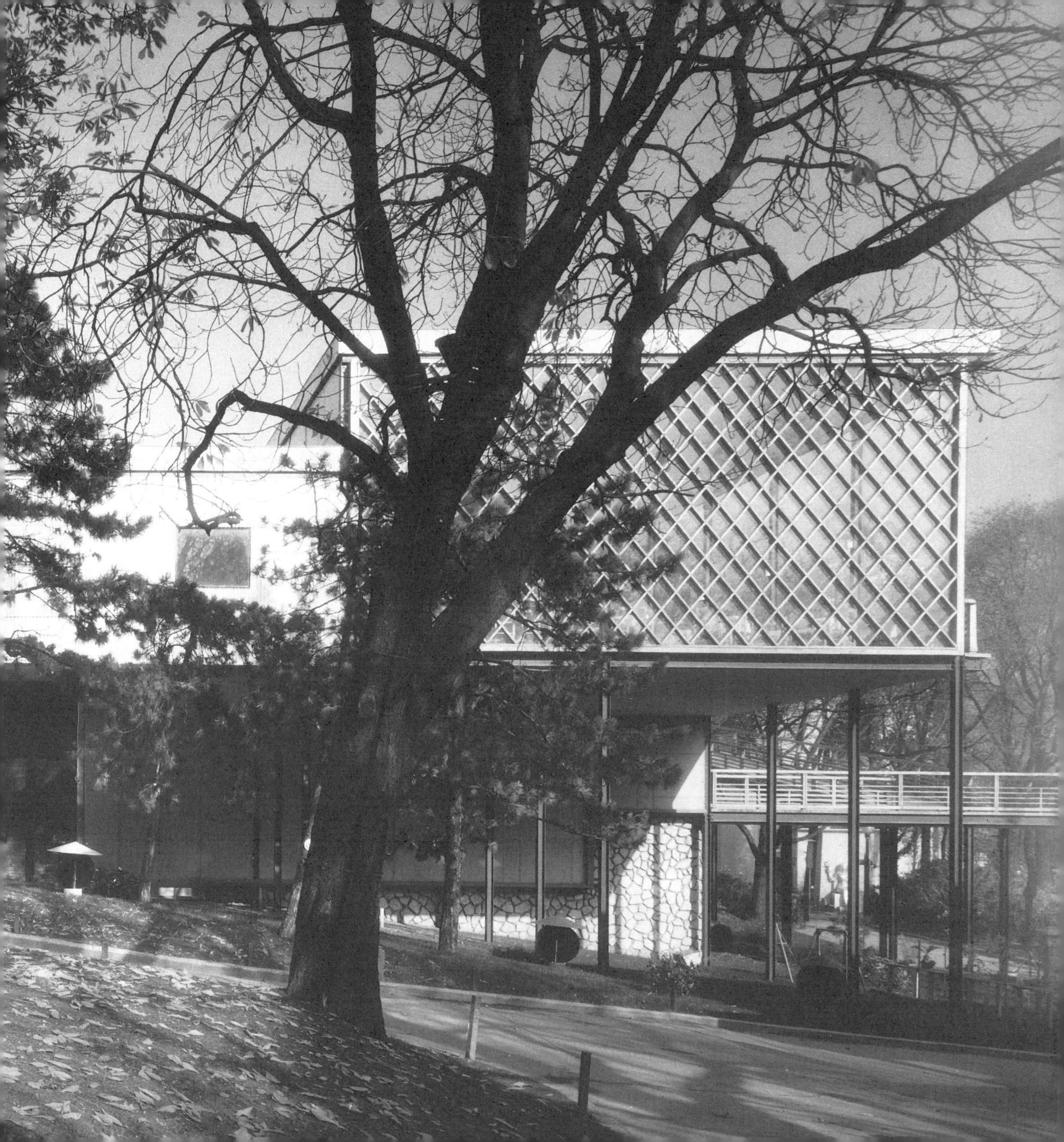

74

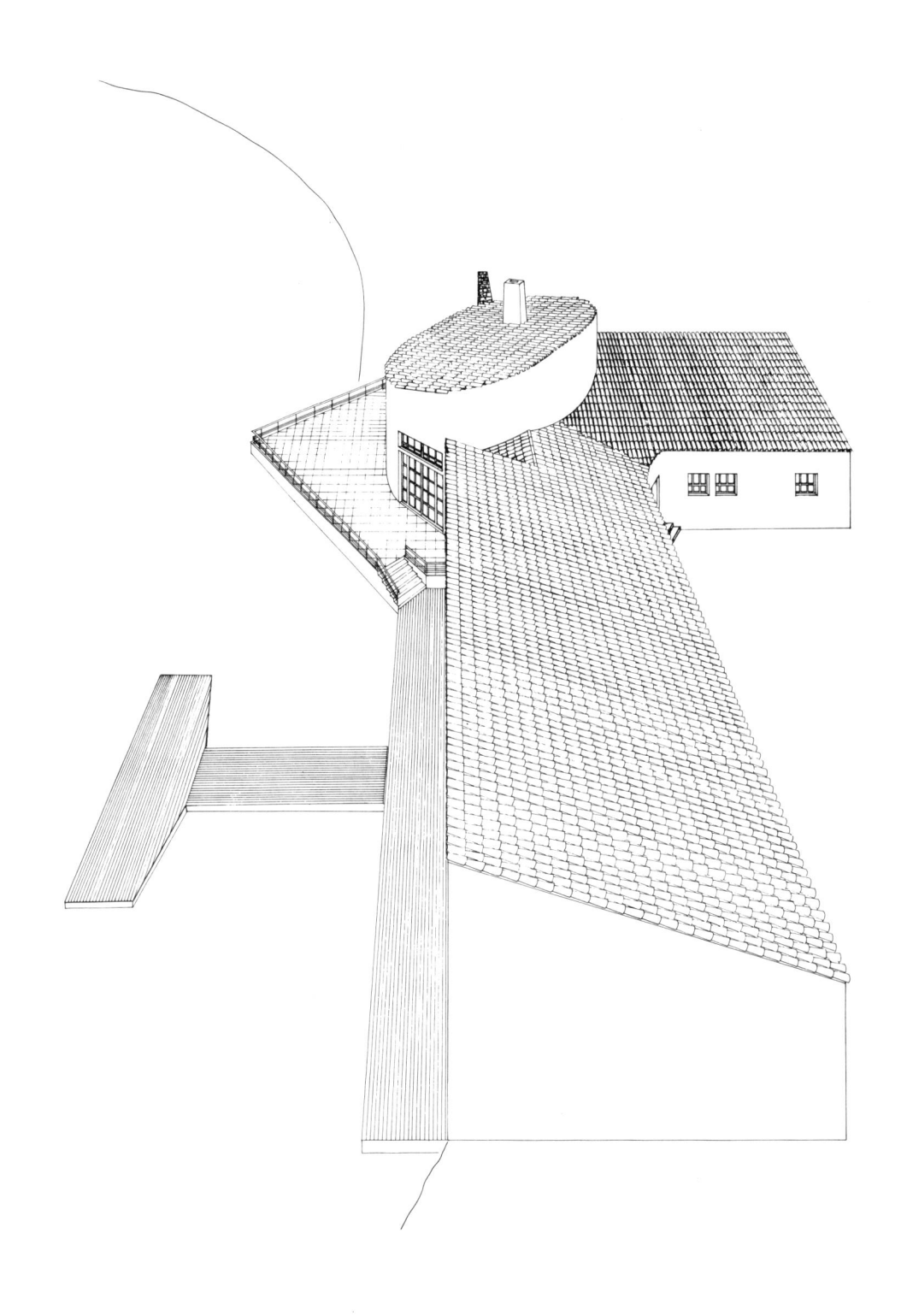

新京南湖ボートハウス　1938

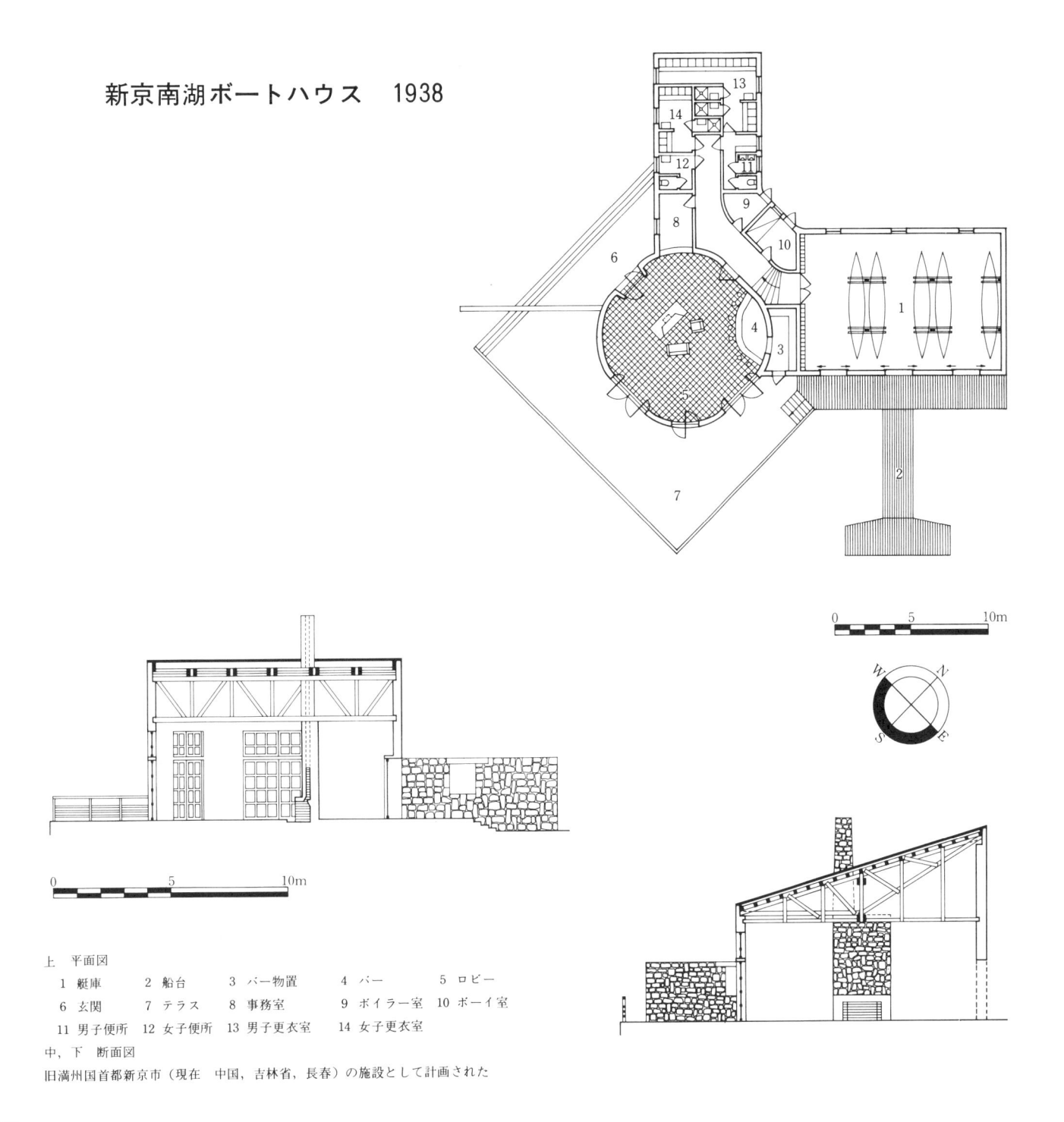

上　平面図
1　艇庫　　2　船台　　3　バー物置　　4　バー　　5　ロビー
6　玄関　　7　テラス　　8　事務室　　9　ボイラー室　　10　ボーイ室
11　男子便所　12　女子便所　13　男子更衣室　14　女子更衣室
中，下　断面図
旧満州国首都新京市（現在　中国，吉林省，長春）の施設として計画された

等々力飯箸邸　1941

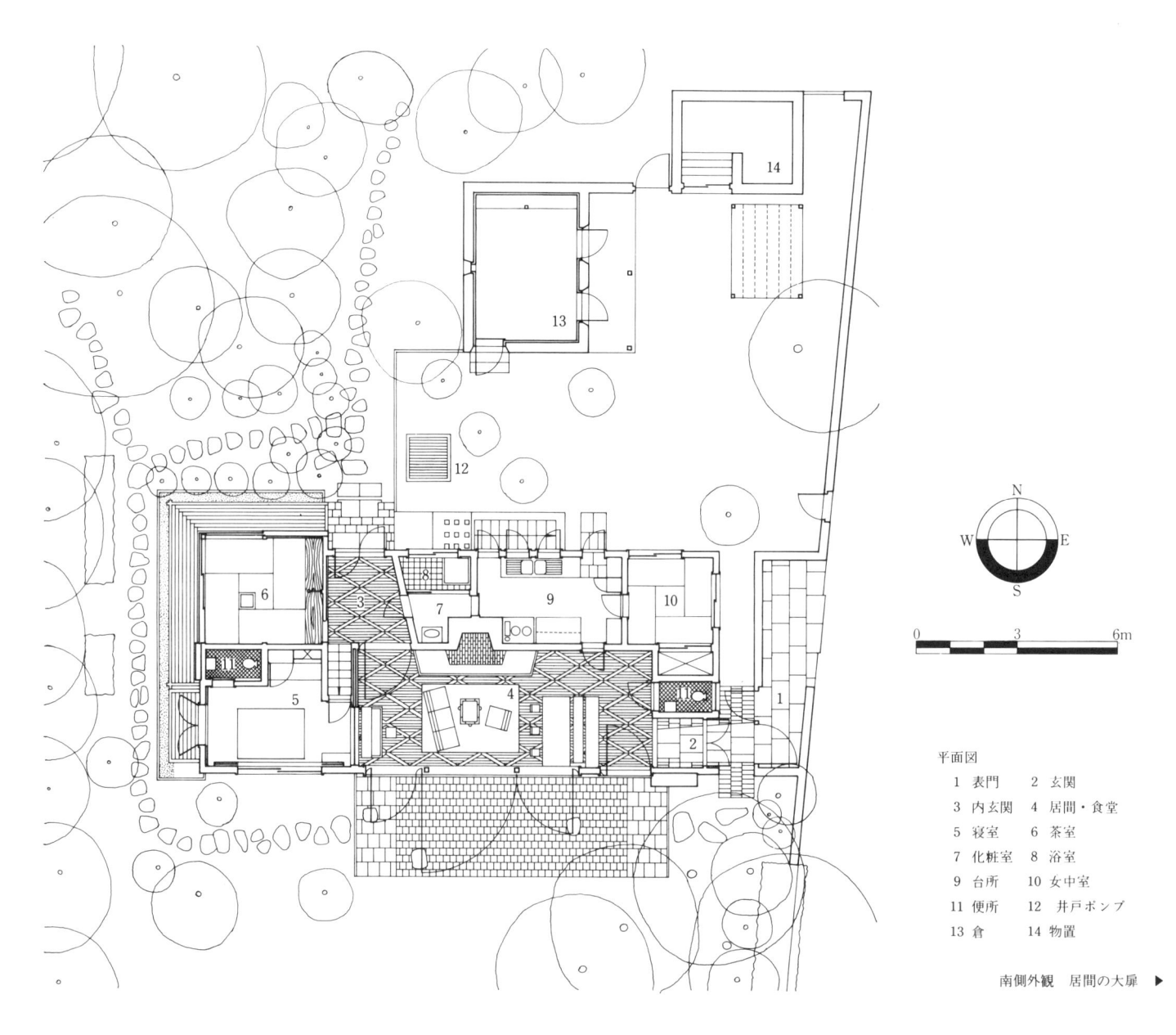

平面図
1　表門　　2　玄関
3　内玄関　4　居間・食堂
5　寝室　　6　茶室
7　化粧室　8　浴室
9　台所　　10　女中室
11　便所　　12　井戸ポンプ
13　倉　　　14　物置

南側外観　居間の大扉　▶

76

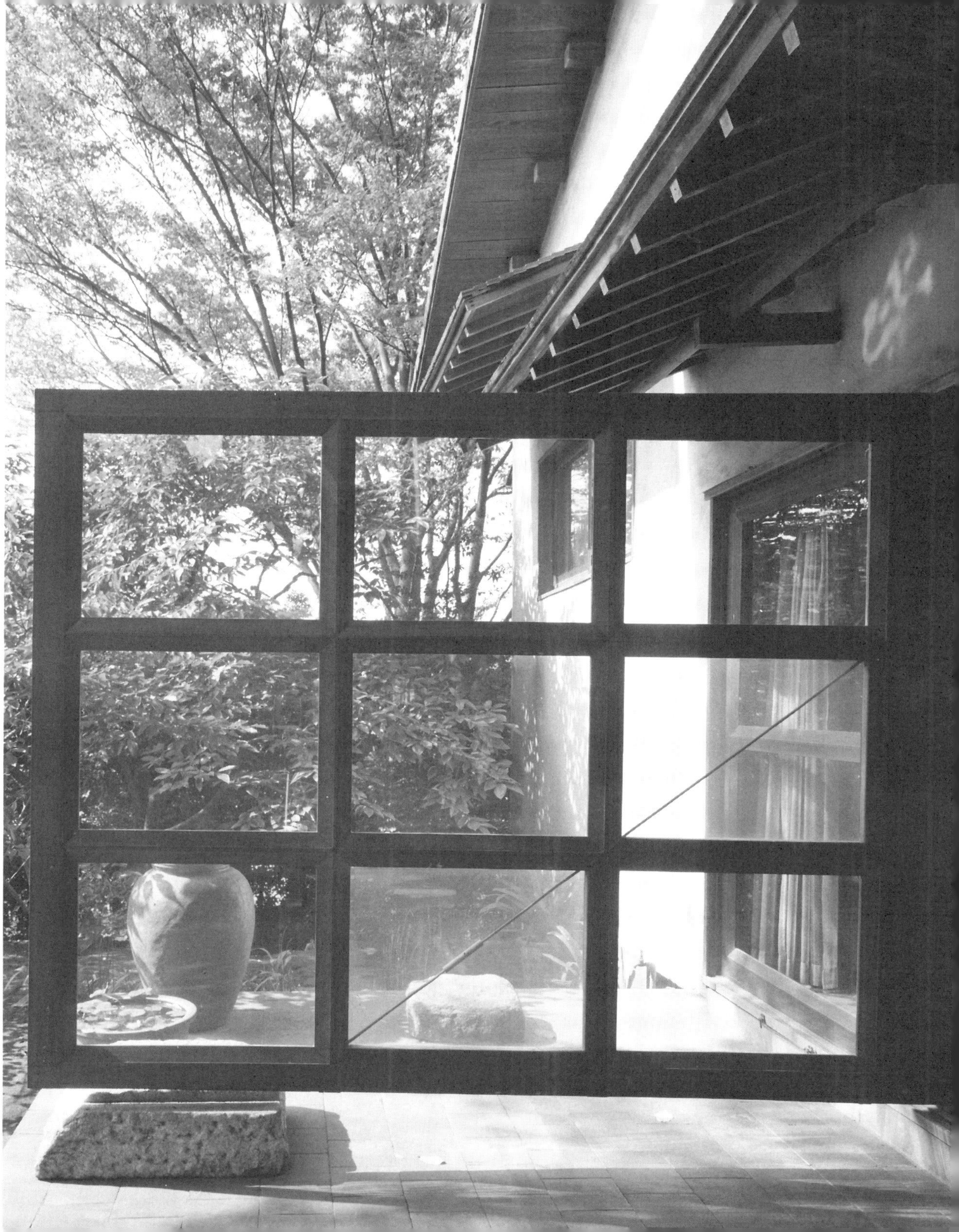

南側外観

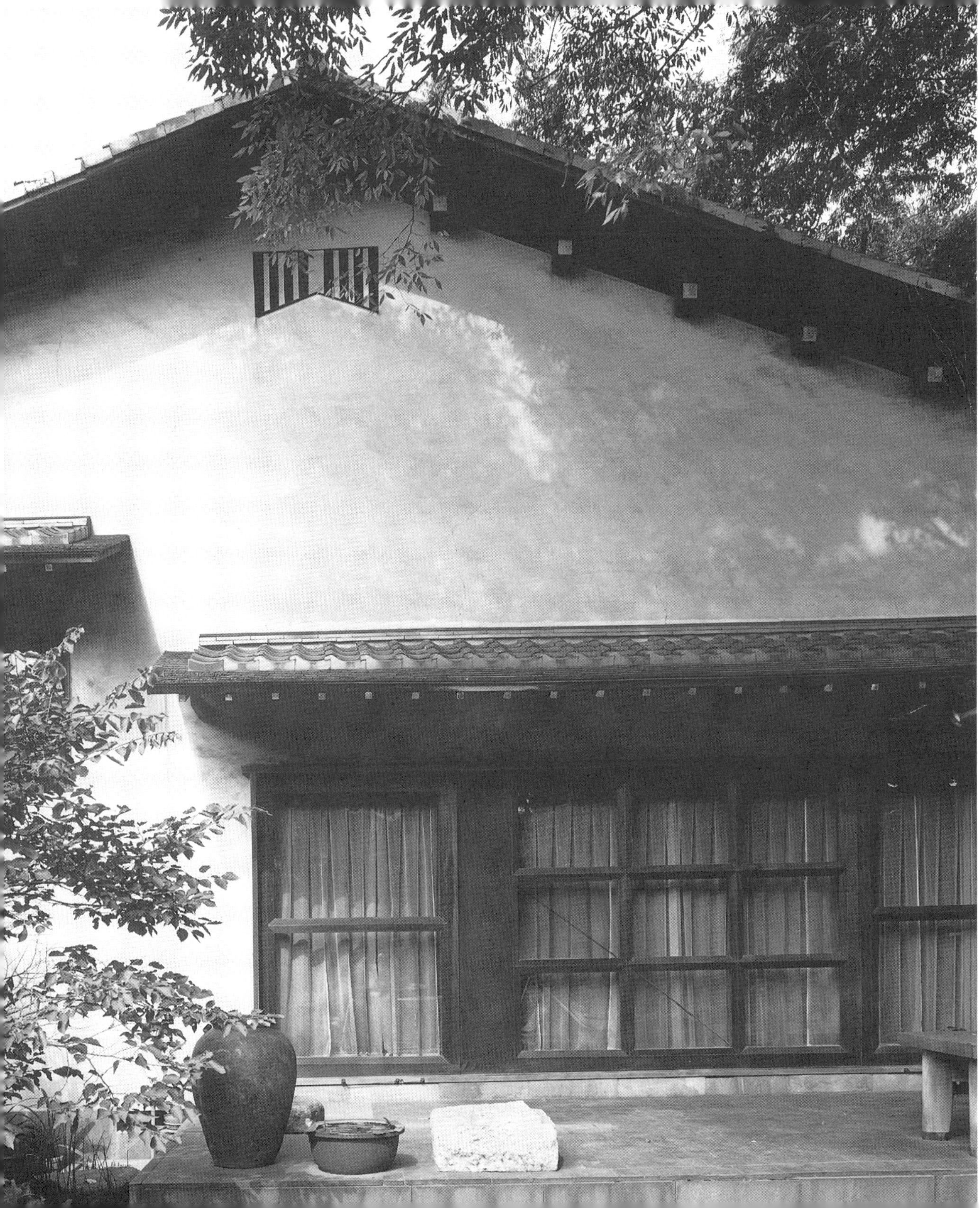

配置図
0　5　10　20m

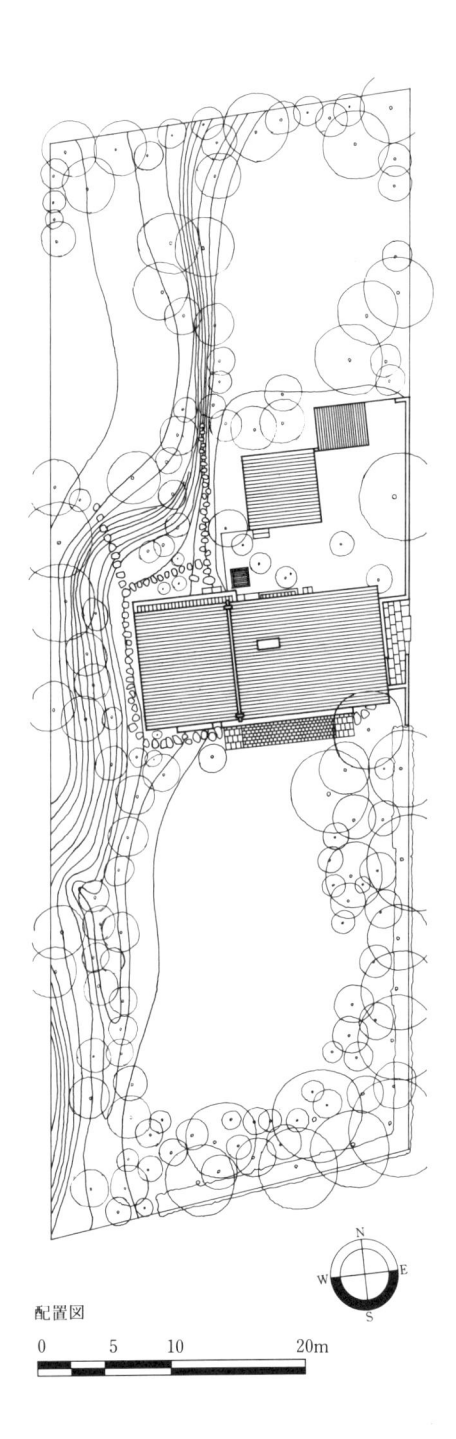

「家の精」について　　　今泉 篤男

　昔から日本でも西洋でも、田舎の古い家などによく「家の精（ハウス・ガイスト）」が住んでいるというような話が伝わっている。私は余りそういう話に興味をもつ方ではないが、旅に出て地方の旧家の古い大きな家に泊めてもらったりした折、夜中にふと眼がさめて、しんしんと静かな暗闇を覆っている「家の精」を感じるような気がすることがある。そういう気のする家は、きまってその建築が一種の格のある雰囲気を帯しており、私は暗闇の中で眼を開き、一体この家を建てた人間はどんな奴だろうと考えたりすることがある。

　どういうめぐり合せか、私の現在住んでいる等々力の家は、坂倉準三の初期の作品である。坂倉君がパリの万国博の日本館を建てる仕事を済ませて日本に帰り、最初に没頭したのが、この家の建築だったらしい。私ども——坂倉や富永惣一や——は大学で団伊能先生に西洋美術史を教わった。講義がすむと、先生の原宿の邸の広い庭園の一部にあるコートでテニスをしたりテラスでお汁粉を御馳走になったりした。その団先生が、坂倉君に依頼して建てられたのがこの等々力の家で5、6年前それ

を団先生から割愛していただき，今私が住んでいるというわけなのである。そろそろ戦争がひどくなりかけている昭和16年の竣工だからかれこれ20年近く経っている古い家だけれど，板塀だの軒廻りだの濡縁だのを少しずつ手入れしただけで，現在でもほとんどガタつかないで原型を保っている。修理する時は，坂倉建築事務所の人に来てもらいなるべく以前のままの状態を保存するように心がけている。

坂倉君は日曜日によく多摩川のコースにゴルフにやって来ては，帰り途，私の家に立寄って将棋を指してゆく。自分の造った茶室で彼は負けぎらいな将棋を指す。「この家は僕が君の作品を保管していてやるようなものだ。保管料を出さなければいかん」と私は彼にいう。私は更に続ける「大体，建築家というのは怪しからん。注文をきき入れているような顔をしながら，自分の勝手に好きなものを作っておいて，それに他人の生活を押しこめようとする」坂倉君は，聴えているのか聴えていないのか，一心に盤を見つめて含み笑いをしている。

白状すると，私は修繕する際に前の状態より少し良くしてやろうと思って，時々自分の考えで細部をやらせてみることがある。ところがそういう場合，きまって以前より良くならない。私は匙を投げた。甘んじて保管者たる立場にいるより仕方がない。自分の住んでいる家をほめるのも可笑しなことだが，この古い家は20年を経て，木部も白壁も古色を帯びては来ているけれど，少しの狂いも感じない。却って年が経って落ちついたところがあるのだろう。戦争の爆撃の余波で広間の内部の白亜の部分が少し細いヒビが入った程度である。坂倉建築事務所の若い建築家の人が時々訪ねて来ては，実に心が徹って，材料もいいし丁寧に出来ているといって感心して見ている。坂倉君にいわせると，これを建てた当時は，今のように忙しいことがなかったから，どんな細かい部分についても"ゆっくりと考え，気がすむだけやることが出来たからだ"と事もなげにいうけれど，これは建築家坂倉先生だけの手柄に帰すわけにはいくまい。経費や時間を惜しまず坂倉君に使わせて，お弟子の若い時代の夢を実現されようとされた団先生のお手柄も与って力あることだ。

坂倉君の建てた家に住んで一番私の感じていることは，田舎の旧い家に住んでいるような素朴な質実な生活の気持が，私たちを支配しているように思えることだ。その上に，近代様式のシュプテイルな繊弱さに反発する何か一種の剛健さのようなものが私たちを支配する。私はこの旧友の建築家に面と向っては，自分の剛健趣味を押しつけ怪しからんとか何とか文句を言いながら，内心はひそかに深く感謝しているのである。坂倉君は岐阜在の田舎育ちであるし，私も東北の田舎育ちで，二人とも田舎に育ったことの幸福をよく話しあう。

屋敷の一隅に車庫を建てることを坂倉事務所の方に頼んだら，黒渋で塗った垂木の木口を白ペンキで塗って仕上げた。出来上ったのを坂倉君が見に来，やかましく言って直ぐにそれを黒渋で塗り直させた。私は折角出来上ったのにそれになかなか瀟洒なところもあって悪くもないと思い，直させるにも及ぶまいと内心思っていたのだが，直したところを見ると，なるほど坂倉君の気持がわかった。この最も本質的に近代的たらんとしている気むずかしい建築家には瀟洒というようなことは，浅薄なアクセサリーのように感じられるのだろうと気づいた。

夜更に眼醒めて，ジッと暗闇を見つめていると，「家の精」が段々睡気にぼやけて，坂倉君の顔のようなものになってくる。もし私が死んで誰か他の人がこの屋根の下に住んだと仮定して，その人にはどんな「家の精」が顕れるだろうかと，私は想像したりすることがある。

（日刊建設通信—昭和35年2月21日—より転載）

左 東側外観 門，玄
　 関ポーチ，庭
中 玄関ポーチから庭
　 へのアプローチ
　 御影石と自然石
右 南側テラス
　 尾州瓦敷と仙台石

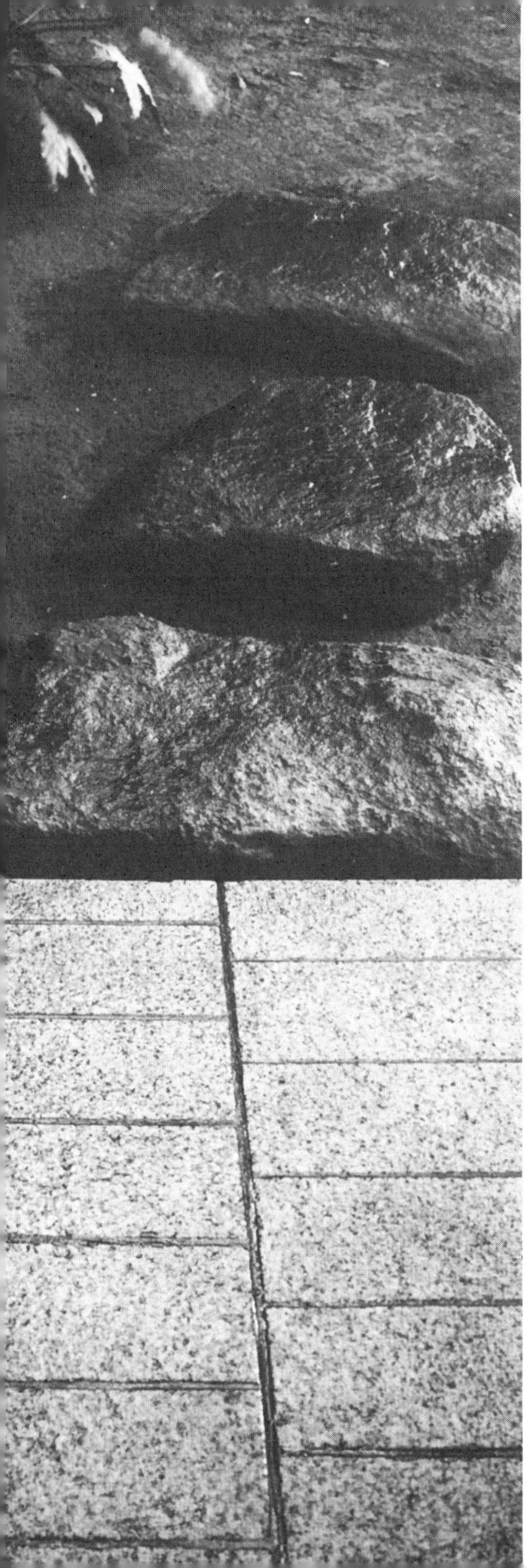
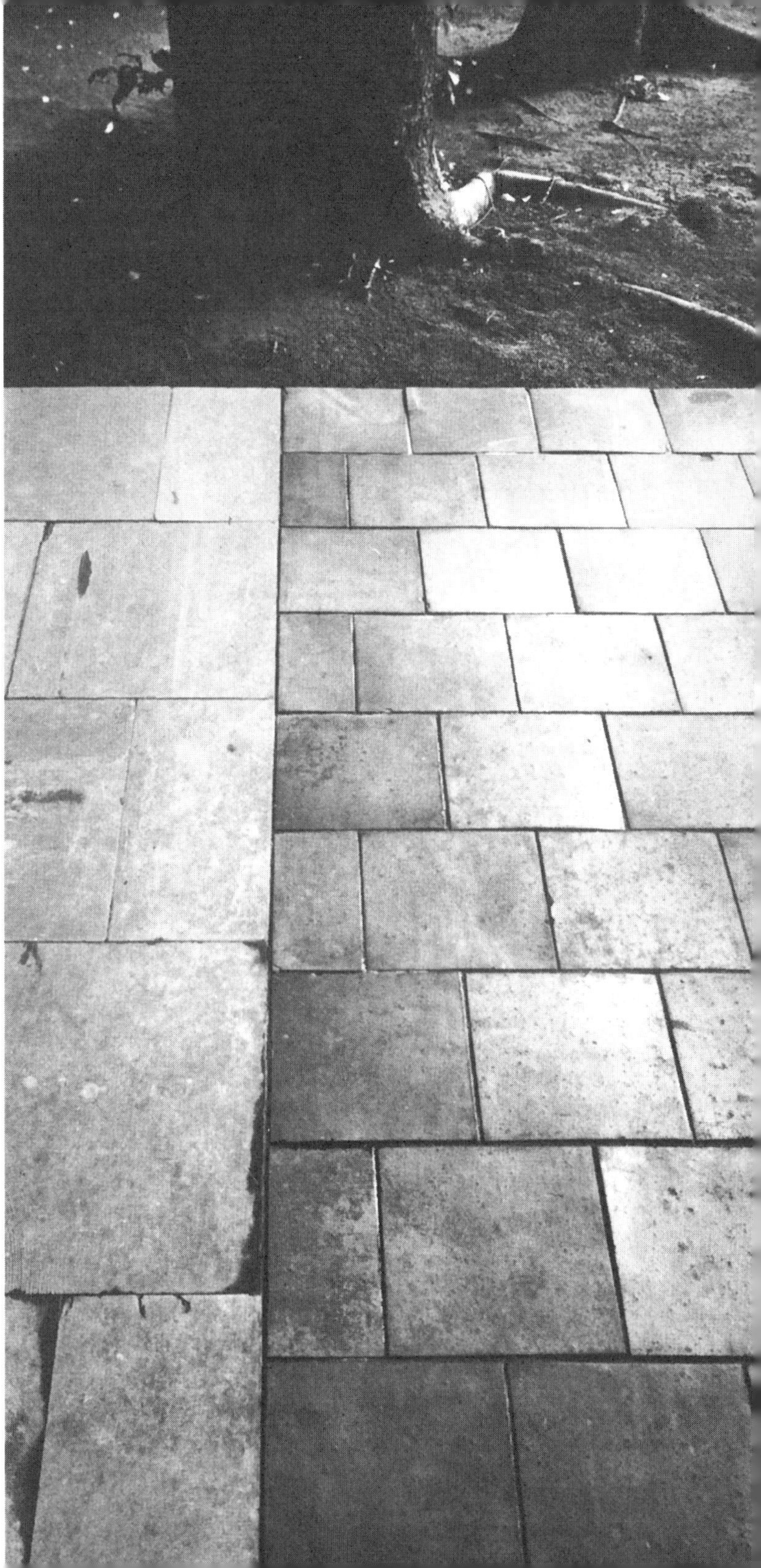

組立建築第一回試作　東京赤坂　1941
月島公開実験のための組立試行

組立建築　1941〜50

組立建築第二回試作　東京湯島　1942
　左　全景
　右上　床組詳細
　右中　屋根パネルと桁材
　右下　小屋裏詳細

左上　水戸工場における組立公開実演
　　　1944

右　　組立建築のバリエーションとエレ
　　　メントをしめす設計図　1944

左下　組立建築標準矩形図（寸法は尺）

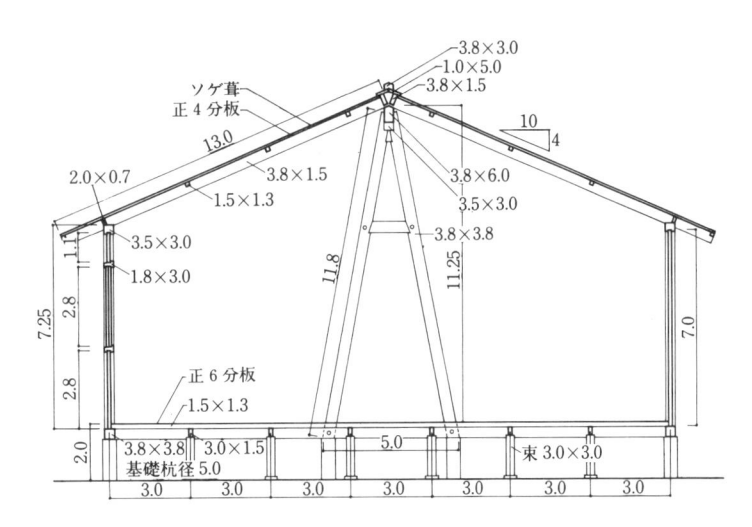

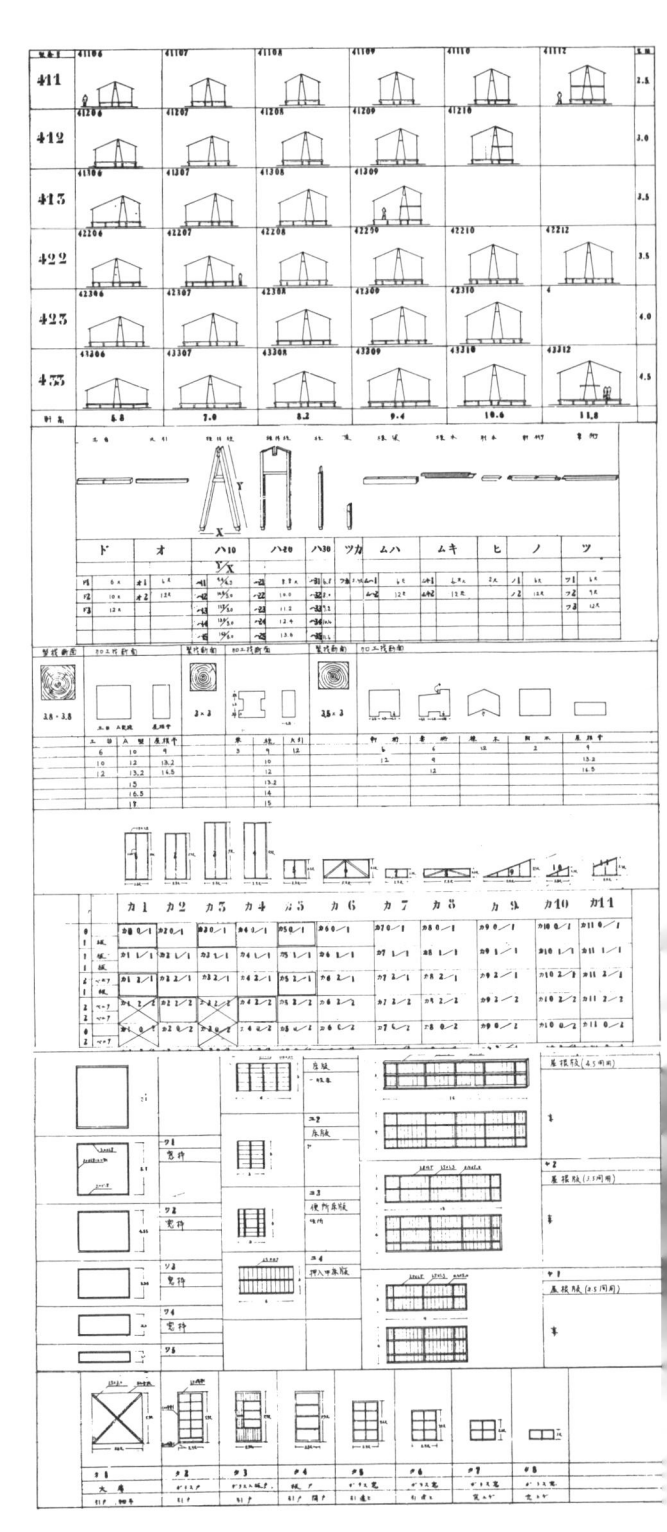

組立建築全国巡回展のためのモデルハウス　1944

中2階のある11坪2戸建住宅　東京赤坂　1948

組立建築から最少限住居まで　　藤木忠善

パリ万国博での名誉ある受賞の後、引続いてル・コルビュジエの都市計画に協力していた坂倉準三が、第2次大戦勃発間近かのヨーロッパを後に帰国したのは1939年の春であった。彼を待っていたのは暗く不幸な日本であった。その前年には国家総動員法が発布され、続いて日米関係も悪化し日本は太平洋戦争へとその歩みを早めていた。そこにはもはや正常な形での近代建築が開花する基盤は失われていた。建築界、デザイン界でも形こそ近代化が唱えられていたが、それらはすべて戦争遂行への動きのなかに吸収されてしまうような時代であった。そのような国家的状況のなかで坂倉は多くの建築活動を展開して行くが、組立建築と呼ばれる一連の研究は戦時体制下の1941年から始められ、その戦後の発展を含めるともっとも継続的な活動であった。

坂倉が組立建築の研究に着手する発端となったのはジャン・プルーベの仕事であった。1940年商工省の輸出工芸指導官として来日したシャルロット・ペリアンが携えてきたプルーベの「バティマン・ドゥ・ゲール」と題された図面が坂倉とそのスタッフを刮目させたのである。プルーベは1930年頃から金属による建築の工業化の問題を研究していた。そしてコルビュジエの協同者であったピエル・ジャンヌレとペリアンもそれに協力していた。「バティマン・ドゥ・ゲール」は1939年頃計画されたもので兵舎、避難者住宅、疎開学校等の緊急施設を主な用途とする軽量な鉄骨と木製パネルを用いたプレハブ建築であった。その大きな特徴は建物の中央を支えるA型の棟持柱とモデュールによってユニット化された組立方法にあったが、同時にペリアンによって計画されたその最少限空間は山小屋を思わせるような人間性を持っていた。坂倉はその技術的合理性の追求による新鮮な形態と人間的空間に着目し、この方法を日本の木造建築において試みるべく駒田知彦らを中心に研究が開始された。

海軍の委嘱によって組立建築の最初の試作公開実験が東京月島において行われることになり、その仮組立が赤坂のアトリエ脇に白と明るいブルーに塗り分けられた軽快な姿で完成した。それはちょうど日米開戦の頃であった。この実験は「バティマン・ドゥ・ゲール」を木造に翻案したものであったが、あらかじめ製作されたパネルが次々と建て込まれ、短時間のうちに建物が完成するのをまのあたりにして坂倉とそのスタッフは改めてプレハブの効果と可能性について大きな期待を持った。

その頃アトリエでは追浜海軍宿舎に続いてダ・ビンチ展の計画が進行中であった。

第2回の試作実験はダ・ビンチ展も終った1942年の秋に行われた。この試作ではすでに鉄材が欠乏していたため桁や梁もすべて木材が用いられ、構造材のジョイントも日本の伝統的な継手仕口の技術を生かして箱根細工のような手法が考案された。

2回目の試作は成功裡に終り、さらに研究開発を進めるため国土建設戦争組立建築研究所が設立された。ミッドウェー海戦を境に戦局はますます激しさを加えた。1942年12月ペリアンは仏印に去り、坂倉も民間文化工作班としてマニラの日本文化会館建設に協力するためスタッフとともに離日することになった。そして組立建築の研究はアトリエに残った富田陽一郎、池辺陽らによって続けられるとともに航空兵器総局の援助によって積極的に進められることになった。そして組立建築の大量試

作が岐阜の川崎航空機各務原工場で行われたのは1943年の夏であった。暑さを防ぐ二重換気屋根や合板技術も応用され試作が続けられた。1944年夏，水戸において組立作業の公開実演が行われるなどその特徴が一般に認識されるようになった。この年坂倉もマニラから帰国し，組立建築の基本形式もほぼ出来上がり，多くのバリエーションも規格化されて，いわゆる「戦争組立建築」が完成された。組立建築実施のため乃木坂付近にアトリエ分室が設けられたのもこの頃であった。

ブルーベの「バティマン・ドゥ・ゲール」から出発した組立建築は日本化されて一つのシステムとなった。A型の柱が架構の中心となる点は変わりなかったが屋根や外壁のパネル構造は骨組的構造に変化していた。これはフランスに比較して厚板材に乏しかったこと，また組立てに際して全体の形を先に完成し，後からそれを固めてゆく軸組方式の方が伝統的な慣れも手伝って熟練度の低い人達による施工に適していたからであった。

「戦争組立建築」は柱の溝に収められたパネルの狂いがかえって全体の安定を助けるといった初歩的なプレハブではあったが，溝付柱や屋根葺用の特殊断面の木材等の加工法が木工場の熱心な技術者達によって開発された。また計画面ではモデュール，ユニット化，そしてベッドや椅子を中心とした機能的な居室が追求されたのである。当時，住宅営団においても組立式の住宅が研究されていたが資材の調達が困難であった。軍需省の管轄下にあった「戦争組立建築」は当時遊休工場とされていた全国の木工場を木製飛行機の生産工場と分けあい，約20社を協力工場として量産体制をととのえた。しかし多くの工場が次々と戦災を受けたため終戦までの間に生産されたのは延約2万坪であった。

1945年終戦を迎え，帰還したスタッフを中心に戦時下に研究された組立建築は再び戦災復興のための新しい出発をすることになる。そして松江の木材を用いて組立住宅を生産するため大阪に関西建築が設立され，1947年頃には高島屋の屋上にモデルハウスを展示して販売をするまでになった。当時，建築雑誌も組立建築の特集をするなど戦災復興のためのプレハブ住宅への期待は大きく，業界でも工場生産住宅協会を設立して数10社が名乗りを上げていた。前川國男が組立住宅「プレモス」の研究を開始したのもこの頃であった。しかし，極度な経済的困窮下にあり，また伝統的な住宅に住み慣れた日本人にとってプレハブ住宅を受け入れるには解決すべき問題が多すぎた。復興のための組立建築は停滞した。

実現するような仕事も少なく，坂倉のアトリエも多くの設計事務所と同様にGHQに動員され占領軍施設の設計に従事する苦しい日々が続いた。このような状況のなかで完成したのが日本橋と九段の龍村邸と和歌山高島屋であった。

挫折したかに見えた組立建築は，その後異なった形で登場することになる。それは1948年の「中2階のある11坪2戸建住宅」であった。これは「戦争組立建築」以来の技術的蓄積をもとに坂倉の得意とする吹抜け空間を住宅に試みた作品であった。続いて1950年その発展とも見られる四谷の加納邸が完成する。この年は戦後はじめての大きな計画であった高島屋難波新館の増改築と大阪スタジアムが完成した年である。

坂倉自ら「最少限住居」と稱した四谷加納邸はたかだか60㎡の小住宅であったが，木材の合理的な利用と，そこから導かれた独特な形態を持っていた。A型の柱に支えられた木製の合成梁，二重換気屋根等の技術的工夫は屋根裏の中2階と居間，厨房をつなぐ立体的な住宅空間をつくり出した。そして，近代生活にふさわしい機能的な平面を持つこの住宅には人間の住まいとしての温かさがあった。村田豊の担当によるこの住宅は小さいながら確かな建築であった。その意味で困難な條件のもとで悪戦苦闘していた当時の若い建築家達に勇気を与えた作品であった。

その後，組立建築の研究は，終戦を機に東大で研究を続けていた池辺陽によってメートル法による建築の標準化や工業化の問題へと発展していった。そして戦時下に始まり戦後におよんだ組立建築研究のなかに存在していた多くの問題は，いまや建築界の普遍的課題として把えられ，その研究と実践の波を拡げていったのである。

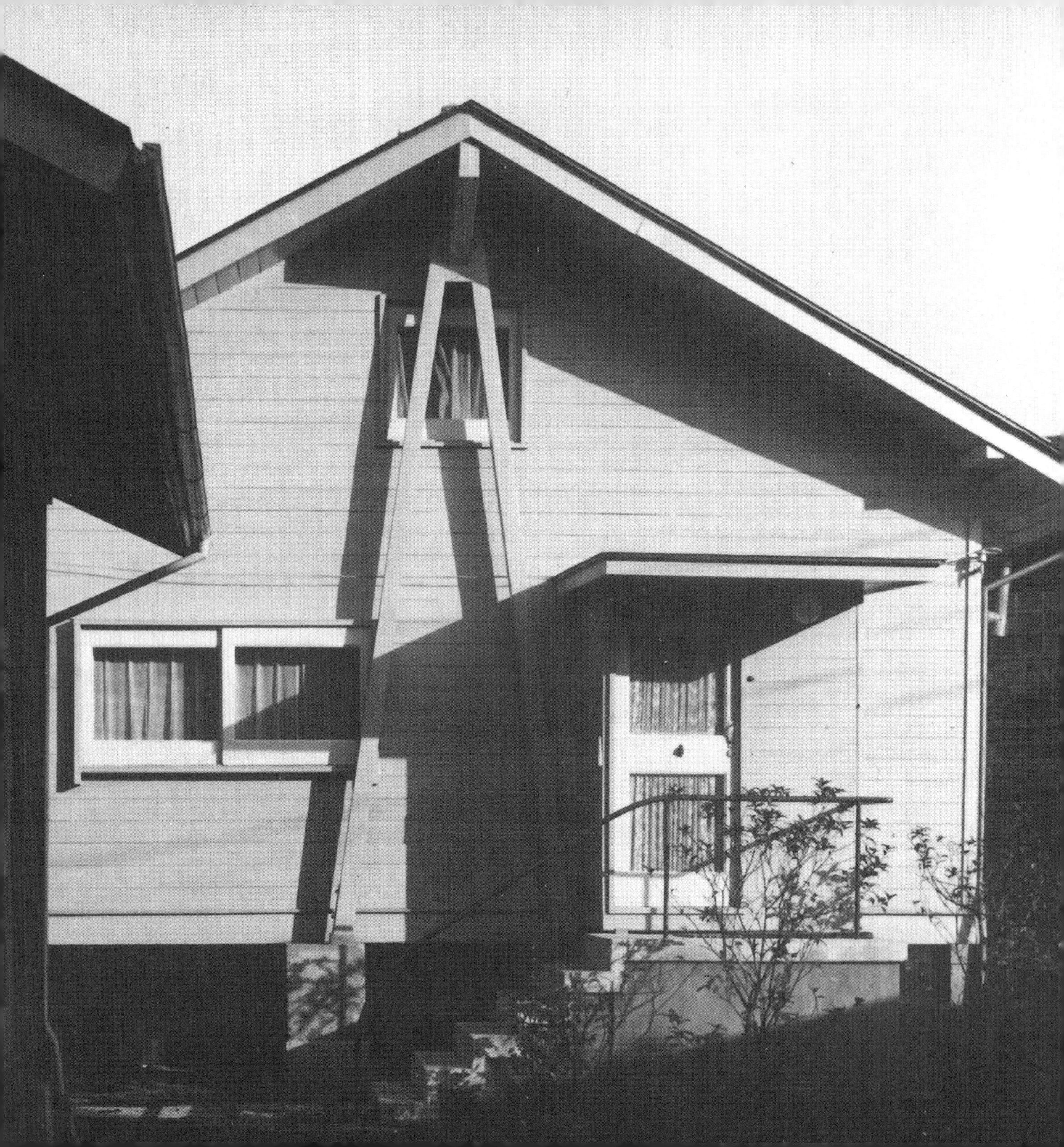

最小限住居　加納邸　東京四谷　1950
　左　西側外観
　右　吹抜けをもつ居間食堂

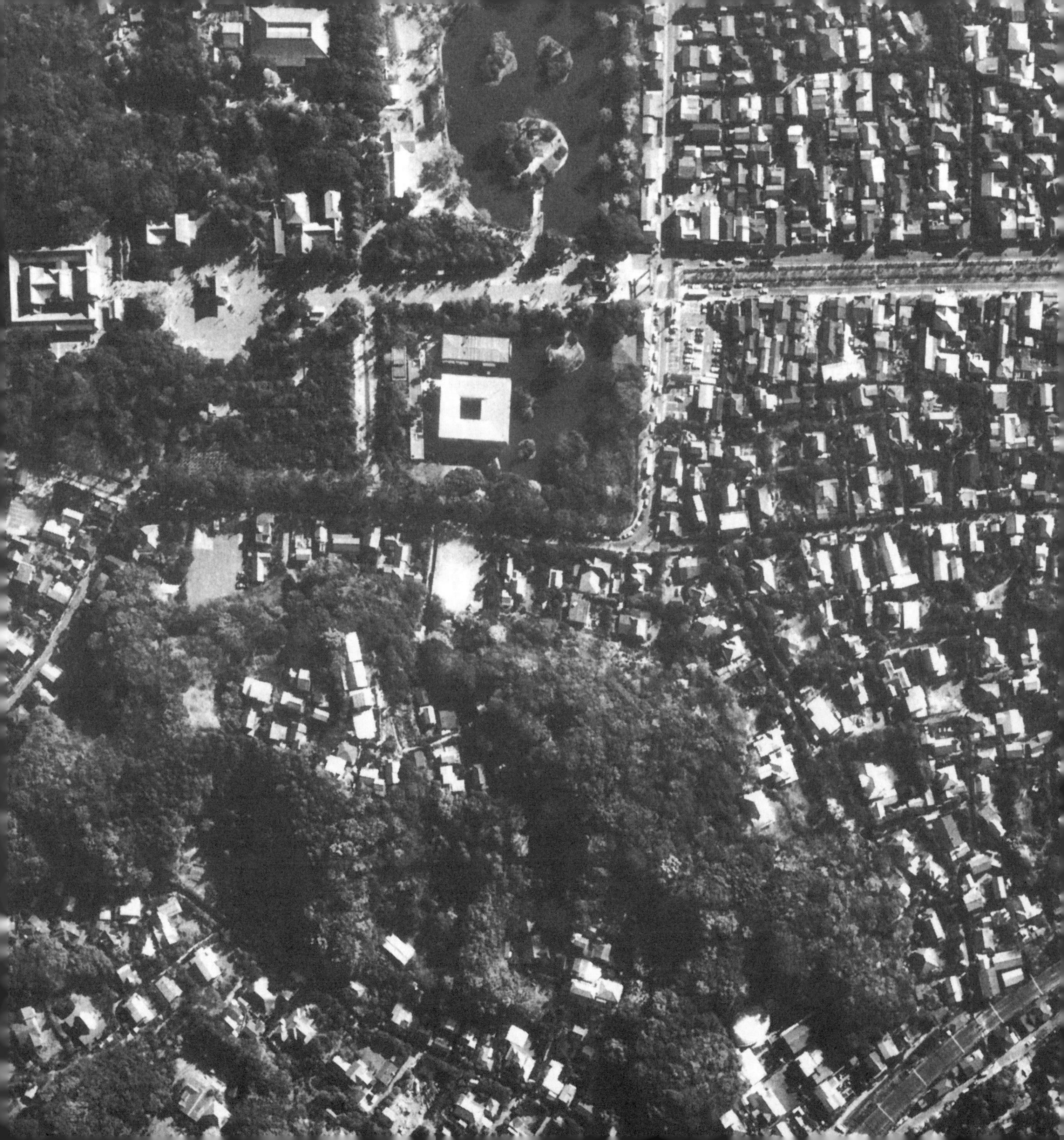

鎌倉近代美術館　1951

6週間の秀作　　　　　　　阪田　誠造

　冬の平家池は、藻や蓮が浚われて、すっかり水面が現れる。低い陽射しが美術館のピロティの奥に長い影を落とし、白い天井一面に光の漣が拡がり、視界を区切る新館の大きなガラスの中に、僅かに人影が動く。静寂がしみる空間。この建築が生まれて、やがて25年を迎えようとしている。思えばこの美術館が創られた頃は、近代建築はまだ若い実践期であった。四半世紀の時の流れは、近代化の思想と方法の欠陥を次第に露呈し、共通理念の喪失、バラバラの自己主張にみられる混乱状態と苦悩へ、建築家たちを追込んできた。しかし、広い意味での近代建築は、色褪せ魅力ないその教義と共に、今なおわれわれの中に、生き続けている。新たな模索のために、かつて見落とし切捨てたものに対する見直しが必要であると同時に、不変の真理への問直しも忘れてはならない。坂倉準三を偲ぶに当り、僕は、師が何を遺してくれたかについて、鎌倉の作品を通じて改めて考えてみたいと思った。

　1949年、神奈川県は、県美術展を企画したが会場の当てがなく、県下在住美術家三十数名を網羅した県美術家懇話会を設立し、検討の末新しい施設が必要ということになった。翌年、二千八百五十万円の建設費予算が県会で可決され、同時に伊東深水、木下孝則、小山敬三、佐藤敬、高間惣七、田辺至、中村岳陵、村田良策、安井曽太郎、山口蓬春、吉川逸治、吉田五十八の諸氏が美術館建設準備委員に選任された。占領軍政策で社寺地が国家保有に移管されていた当時、鎌倉八幡宮側から、平家池畔に県立美術館誘置の提案がなされたという。そこは、破魔矢を作る小屋がポツンとある以外、ゴミ捨場に近い湿地だったようだ。1950年4月28日の建設準備委員会で、敷地の決定と共に前川國男、谷口吉郎、吉村順三、山下寿郎、坂倉準三の選定がなされた。5月12日、第2回委員会が八幡宮社務所で開かれ、コンペ指名建築家を招いて説明と懇談が行われ、翌月24日、第3回委員会が即審査会となり、「予算面から適当と思われた」実施設計案が決定された。以上は、県の記録等を基に経緯を綴ったものだが、坂倉の手帳が残っていて、関連のメモを見ることができた。5月12日金、鎌倉行午後3時於八幡宮社務所鎌倉美術館建築準備委員會建築家山下、谷口、前川、吉村、坂倉。吉田五十八氏ト始メテ會フ。5月14日日、終日家ニアリ鎌倉美術館ノ略案ヲカク。5月16日火、12時14分横須賀行ニテ鎌倉ニ至ル。北村君（北村脩一）同道駒田（駒田知彦）ト Haar（写真家）事務所ニ到リ彼等ト八幡宮ノ美術館予定地ヲクハシク見ル。僕ノ略案ニテ略々ヨシ。6月24日土、午前七時鎌倉美術館設計締切10時半縣廳谷口ト一緒。吉村君山下代理等ト副知事室ニテ二時マデ待チ、後順次委員ニ説明。三時半谷口ト本牧ノ standard Oil ノ社宅レイモンド事務所現場ヲ見ル。6月25日日、朝鎌倉村田氏ヨリ電「坂倉ニ決メタ」。

　コンペの提出当日に案の決定がなされたスピードぶりも驚かされるが、設計期間も随分短い。当選案は、国際建築1950年6号に発表されたが、図面、説明書をよく見ると、実際建ったものと殆ど変わりない。僅か6週間のコンペ設計案が、そっくりそのまま実現されている。当時としては全くの新材料で、この建築を機にわが国で始めて造り出されたというアスベストウッド材や、まだ珍しいアルミ型押出の目地材を初め、スペースフレームや波形鉄板軽量コンクリート床版とユニット化した内壁パネル工法の採用など、構造、工法、仕上に至る詳細な検討を、短期間に行いながら実施設計的設計をまとめたということになる。規模が小さいから可能であったのか。僕は、坂倉を中心とする集団の作業にあって、建築の基本に遡って意図を確認し合う迷いがなく、代りに資材や

◀　八幡宮境内のなかの美術館

南側　本館ピロティ

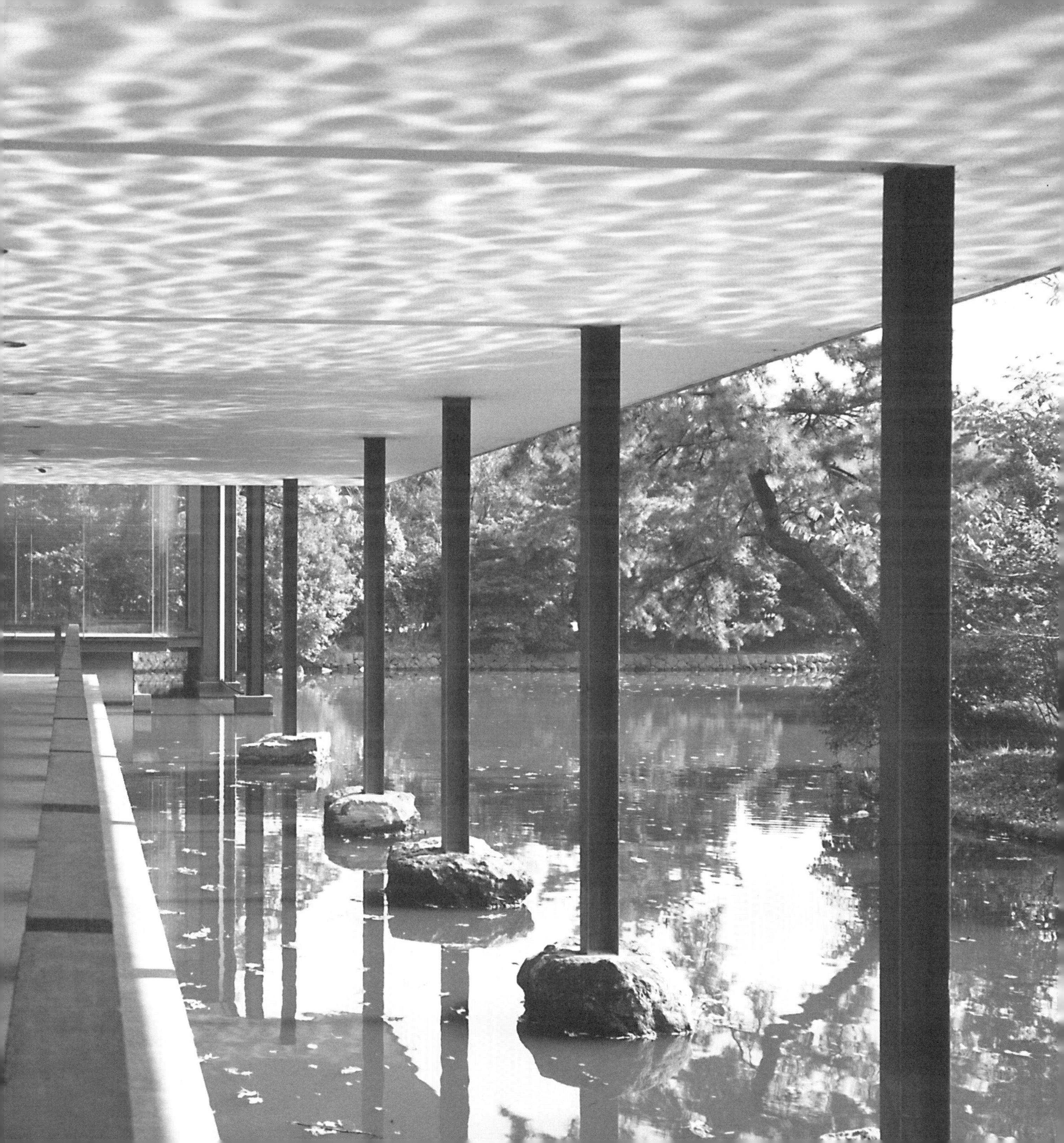

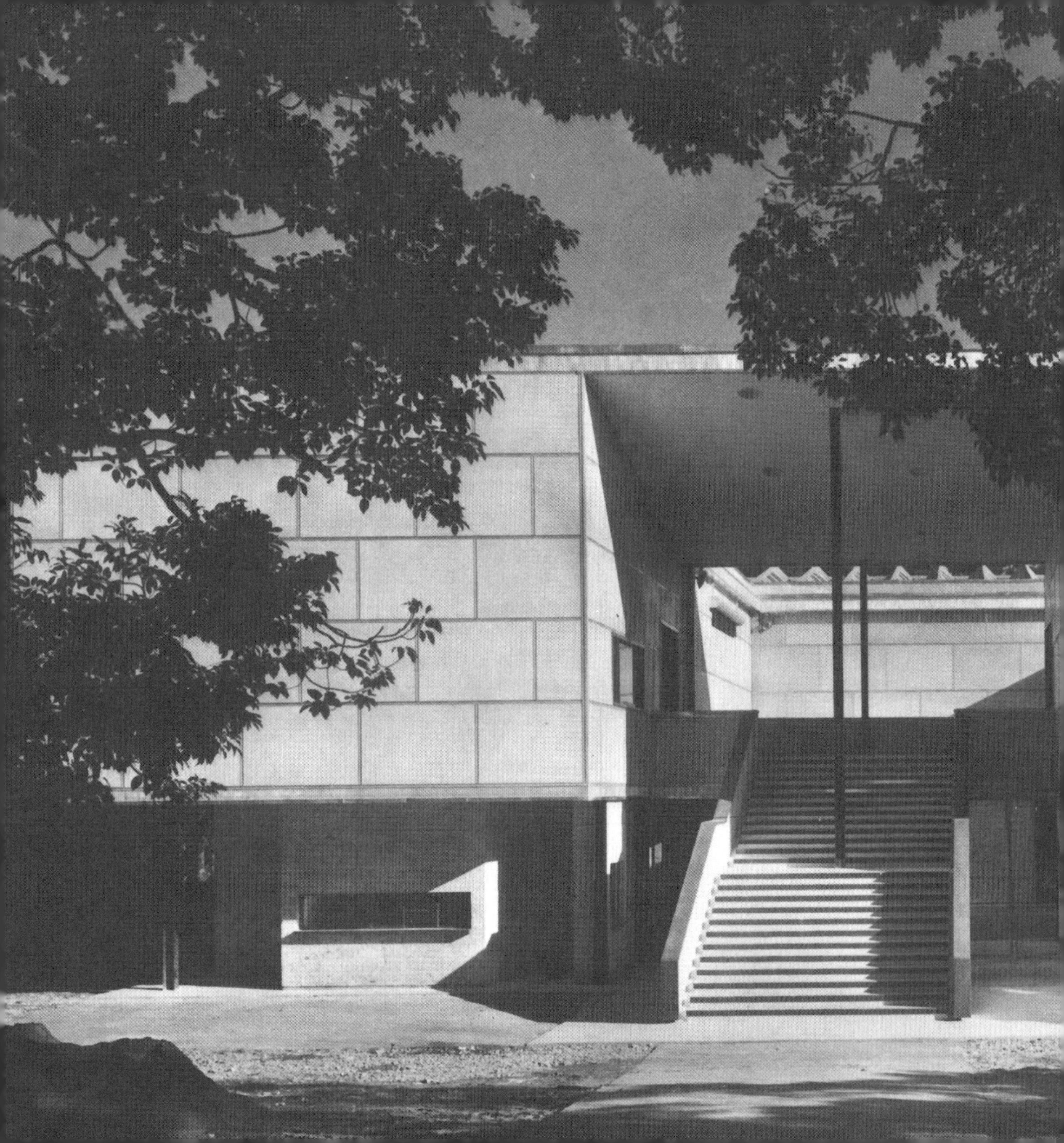

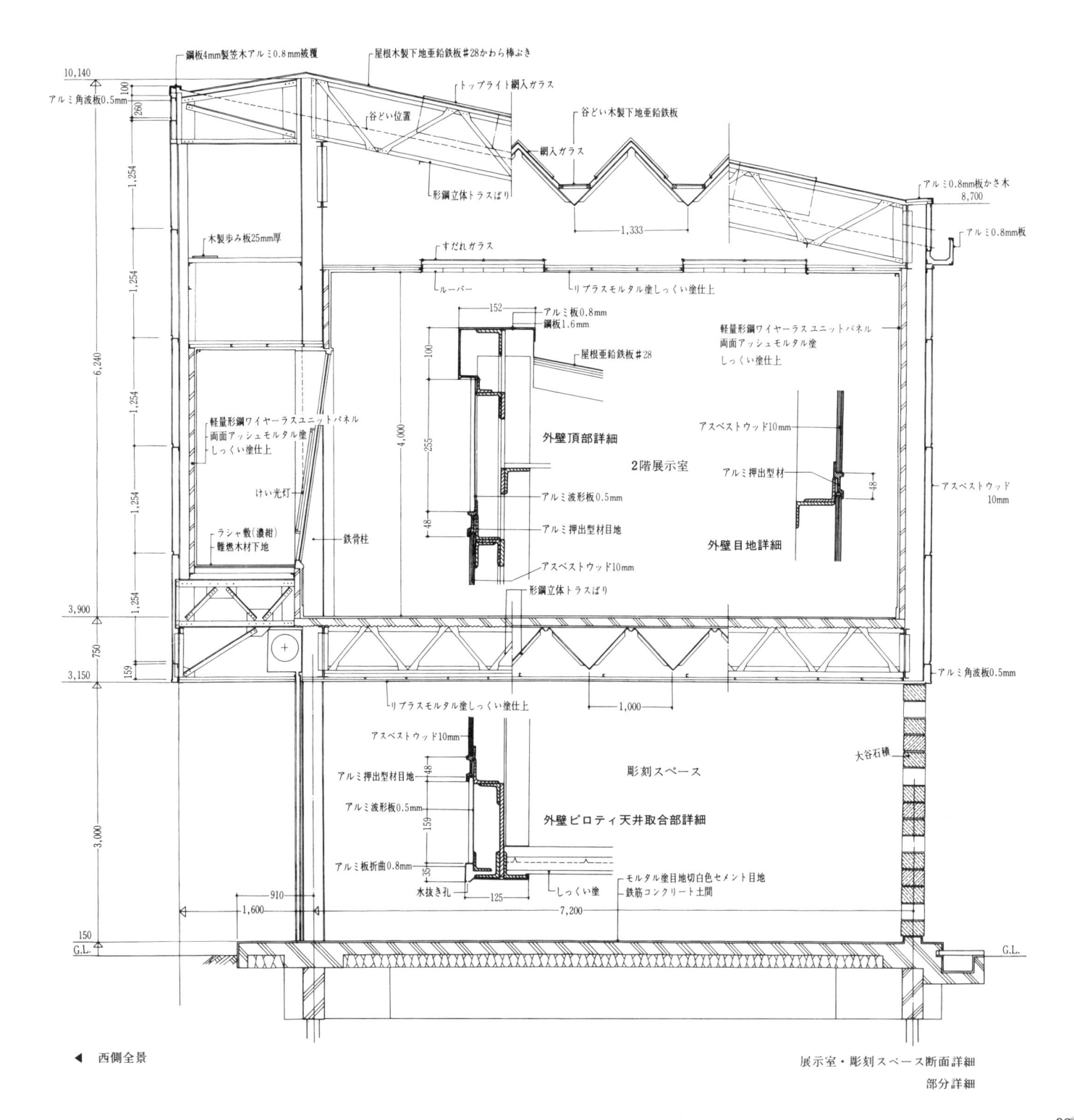

展示室・彫刻スペース断面詳細
部分詳細

西側全景 ◀

主要な寸法・注記：
- 10,140 / 8,700 / 3,900 / 3,150 / G.L.
- 100, 260, 1,254 ×4, 750, 159, 3,000, 150
- 6,240（階高）
- 4,000（2階展示室天井高）
- 1,600, 910, 7,200
- 152, 100, 255, 48, 125, 35, 159
- 1,000, 1,333

各部材・仕上げ注記：
- 鋼板4mm製笠木アルミ0.8mm被覆
- 屋根木製下地亜鉛鉄板♯28かわら棒ぶき
- トップライト網入ガラス
- 谷どい位置
- 谷どい木製下地亜鉛鉄板
- 網入ガラス
- 形鋼立体トラスばり
- アルミ0.8mm板かさ木
- アルミ0.8mm板
- アルミ角波板0.5mm
- 木製歩み板25mm厚
- すだれガラス
- ルーバー
- リブラスモルタル塗しっくい塗仕上
- アルミ板0.8mm
- 鋼板1.6mm
- 屋根亜鉛鉄板♯28
- 軽量形鋼ワイヤーラスユニットパネル 両面アッシュモルタル塗 しっくい塗仕上
- **外壁頂部詳細**
- 2階展示室
- アスベストウッド10mm
- アルミ押出型材
- **外壁目地詳細**
- アルミ波形板0.5mm
- アルミ押出型材目地
- アスベストウッド10mm
- けい光灯
- ラシャ敷（濃紺）難燃木材下地
- 鉄骨柱
- 形鋼立体トラスばり
- リブラスモルタル塗しっくい塗仕上
- アスベストウッド10mm
- アルミ押出型材目地
- 彫刻スペース
- 大谷石積
- **外壁ピロティ天井取合部詳細**
- アルミ波形板0.5mm
- アルミ板折曲0.8mm
- 水抜き孔
- しっくい塗
- モルタル塗目地切白色セメント目地
- 鉄筋コンクリート土間

生産力が乏しかったために、モノと造形の直結した思考に、設計作業を収斂して進め、造り上げた結果は、容易に別の選択を許す状況ではなかったからだったろうと思う。この建築は、坂倉自ら構想した作品であったことは、引用メモにも明らかである。池中の柱脚に据えた自然石も、鉄骨ブレースをかくすための大谷石壁も、彼自身の発案だったという。設計上最も意を注いだと考えられる点は、敷地の環境に対するあり方と、少ない予算に応じた造り方の問題だろう。両者とも、彼が1937年パリ万国博で解決済のものであった。13年前の体験は、確固たる自信をもって基本方針、即ち敷地に建築をソッと馴じませること、鉄骨軽構造とを決めさせ、協働者たちを力強く引張って行ったことと思われる。揺るぎない自信、晩年には一抹の翳が見られるふしもあったが、終生坂倉を支えてきたものだった。体得したコルビュジエの教えを実践せねばならぬとする使命観、先進の文明に直接触れ第一級の人々との交流から生まれた国際的視野、地方の名家に生育し継承された血がなせる日本の感性、これらが彼の自信の根源であったろうか。日本と西洋、田舎と都会の問題は、恐らく青年期の坂倉を悩ませたものと推測できるが、彼の血肉の苦闘が、近代建築のひとつの展開と、自己の建築の源泉に転換し得る資質として、彼自らが確認できた後の自信は、まさに不動のものとなり得たと、僕には考えられる。敷地の特殊性から、伝統の問題を全く避けるわけにはいかなかったが、池中に柱を突込み、自然石を礎石風に配する以外、伝統の意識よりも純粋に近代建築を造り上げることに専心した。これは、日本人の感性が自然に造形に滲み出ることが即ち日本の伝統の継承だとする、彼の主張の表れであった。坂倉は、創造活動において固い理論や教条にとらわれることを厳しく排し、柔軟な発想と豊かな感性を武器とすべしと教えたように思う。そのため、所内では論理的思考の追求が極度に不毛であったけれど。

コンペの設計趣旨説明書中に、「外苑に細道を配し、平坦な中庭の開放的展示場に動線を集中して、人が集まっても自然が荒されない様に考慮」したといっている。今でこそ自然が荒されないようにという主張は、誰でもする所だが、坂倉の自然に対する態度は、変わりなく科学者、技術者の視点でない、生活者、観賞者のそれであり、「自然な」自然を尊重するものであった。自然なよさに価値を見出していた彼は、デザインする上でも余り技巧に走ることを好まず、そのためか、色々検討した末にも拘らず、最終的に不恰好なディテルのまま造られて了うことが時々あったようだ。鎌倉でも、例えば鉄骨柱とショウウインドゥ枠とのおさまり部分などに、それが見られるように思える。

鎌倉美術館について考えていくうちに、僕は、当時の建築家のおかれていた背景の、ある幸福さといったものに思い至らないわけにはいかなかった。華奢な型鋼の骨組、どこを見ても素朴な仕上材。15年後に増築された新館の方は、耐候性高張力鋼の厚い頑丈な骨組、高い天井一杯の大きなサスペンドガラススクリーン。両者の間には、15年の日本の工業力と経済力の発展の姿が読みとれる。最近の建築は、更に豪勢な材料がふんだんに使われるものも多く、規模も一段と大型化されている。しかし簡素な材料しか使えなかった、この小さな鎌倉の本館に、僕は、健康な建築創造の姿を見る思いがする。材料の豊富な選択が拡げられてきた一方で、真の創造活動は窮屈な枠の中に閉じ込められてきてはいないだろうか。経済支配の巨大な力、技術の管理体制の精緻な強化、企画と世論の亀裂。今日と比べれば、鎌倉の頃は、物は乏しくとも建築家の主体性をもった創造活動がフルに発動し得た幸福な像が眼に浮ぶ。そのような背景があってこそ、坂倉の信念も大きく結実し得たといえるのだろう。1968年、坂倉が没する前年に、鎌倉の本館は、雨漏りのため屋根外装等の大改修工事が行われた。その結果、雨漏りは止まったが、外観は改悪されて了った。自由で、柔軟な、粘り強い創造の精神は、既に発動のエンジンが衰えていたようだ。碌な建築材料もなかったので、凡ゆる点で工夫を重ね、しかも創りたいように創ったのが最初の姿であり、色々な材料も工法も求められた筈なのに、雨仕舞のために、形の重要なプロポーションを犠牲にして了ったのが、現在の姿である。検討の時間が少なかったということはない。何しろ、本館の殆ど全体に亘る設計は、実質的には、6週間でなされていたのだから。

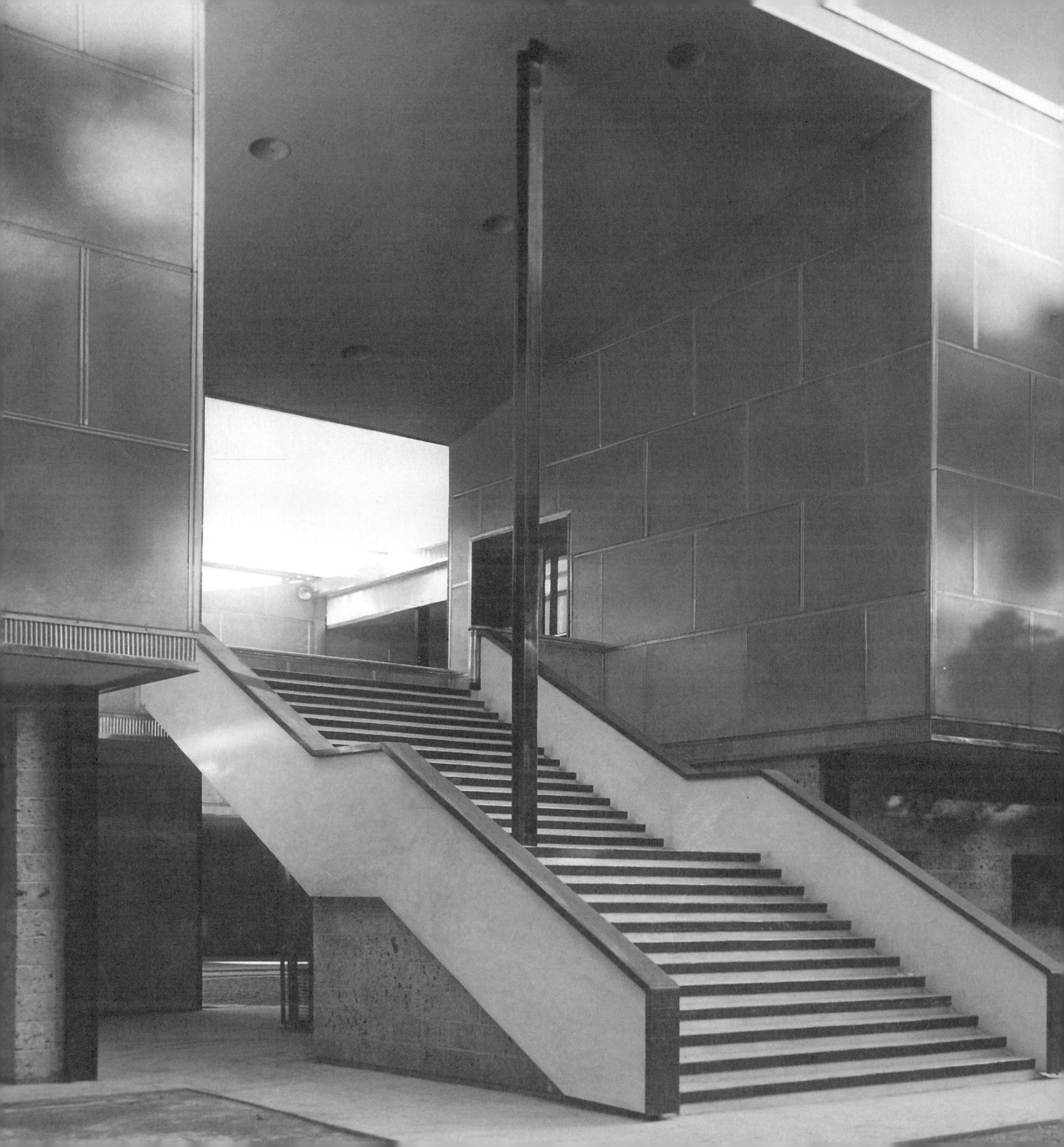

本館正面詳細

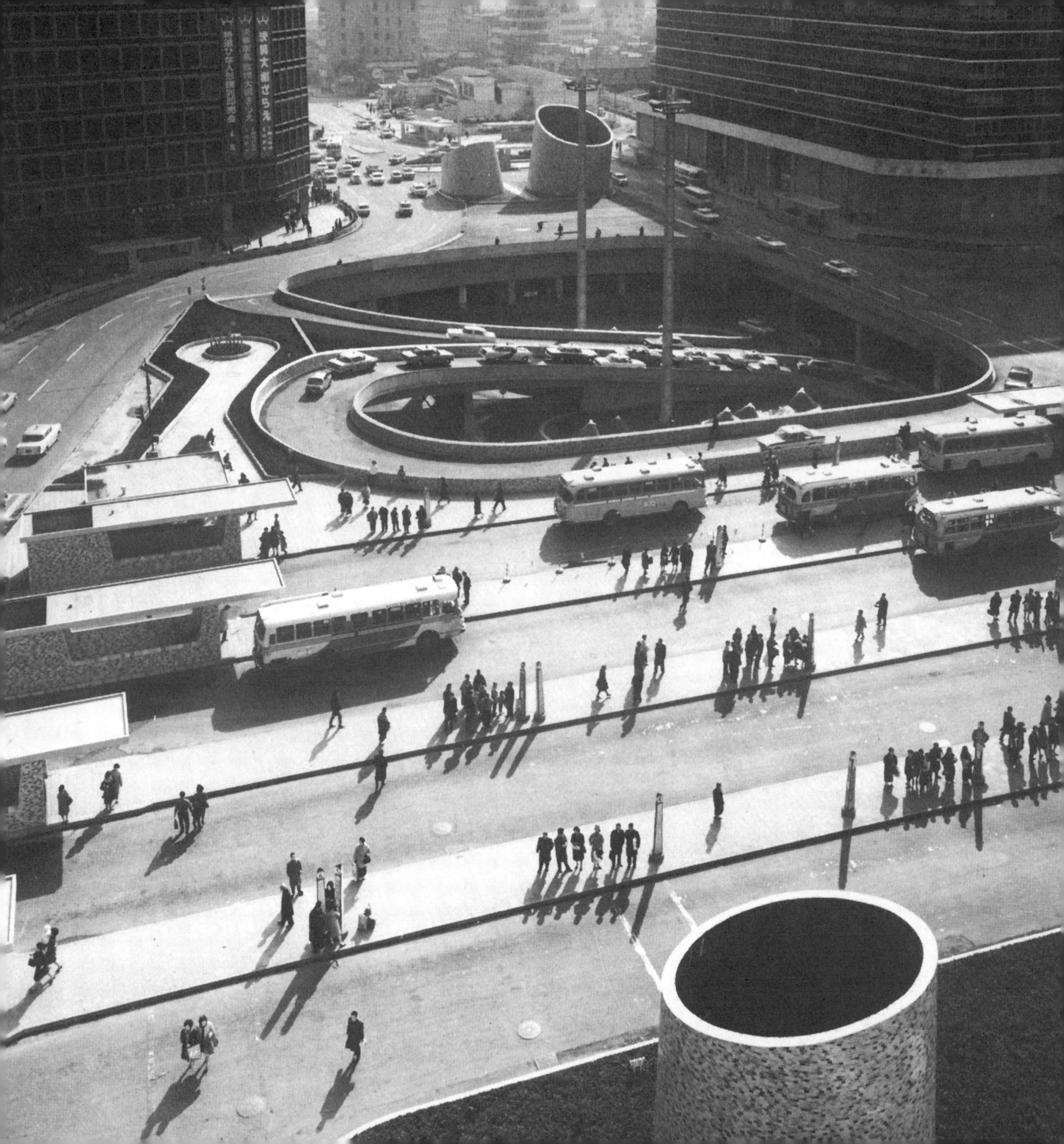

新宿西口広場　1966

ある問答　　　　　　　　　　　竹村 真一郎

甲　君は随分と色々のことをやった人間だった。
乙　それは僕の意識外でのことだ。
甲　君は戦争前のあの佳き時代を巴里に生き、あの忌わしき戦争中を日本で、東南アジアで生きている。それでも意識したことがないのか。
乙　僕は唯、芸術を愛し、建築を愛したのだ。
甲　君はそれだけで満足だったのか。
乙　その通りだ。
甲　君にとって、社会とは何か。
乙　人間のことだ。
甲　だとしたら、芸術や建築以前に社会を愛すべきだった。
乙　僕はどういう訳か、普通の人間よりも多欲で、自分のやるべきことに貪欲に生まれついている。しかし今は社会という巨大な魔物にうんざりもしている。
甲　とすると、君は随分と不徹底だ。
乙　不徹底なのは、今の世の中だ。何一つ徹底的に掘り下げて、本質を窮めたものはないではないか。それなら僕は不徹底で沢山だ。
甲　そんなに強がるのは止めたまえ。君は弱っている。自分が不徹底で沢山だと言うのは、自分に対する社会的批判を跳ね返すことが目的なのだ。
乙　当然その通りだ。社会に押し潰されるのは嫌だ。僕はその社会の中に、素晴らしい、本物だと言えるようなものを贈りたい。
甲　君は随分と図々しい人間だ。
乙　一つも図々しくはない。僕位心臓の弱い、小心者はいないよ。
甲　それにしても、巨大な穴のある広場をよくつくれたものだ。君は多力者なのかも知れない。
乙　その通り。僕は多力者だ。だが、否、本当の多力者はル・コルビュジエのことだ。あのエネルギーと良識の塊を見たまえ。僕の師匠だから言うのではないが、あれが多力者だ。
甲　ル・コルビュジエは多力者かもしれないが、今では偶像でしかない。
乙　だが、彼の芸術は純粋そのものだ。
甲　それにしても、新宿に巨大な穴のある広場をつくるのには、随分と苦労もあったようだ。君は都市計画もやるのか。
乙　否、あれは都市計画ではない。その誤解が困るのだ。
甲　だが、あれは建築でもないのだろう。
乙　建築ではない。都市施設としての構築物だ。
甲　あそこで、数年前、大きな集会があって、広場が一夜にして通路に化けたことがあった。
乙　あれはあれで当り前のことだった。広場があれば人が集まり、何かが起るのが当然だ。これが社会と人間の仕組なのだ。それが暴徒の集まりだと言って、集まることを阻止するために、広場を通路と改名した関係者が哀れなものだ。この社会にはまったく個人というものがない。日本人は団体競技しかできないようになっている。あの広場がつくられたのは、首都整備局のトップ、私鉄会社のトップ、そして僕との三人が、その持てる個々の力量を十分に発揮したからなのだ。渋谷のターミナルだってそうだ。ワンマンと言われた巨大な資本家のエネルギーと僕のエネルギーが合体されてできたのだ。これからは個人の力量発揮が社会的に減少する一方だから、恐らくあんなものはできなくなるかも知れない。唯暴力は否定すべきだ。関係のない人々に迷惑をかけてはならない。それは罪悪の一種でしかない。
甲　君は感心に勇気をもっている。
乙　（無言）
甲　ところで君は、車優先時代が過ぎて、今や人間優先時代と言われているのを知らないはずだが。
乙　おそらく、新宿の広場が人間よりも自動車のためにつくられていると言いたいのだろう。勿論、人間を尊重し、自動車を排斥すること

◀　人と車の渦に明るさを求めた新宿駅西口広場
都市機能のなかに建築的発想を貫いたか　新宿駅西口広場　▶

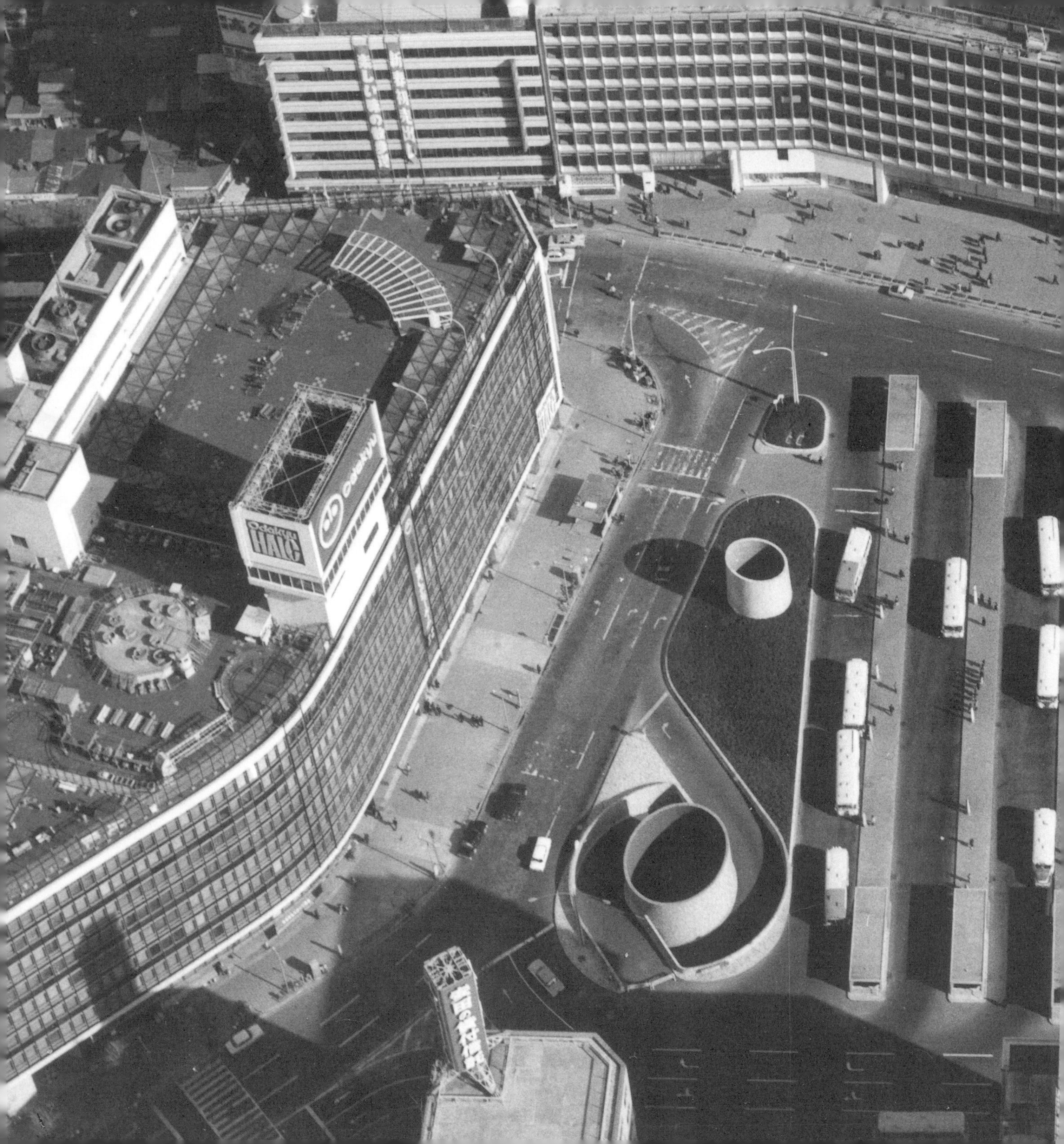
Odakyu
HALC
Odakyu

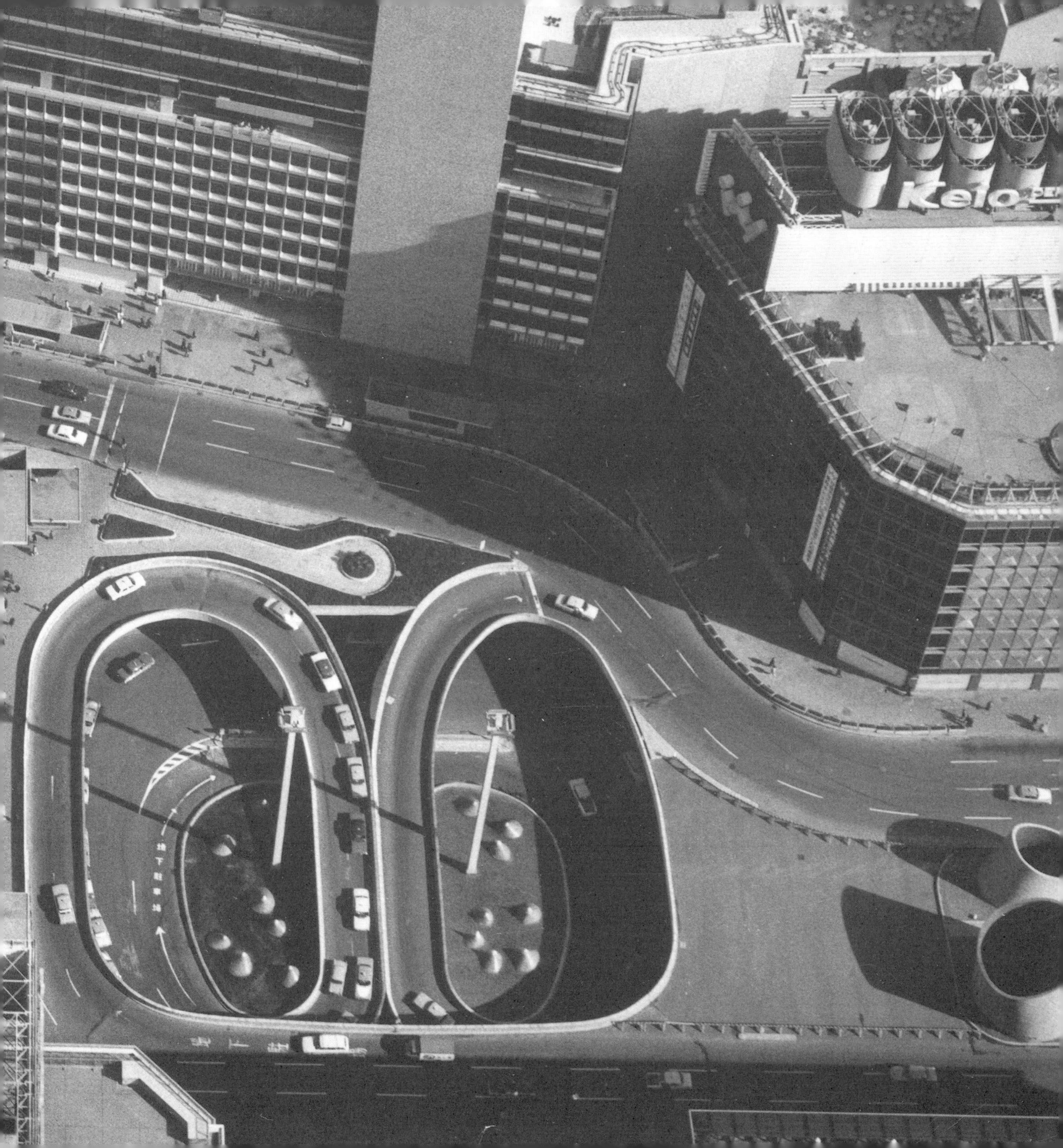
Keio

渋谷ターミナル 1954
都市エネルギーの一つの典型

は結構なことだが，物流のためには自動車は今や我々の手であることを忘れてはならない。人間を尊重するからこそ，穴をあけ，広い人間のための歩行スペースをとってある。人間優先と言えば，人間優先ばかりに走り，自動車のことを忘れねばならないという単細胞には困ったものだ。

甲　今，広場の改造が迫られているんだが。

乙　大いに結構なことだ。都市社会は常に変化しているもので，それに従って勇気をもって答えるべきだ。

甲　新宿副都心がどんな姿になるかを君は正確には知らなかったのではないか。それでも広場の設計をしたのだ。

乙　僕は新宿副都心の入口をつくり，地域の軸をつくりたかった。それには個性が必要なんだが，これからはどうなることか。とにかく良いものをつくるという熱意だけだった。

甲　或る人があの広場は，出口が多過ぎて，どこへ行ったら良いのか，きわめて不便だと言っている。

乙　都市，街の姿を見て頂きたい。それは実に化物だ。だから生きたもののように自由だ。その骨組は与えられたものだ。その肉付を皆がする訳で，しっかりとした骨組がなかったら，無責任な人々はそこをどうするだろうか。一見不便に思うほど出入口が多いのは，習慣づいてしまうと，今度はそれが意識的につくられたものとして，便利になってしまう。穴はそんな人々の流れを受け止めるための道具なのだ。。酸素と太陽の光が入って来るだけでもしめたものだ。

甲　君のしたことは人間らしさとでも言おうか。偉大さとでも言おうか。

乙　僕は偉大さなどは求めない。何度も言うように，僕は現実の中で少しでもよくなる可能性のあるものの実現に積極的に努力する姿勢を堅く持ち続けただけなのだ。僕は施主のいないところでは仕事ができない。施主が一つところに，別々の目的をもって群がっているとき，その間で僕のできること，それは説得と忍耐だけなのだ。とてもちんぴらにはできないことかも知れないが。

甲　君はやっぱり良心のない人間ではない。

乙　僕にあるのは神経だけだ。僕は建築家だ。建築家であることで，人間のいるところに，何かを残したかったのだ。

甲　だが君は自分のために，何かを忘れている。もっと個性を尊重し，下らない市民を軽蔑すべきだ。

乙　市民を軽蔑することは出来ない。僕を，建築を生んだ母体は市民を抜いて存在しないからだ。市民を愛すべきだ。しかし社会と人間には辟易しているのだ。

甲　社会を，人間を怖れるのはよくわかるが，君はあまりにも単純すぎると言えないだろうか。

乙　否，複雑の方だろう。

甲　だが安心した方がいいだろう。君を人間として愛する人も多い。

乙　それは僕の死後のことだろう。

甲　そんなに人生は暗黒でもない。

乙　否，この世を明るいものと意識している者がいたら，彼らは自らを偶像としているのだ。

甲　君の人生は建築だけだったのか。

乙　それよりほかに何もできなかったと言えば嘘になるだろうか。僕は僕でしかなかったし，僕以外の何者にもなれなかった。

甲　君は凡てを理解している。

乙　否，僕の理解できているのは，僕の一部分でしかない。建築家としての部分でしかないのだ。僕が今やっと意識し始めたとすれば，その世界は刻まれた細い石とそこに赤い花が溢れている広い広い野が紺青の深い空に溶け込んでいるようなところだ。そして青い空に混じり合った赤い花が穏かに微笑んでいる。

甲　いずれにしても君は疲れている。花が語らいの中に出て来るのは疲れている証拠なのだ。

乙　君は一体誰なのだ。

甲　僕は人間だ。

乙　噫々。

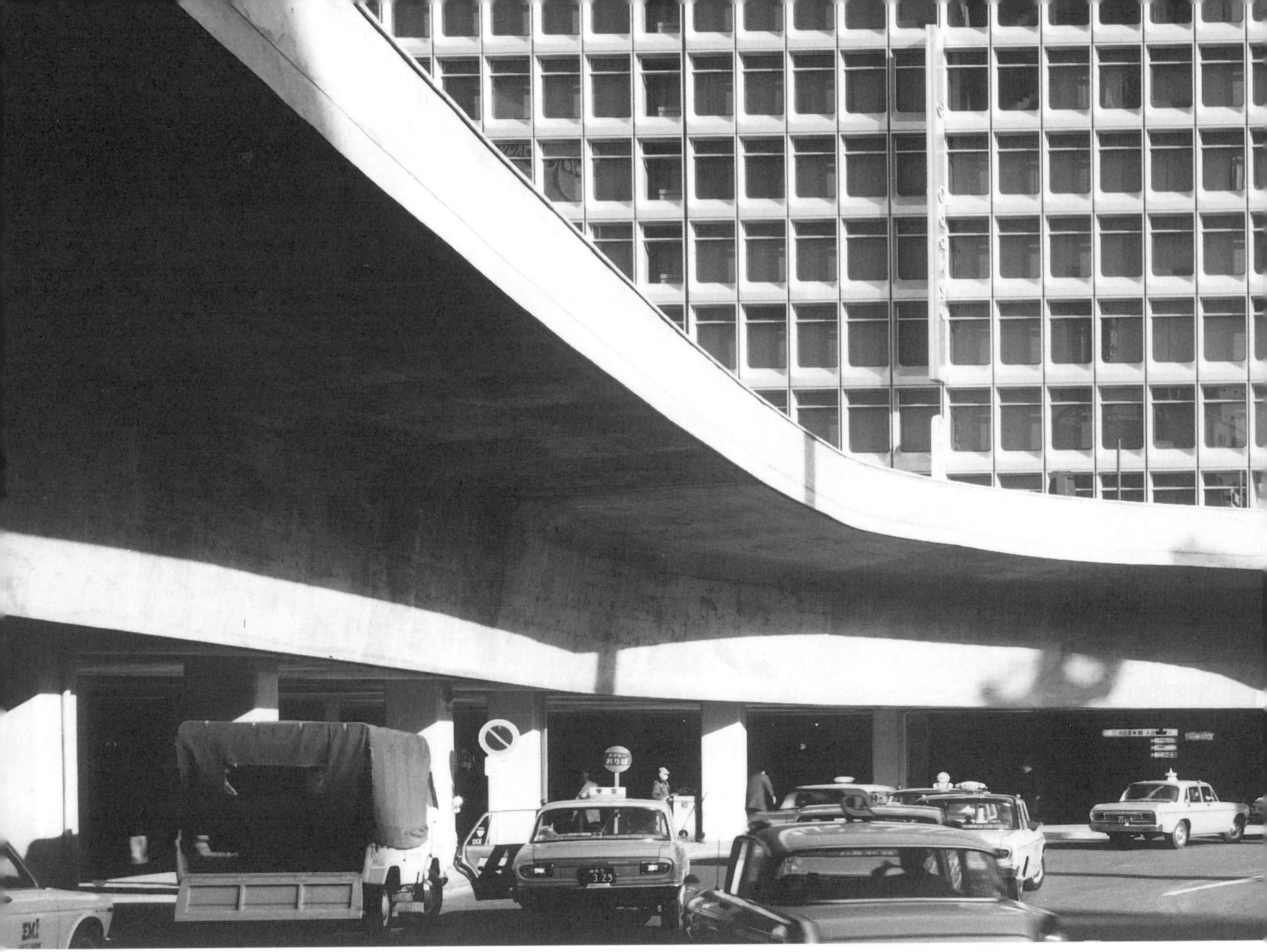

密閉された地下地獄からの脱出　新宿駅西口広場

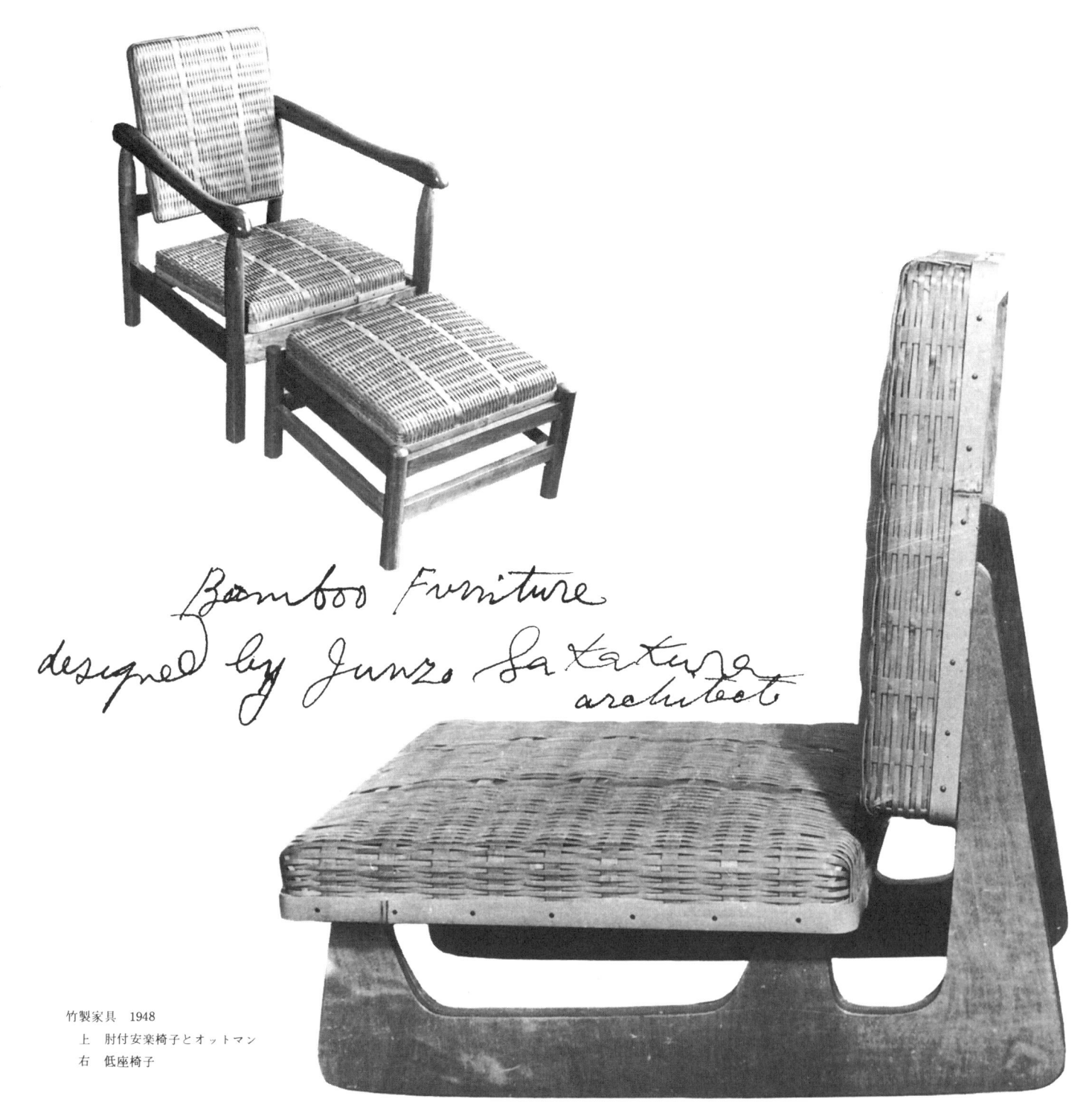

Bamboo Furniture designed by Junzo Sakakura, architect

竹製家具　1948
上　肘付安楽椅子とオットマン
右　低座椅子

家　具　1939～69

坂倉準三と家具
　　　　　　　　　　　　　　　　布川　俊次

　1939年パリから帰った坂倉がまず手がけたのが，翌年の事務所開設に当り自らが使うために必要な製図台のデザインであった。これがいわば坂倉の家具デザインの処女作といえるものとして非常に興味深い。これから日本の近代建築に一石を投じようと，胸ふくらませながらこの製図台を設計していたことを思うと，私は今も事務所に残っているこの机を見るとき，熱気あふるる若き建築家坂倉がさっそうと二本の足で立っているように思えてならない。この製図台は，坂倉の生家が酒を醸造していたこともあって，古い醸造用酒樽の杉材を使った組立式のもので，大工の手によって作られた。直截・簡潔で非常に安定しており，逆台形をした脚は平断面でゆるい瓢箪形をしている。その断面は幾度となく現寸でスケッチされ，更に加工段階で修正されながら定められた美しい柔かい丸みを帯びており，両脚を繋いでいる貫の二枚柄のそれぞれに木の楔をたたきこみ，この瓢箪形に削られた脚側に密着するというディテールになっている。甲板は大判の製図版をポンと載せるだけであるが，程良い勾配がついており，大きな図面を長時間書き続けても疲れないよう低い姿勢になっている。その後にもこの杉材を使ったものとして，住宅のスペースデバイダーとして両側からそれぞれ使用出来る収納棚や，不等辺六角形の食卓，糸巻きのように長方形の長辺が凹面にカーブしたティーテーブル，おむすび形のティーテーブルなどがある。この頃のデザインは，家具が建築の中で移動性を持ち，また家具そのものに主体性を与え，そこから生活が生まれることを想定しているのが特徴であった。その結果として家具は有機的カーブを描いていた。坂倉はこのカーブを出すために何度も原寸を書き，削っては描く作業をくり返した。造形力には絶対に自信のあった坂倉の最も力の入った部分である。完璧を期すあまり当初計画したテーブルの寸法が書いては削っているうちに完成した時には半分位の大きさになっていたという有名な逸話もある。

　もともと家具に限らず人間の生活にかかわるあらゆる「もの」に対して，非常に深い興味と，新しい機能の開発に並々ならぬ情熱を持っていた坂倉が後々まで建築の設計に併行して家具の設計をしていこうとしたのは，何といってもペリアンの影響によるところが大きい。1941年，ペリアン女史を商工省貿易産業局顧問として招き，「選択・伝統・創造」と銘打って，日本橋高島屋で日本の伝統を見事現代化して見せた展示会が開かれた。この「選択・伝統・創造」展が正に坂倉の家具デザインの原点となったものである。この展示の中でペリアンがピックアップした日本の竹という素材をテーマとして坂倉の家具デザイン活動が本格化してくるのである。この頃から竹製家具シリーズの開発が始まり，敗戦を迎え，1948年に7点の竹家具シリーズが発表された。スツール・小椅子・肘付椅子・肘無安楽椅子・肘付安楽椅子・低座椅子・自動車座席用の竹クッションがそれである。――『竹は東洋に特有の資材であり，日本では古くから伝統的な技術によって，われわれの日常生活にもっとも親しみ深い日用の工芸品となっていた。世界への窓の再び開かれた今日の日本の工芸界が世界の人々の生活をうるおし，豊かにする工芸品を送り出そうとして，あらゆる方面に新たな努力を傾注しているこの際，この竹も日本の有つ豊かな資材として世界的に活かすべく見直さなければならない段階に達しているものと思う。フランスの建築工芸家ペリアン夫人も日本の竹の持つ特別の美しい性質と，それを日用品につくり上げて来た技術とを高く評価しているように，清らかな竹の美しさは，必ず世界の人々に受け入れられるものと思う。しかしこれまで竹製品として作られて来たものが，そのまま世界に役立つものにならないことはいうまでもない。竹を新しく生かすために竹の性質の研究，竹を処理する技術の研究をそれこそ大いにしなければならない。最近，私どもが竹の研究所というべきものを起したのも，今まで不思議なほど未開拓であった竹の科学的研究の分野に手をつけ，日本の伝統的技術の上に，世界の最も新しい技術を加えて，その新しい技術によって竹を世界の人たちが喜び

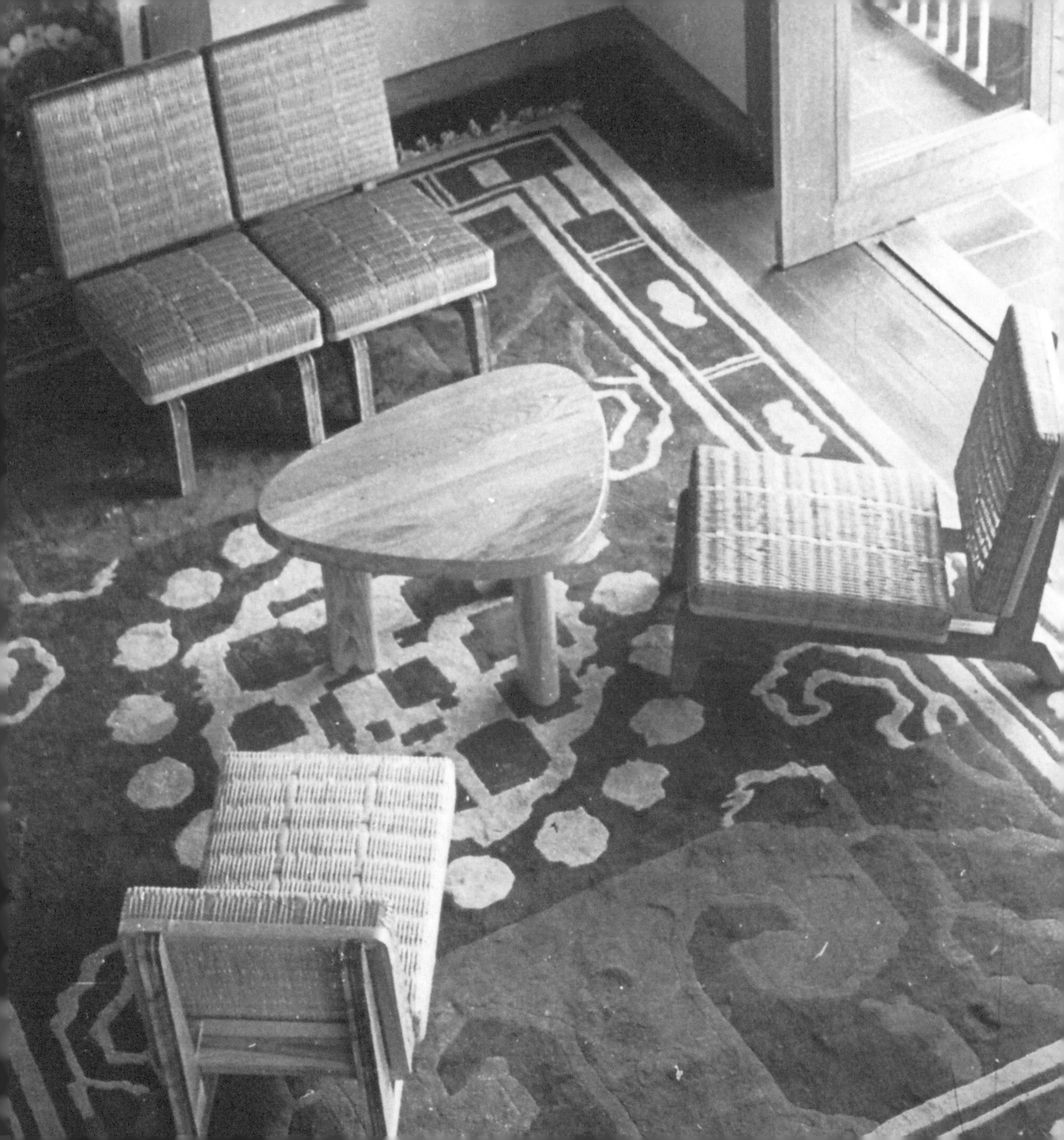

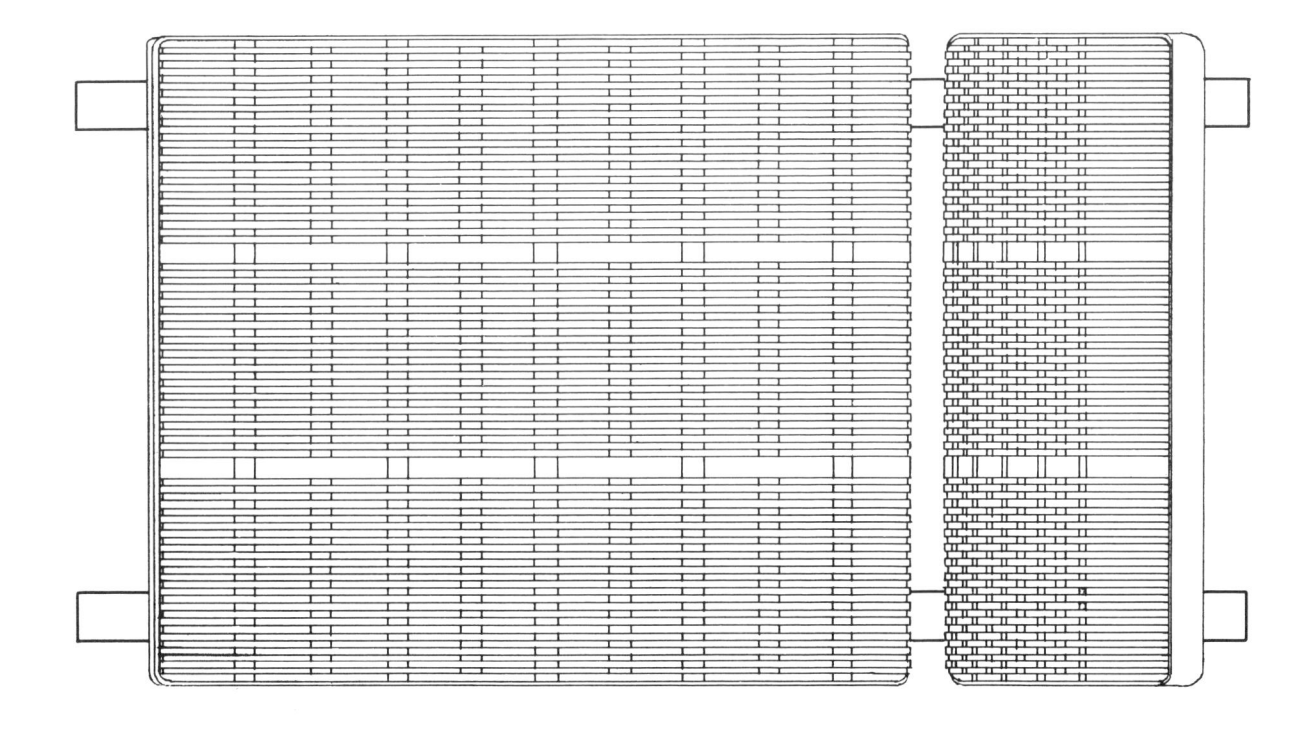

低座椅子　1946　竹筵座，背詳細

◀　竹製家具による室内　日本橋龍村織物店　1946

杉材による家具　1939
　上　間仕切用両面棚
　右　組立式製図台

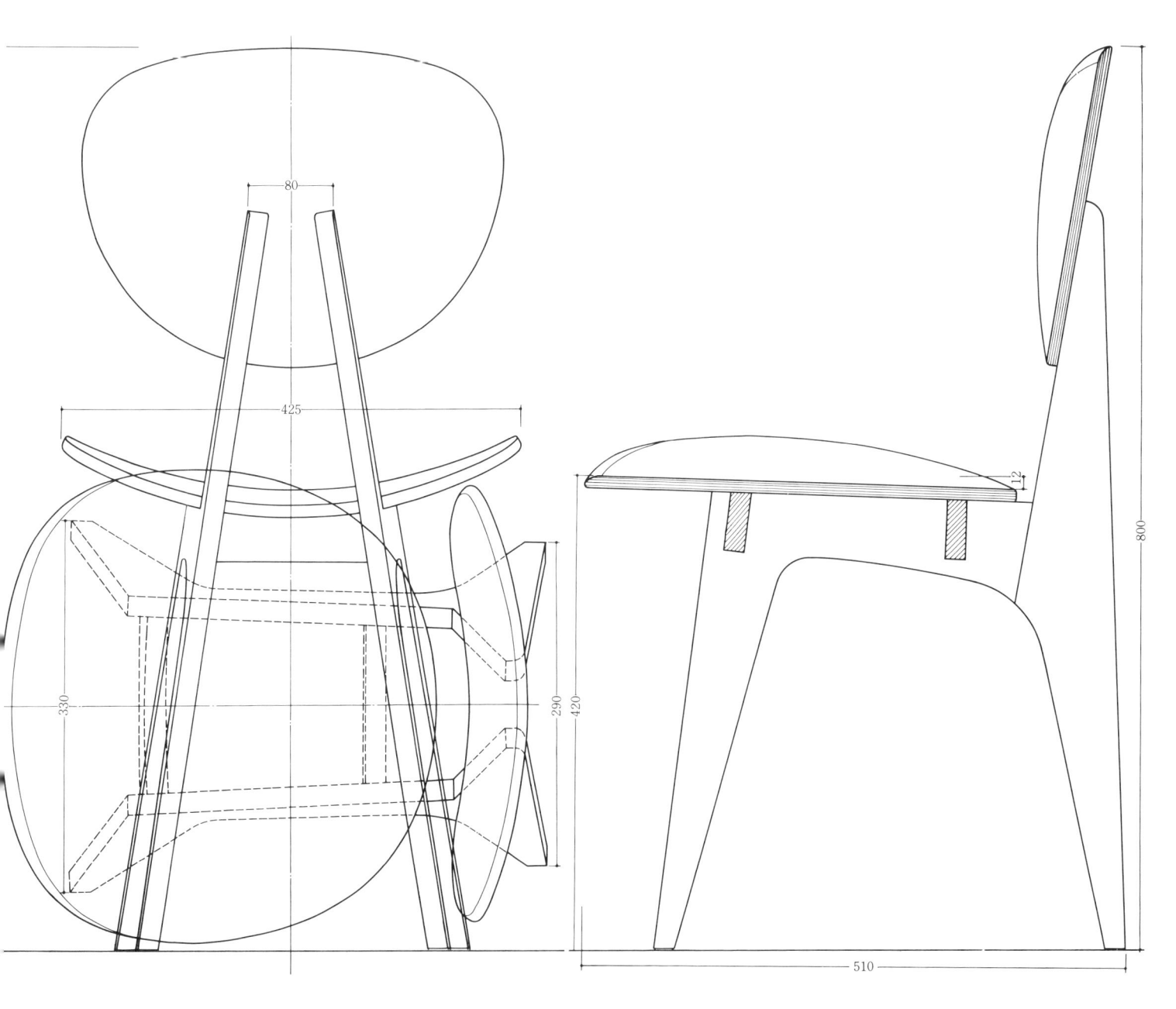

成型合板小椅子　1955

迎えるよう新しい必需品（建築材料・家具・日用品等）につくり上げ、今日の時代に適わしいものとしたいとの念願からである。写真は、その研究の一部である「竹製家具」であるが、鋼製のスプリングや合成ゴムのクッション等の代用という意味でなく「竹」でなければ持ち得ぬ弾力と強さ、感触を生かして、竹でしか得られない美しさを表そうとしたもので、幸い外国の人々にも大いに喜ばれている。新しい竹の用途は私どもが最初に考えていたよりも遙かに広い。今までは本当に狭い範囲で、しかも竹の美しい性質が必ずしも充分に生かされていたとはいえなかったことを知るようになった。日本の資源としては、とにかく豊かであるといえるこの竹を世界の人たちの最愛のものの一つたらしめるのは、ただに日本の幸いのみではない。ここに掲げた坐の低い椅子は、畳の上に坐った人と、自然対座できるように考慮してみたものである。』——これはこの「竹製家具」シリーズを発表した時、当時の雑誌「婦人之友」に坂倉が寄せた文章である。いかに情熱をそそいでいたかがわかろうというものである。この文章にもあるように広く海外にもこのシリーズを提供すべく、『我々のデザインは東洋の伝統をふまえた上で、西洋を永年にわたり研究して生まれた』というキャッチフレーズの英文パンフレットが欧米各国の建築家やデザインジャーナルに配布された。この竹家具の開発をするに当っては、三保建築工芸を設立し、静岡県島田の工場で竹カゴの技術を応用して座・背などをつくり、東京の研究所の一隅に試作工場を設けて試作を重ね一部製品も生産していた時代である。こうして我が国のあらゆるデザイン運動の先駆者として、身をもって熱心な活動が続けられた。このシリーズの中で注目すべきは、他の全てがその原型をペリアンの家具に見るのだが、ニューヨーク近代美術館主催のローコストファニチャー国際コンペで佳作入選し、その後更に改良された低座椅子であろう。スケートの刃の形のようにカットされた合板の脚に竹カゴの座と背を載せたものである。非常に単純な機能しかもたない椅子のデザインは、単に新しい素材、新しいディテールを持ったデザインを造り出すことよりも、我が国の住生活に最も適した新しい機能を開発することにあるという坂倉の姿勢が最もよく発揮されたオリジナリティーのある秀作といえよう。ちなみに、この家具国際コンペでアメリカのC・イームズが成形合板椅子のデザインで2等に入賞している。1950年イームズはＤＳＳチェアを発表し、1951年デンマークのA.ヤコブセンが成型合板小椅子「蟻」他一連の成形合板による椅子を発表している。1902年に発明された合板の技術が堅牢で優美な近代家具を飛躍的に発展させた由であるが、このコンペ以前の成形合板家具としては、1930年フィンランドの建築家 A.アアルトによる白樺の合板椅子、1934年スウェーデンの B. マッソンの合板椅子等がある。我が国においても成型合板の技術の進歩により1952年にこれまでの竹の座と背を二次曲面の成形合板にした小椅子が誕生した。これまでの竹製家具が職人の手先の技術に頼る一品製作であったものが、均質な量産品として成形合板に置き変えられていくことになったのである。1953年二次曲面合板にフォームラバー、モケット張りの肘付安楽椅子、更に多方向プレス機械の開発に伴い三次曲面をも可能にし、1959年に成形合板による低座椅子、同時にテニスやバドミントンのラケット構造の成形合板技術が家具に応用できることが確認され1960年にラケット構造の小椅子および肘付安楽椅子が誕生した。これらは第12回ミラノトリエンナーレ展に出品され各国の注目を集めた。1941年にスタートし1948年に竹家具シリーズとして発表された家具が、技術の発達と、それに伴うデザインの度重る改良の上に実に19年間を費してやっと一人前の家具として完成を見たのである。完成してから14年経った現在でも市販品として生き生きとした新鮮さで使用されているのである。こうして坂倉の家具デザインの歴史をかえり見るとき、この歴史そのものが坂倉の家具、否、家具に限らずあらゆる「もの」に対して持っていたデザインをする姿勢であり態度である。これは人の生活のために価値ある「もの」が、単なる思いつきや、器用さのみからは何も生まれて来ないことを最も雄弁に語ってくれるのである。一度生み落とした「もの」に対して、突き放すことなくみつめつづける愛情、たゆまない改良への努力、身を持って示したこうした姿勢こそが、作品と共に我々に残してくれた最も大きな遺産であろう。

左　ラケット構造による肘付安楽椅子　1960
下　低座椅子　1959

諸　活　動　1937〜69

世界デザイン会議　1960　基調演説にたつ坂倉準三

かたちのない建築

藤木 忠善

坂倉準三は建築家として歩みはじめて以来その精力的な設計活動を通して建築家のあるべき姿を示してきたが、一方において建築家の社会的責任についても常に明確な理想と抱負をもっていた。そして社会に対して或は建築界に対して機会あるごとに積極的な発言と主張を続けてきた。後年にいたり建築、都市行政関係の委員を務めたり、日本建築家協会のために尽力したことも、また戦前、戦後を通じてのさまざまな形での啓蒙活動もその現れであった。

彼のそのような活動を特徴づけているものは、その活動範囲が建築界にとどまらず、広くデザイン界やそれを取巻く官界、財界にまでおよび、また国際的な交流に対しても常に熱心な実行者であったことであろう。

坂倉がデザインの分野に関心を持つようになったきっかけは1937年のパリ万国博における日本の出品物に接したときであった。ヨーロッパでの7年間の生活で得た国際的感覚とル・コルビュジエの近代建築の理念に学んだ彼の目から見ると、それは懐古趣味的な、或は西欧模倣の俗悪なものであった。彼が心に抱いていた誇り高き日本は無残に打ち砕かれてしまったのである。そして彼のなかにデザイン啓蒙活動の必要性と日本の国際的評価への強い関心が生まれたのであった。そこには岐阜羽島の造り酒屋に生まれ育った彼の生立ちから発する骨太な日本人の西欧への競いと、美術史から建築へ転じた幅の広さがあったに違いない。

そのような彼の考えを、さらに決定的なものにしたのはシャルロット・ペリアンとの出会いであった。ペリアンはコルビュジエの協力者であり、家具・室内装備についてヨーロッパの伝統のなかから新しいものを創り出す仕事を進めていた。それに共鳴した坂倉は、帰国後さっそく商工省に働きかけ輸出工芸指導官としてペリアンを招聘することに成功した。1940年来日したペリアンは柳宗理とともに全国を視察し、その成果を坂倉の協力を得て1941年「選択・伝統・創造」展として日本橋高島屋において開催した。それは日本の民芸や材料のなかから近代生活に適したものを選択し、伝統の持つ永遠の法則に従った創造を目指すものであった。この展覧会の新鮮さと明確な主張は日本のデザイン界に大きな影響を与えたが、そこには坂倉自身の日本のデザインに対する期待と抱負が込められていたのである。ペリアンとの共著であるこの展覧会のテキストのなかで彼は次のように述べている。「日本の美術工藝は如何なる方向に進むべきか。如何なる方針に基いて探究を進めるべきか。如何なる形に於いて表現さるべきであるか、俗惡なるものを何よりも先づ拒否すべきであり、外國品の謬つた模倣を捨て去り、歐羅巴について抱いてゐる謬つた考へを除き去るべきである。歐羅巴に於いても同じく日本の生活について美術についての謬つた考へが存在してゐる。その間違つた考への根據になつたものは所謂輸出物と稱する俗惡な謬れる工藝品（同じ考へに基いて輸出された所謂文化宣傳物）であつたことは明らかである。

輸出工藝品について云へば、商業上の必要が第一に考慮されなければならないことは勿論である。しかしあらゆる意味で質の優れたものが到るところ常に喜びを以て迎へられるといふことを忘れてはならない。この意味で正しく考慮された輸出こそ日本に齎すところの多い、同時にまた日本の價値を輝かすところのものとなるであらう。」

このペリアン展協力に続いて坂倉はレオナルド・ダ・ビンチ展の計画に参加しその展示会場を設計することになった。日独伊三国同盟に伴う日伊親善とアジア新秩序思想の高揚を目的とした展覧会であったが、会場に当てられた上野池之端の産業館の内部につくられた立体的展示会場

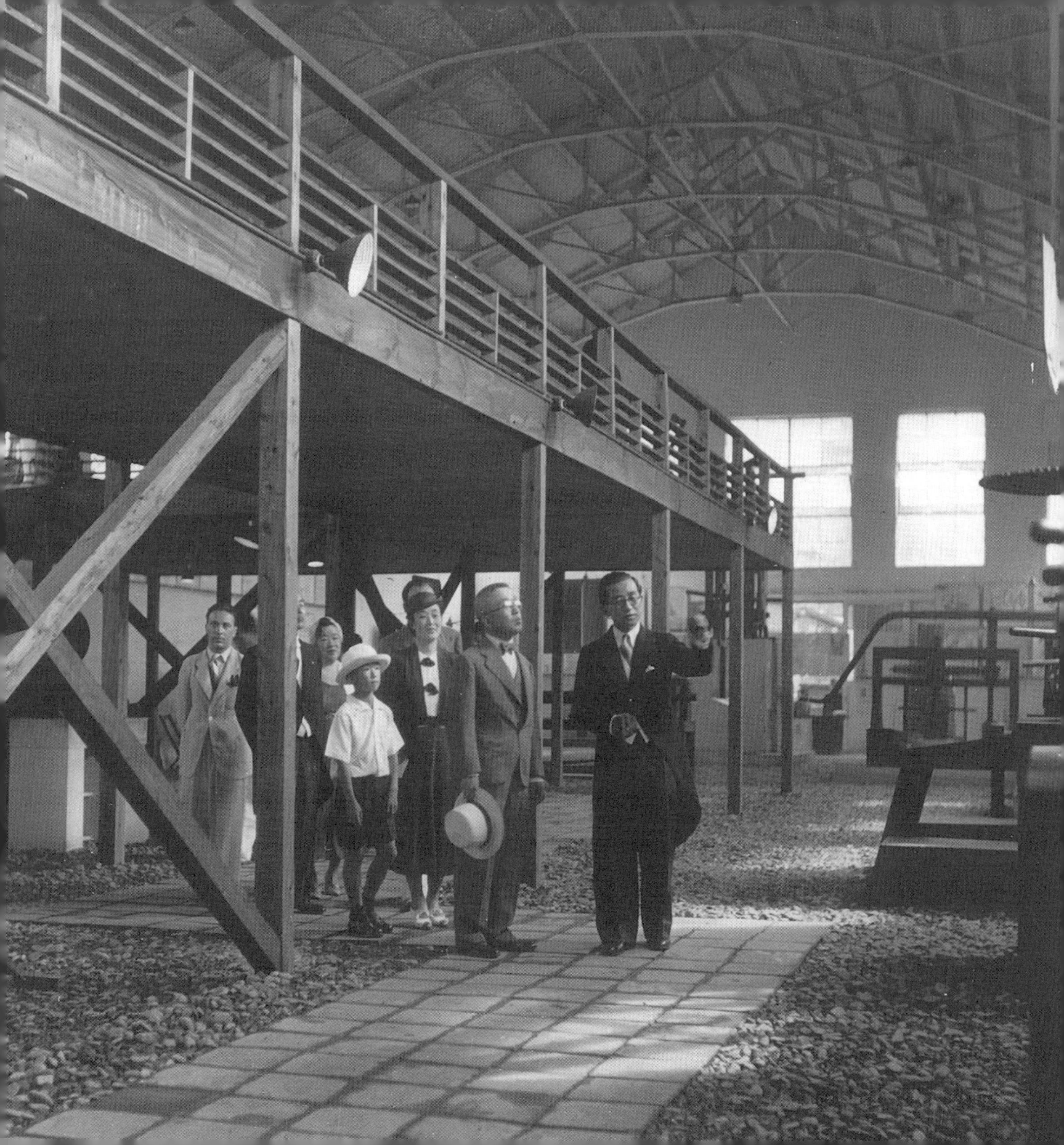

は，何の変哲もないガランとした建物を魅力ある空間として見事に甦らせた。そして坂倉は彼のパリ博日本館に接し得なかった日本の建築界にその力量の一端を示したのである。

ダ・ビンチ展を最後に戦局は一段と悪化し，すべての文化的活動は停止された。しかし，戦前における「選択・伝統・創造」展の成功によって坂倉は，その後デザイン界やそのマーケットであるデパートに対して大きな発言力を持つようになった。そして彼は戦後にいたり通産省意匠奨励審議会委員となりグッドデザイン運動やGマーク制定等のデザイン行政にも携わることになる。

太平洋戦争が終結し平和が訪れると，建築界，デザイン界の動きも活発化し国際交流も盛んになったが，ここでも坂倉は積極的な役割を果した。コルビュジエのもとに学んだことに始まり，パリ万国博でのデビュー，CIAM（近代建築国際会議）への参加等，彼の初期の国際的行動と経験は，かえって彼のなかに日本というものを確立させたのである。そして，その日本的なものへの深い理解が世界のなかにおける日本という認識を生み，彼の国際交流へのエネルギーとなったのである。

1951年，坂倉は第1回ブラジル・ビエナールに審査員として招かれたが，戦後間もないこの渡伯で示した彼の行動は面目躍如たるものがあった。早大の武基雄を伴って出発した彼を待っていたのは何といっても祖国に憧れと誇りを持つ日系人達であった。彼等は敗戦国日本からどんな人物がやって来るのか非常に不安であった。ところがサン・パウロに到着した二人の文化使節は胸を張って日本の文化をたたえ，敗戦のみじめさを感じさせるどころか，その堂々とした態度，几帳面で真摯な言動と精力的な親善活動によって喝采と感謝を受けたのである。また，このビエナールは坂倉にとって審査員の一人として建築部門の大賞を師であるル・コルビュジエに贈るという名誉ある機会となった。

彼のそのような国際的な場における実行力が発揮される次の機会は1957年ミラノで開かれた第11回トリエンナーレ展であった。この展覧会は世界のすぐれたデザインが一堂に集められる国際美術展であった

が，日本は未だ公式参加の経験が無かった。坂倉は通産省や関係者と協力して参加を決定し，会場の設計を担当するとともに，自ら委員として現地におもむきイタリー語の辞書を片手に展覧会当局との折衝から，搬入，展示にいたるまで在伊留学生達の協力を得て陣頭指揮でやり遂げてしまった。

坂倉が国際交流に対する情熱をもっとも傾けたのは1960年の世界デザイン会議であった。その東京開催については1958年頃から日本国際デザイン協会を中心に企画が検討され，その是非論が闘わされていたが，翌年になって坂倉が実行委員長となるや自ら事務所を提供して開催準備にとりかかった。都市，建築，デザインを含む広範な分野に亘るこの会議を実現させ，成功させることは，豊富な国際的経験と建築家としての幅広い活動を展開してきた彼にとって，まさに適任であり，またやり甲斐のある仕事であったに違いない。彼は文字通り身を粉にして働いた。財源の確保から海外との連絡等に忙殺されアトリエにも姿を現さない日が続いた。そして「新時代の全体像とデザインの役割」をテーマとするこの会議は世界26カ国から第一線に活躍する人達84名の参加を得て成功裡に終ったのである。

坂倉が実際の建築の仕事を通して国際交流に尽した機会も数多い。1957年には西独アウグスブルグ市にディーゼル記念庭園をつくり，その翌年にはフランスより返還された松方コレクションのための美術館をル・コルビュジエの設計によって完成させることに尽力し，前川國男，吉阪隆正と協力してその設計監理にあたった。また1962年にはミュンヘンの科学博物館に展示する日本住宅をつくっている。

坂倉は最後の仕事の一つとなったタイ国の教育施設の建築にもなみなみならぬ情熱を持っていた。これも東洋における日本の果たさねばならない役割についての彼の認識からでたものであった。そしてそれは1962年の訪印でチャンディガールにおけるコルビュジエとジャンヌレの仕事に接して以来，彼が密かに待ち望んでいた機会であったに違いない。

◀ レオナルド・ダ・ビンチ展 1942 李王家一行と坂倉準三（右端）

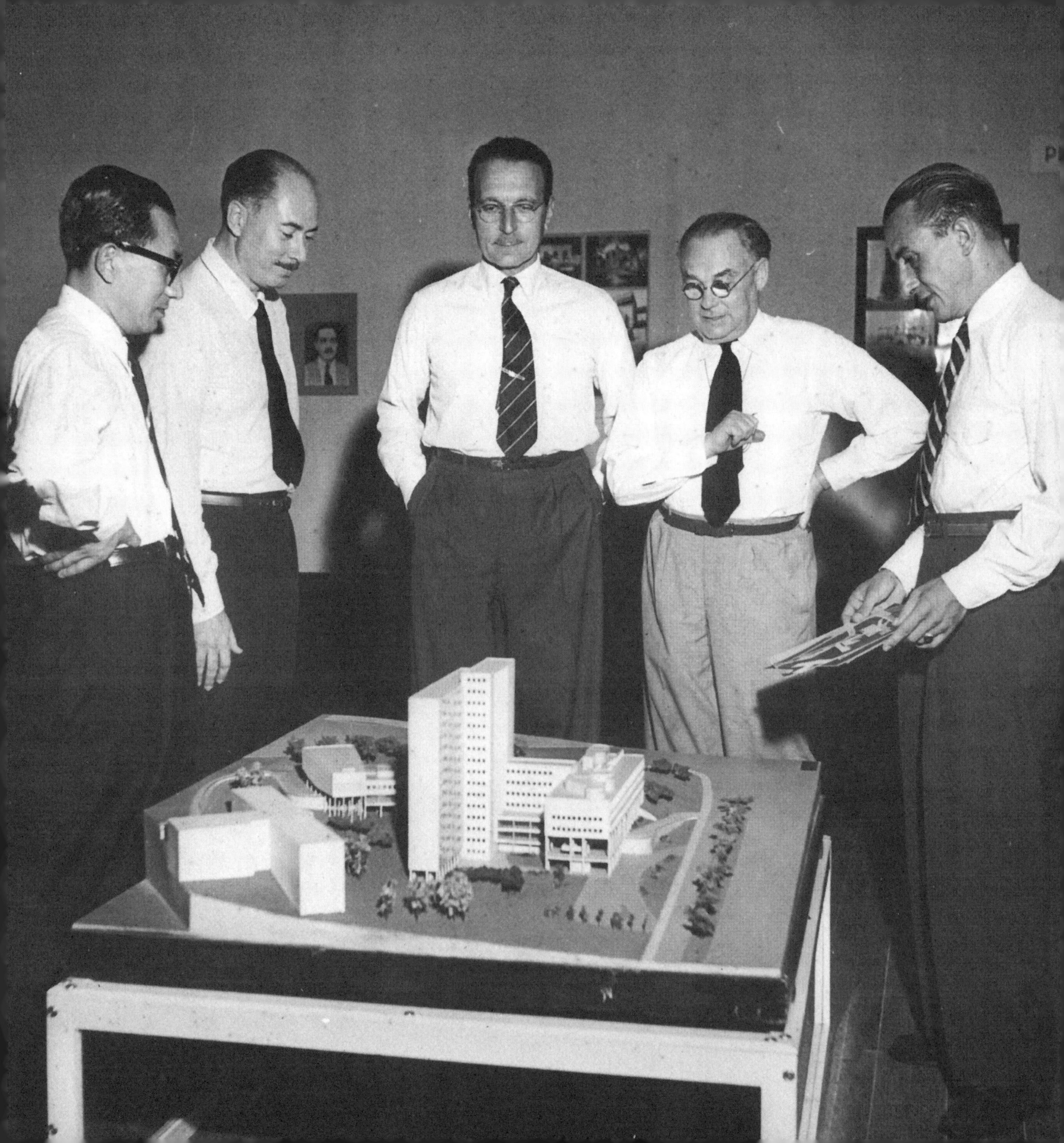

第1回サンパウロ・ビエナール展　1951
右　文化使節坂倉準三，武基雄の活躍を報ずるサンパウロ各紙
左　建築賞審査会　左より坂倉準三，ケネス・デ・メロ，フランシスコ・ベック，
　　ギーディオン，マリオ・パニ

第11回ミラノ・トリエンナーレ展　1957
左　日本部会場　伝統的材料と陶板を現代的に構成した展示空間に主として陶磁器が陳列された
右　会場設営に当たる坂倉準三（右端）と岩渕活輝　松田和枝

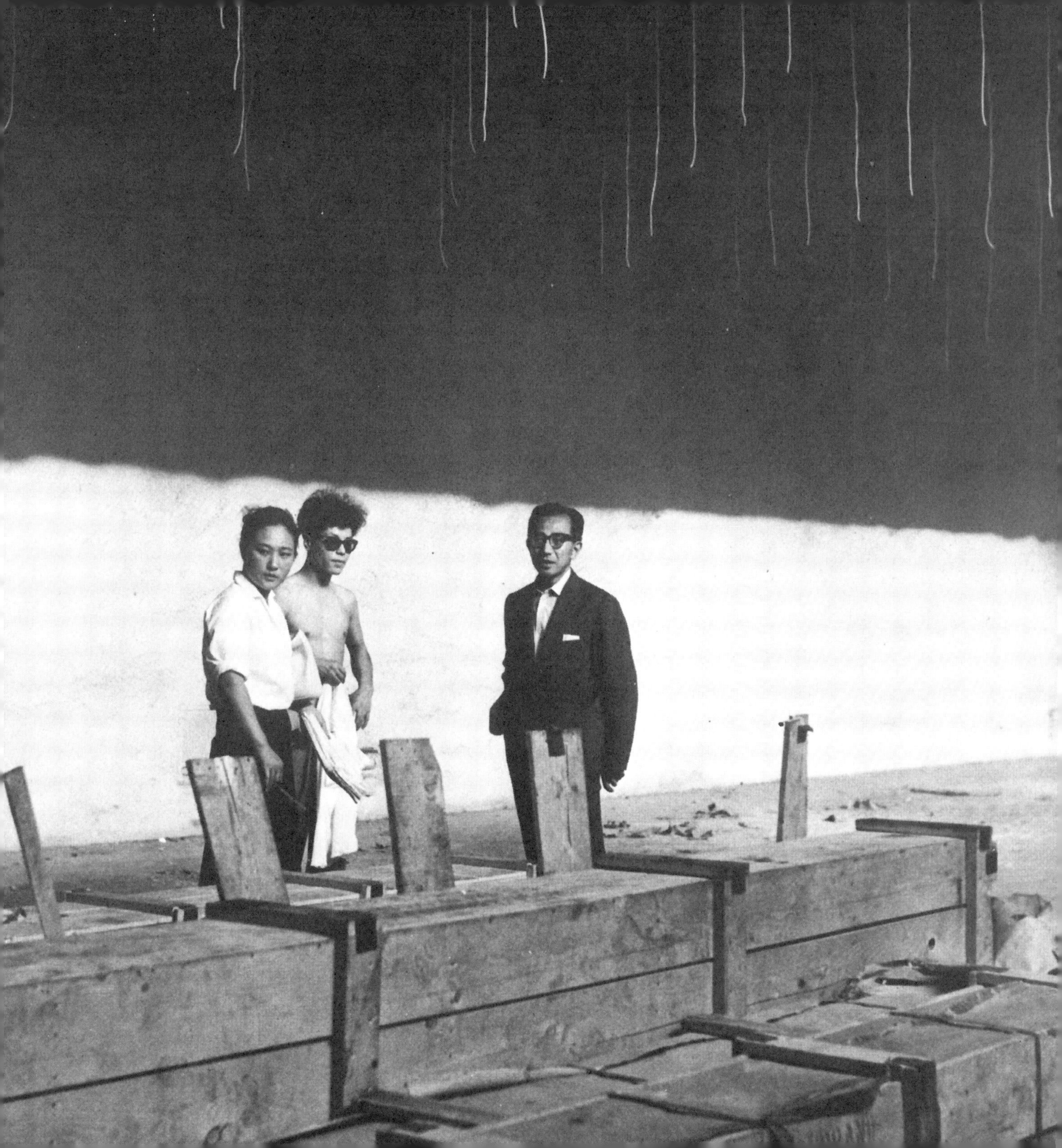

坂倉準三年表 1901〜69
略歴・作品／建築界・世界

		坂倉準三——略歴・活動	建　築　界	世　界
1901	明治34	千代菊醸造元13代坂倉又吉四男として岐阜県羽島郡竹ヶ鼻町に生まれる（5月29日）	山陽線開通 八幡製鉄所開業 武田五一（日）渡欧（—03） 住友家須磨別邸　野口孫市 住宅建設法制定（蘭） ダルムシュタット芸術家村 F.L.ライト〈機械による美術と工芸〉ハル・ハウス・レクチュア T.ガルニエ「工業都市」計画（仏） 地下鉄入口　パリ　H.ギマール（1899—1904） エルンスト・ルドウィヒ館　ダルムシュタット　I.M.オルブリッヒ イノベイション百貨店　ブリュッセル　V.オルタ ベーレンス邸　ダルムシュタット　P.ベーレンス	オーストラリア連邦成立 ヴィクトリア女王没　エドワード7世即位（英） 社会民主党結成　即日結社禁止 マッキンリー大統領暗殺　副大統領S.ルーズベルト昇任（米） スコット（英）第1回南極探検　初の大陸内部侵入試みる ツンタス　チッサリアのスセクロ，ディミニー発掘　ギリシア本土の新石器文化の存在証明（希） ノーベル賞第1回授賞（ス） ド・フリース（蘭）突然変異説 幸徳秋水「廿世紀之怪物・帝国主義」 T.マン（独）「ブッデンブローク家の人々」 与謝野晶子「乱れ髪」
1902	明治35		三井銀行本店　東京　横河民輔 L.サリヴァン（米）「幼稚園談義」 E.ハワード（英）「明日の田園都市」 W.H.キャリア（米）中央式空気調和方式 フォルクヴァング博物館　ハーゲン　H.ヴェルデ トリノ工業博主ホール　R.ダ・ロンコ	日英同盟協約調印 ボーア戦争終結 大谷光瑞　中央アジア探検 クロポトキン「相互扶助論」 「大公報」創刊（中） W.ゾンバルト（独）「近代資本主義」 A.ジッド（仏）「背徳者」 M.ゴーリキー（露）「どん底」 A.C.ドビュッシー（仏）「ペレアスとメリザンド」

		坂倉準三――略歴・活動	建築界	世界
1903	明治36		東大「鉄骨構造」開講 辰野・葛西建築事務所開設 日本銀行大阪支店　辰野金吾 K.モーザー，J.ホフマン（墺）他　ヴィーン工房設立 第1田園都市株式会社創立（英）レッチワース田園都市　B.パーカー　R.アンウィン H.ヴェルデ（白）「綱領」 美術学校・工芸学校　ワイマール　H.ヴェルデ アムステルダム株式取引所　H.P.ベルラーヘ ル・パリジャン事務所　パリ　G.P.シェダンヌ フランクリン街25番地アパート　パリ　A.ペレー	R.アムンゼン（諸）北西航路完成 ライト兄弟（米）初飛行 **長岡半太郎「原子模型」** T.リップス（独）「美学」 サロン・ドートンヌ設立（仏） A.P.チェーホフ（露）「桜の園」 B.ショウ（英）「人と超人」 M.ラヴェル（仏）「シェラザード」
1904	明治37		大阪府図書館　大阪　野口孫市　日高胖 英工業規格協会　標準仕様書制定　鋼材，コンクリート規格化 ラーキン石鹸会社事務所　バッファロー　F.L.ライト カーソン・ピリー・スコット百貨店　シカゴ　L.H.サリヴァン ブラッキー邸（ヒルハウス）ヘレンズバーグ　C.R.マッキントッシュ	**日露戦争** 英仏協商 シベリア鉄道開通（露） A.フレミング（英）2極真空管発明 クーツェル（独）タングステン電球発明 A.ロダン（仏）「考える人」 R.ローラン（仏）「ジャン・クリストフ」（―12） G.プッチーニ（伊）「蝶々夫人」

		坂倉準三——略歴・活動	建　築　界	世　界
1905	明治38		〈法隆寺再建・非再建〉論争 横浜銀行集会所　横浜　遠藤於菟 福島邸　東京　武田五一 フリューゲ（独）換気熱学説 タバナサのライン橋　チューリッヒ　R.マイヤー ポンチュー街ガレージ　パリ　A.G.ペレー ラ・ショード・フォン別荘　スイス　ル・コルビュジエ	聖ペテルブルクの血の日曜日（露） 第1次モロッコ事件 孫文他，東京で中国革命同盟会結成 **ポーツマス条約調印　日露戦争終結** ベンガル分割法公布（印） 統一社会党結成（仏） H.フォード（米）T型フォード A.アインシュタイン（独）「特殊相対性理論」 H.マティス，G.ルオー，A.ドラン，R.デュフィ（仏）野獣派（フォーヴ）と呼ばれる E.L.キルヒナー，E.ヘッケル（独）他橋（ブリュッケ）結成　ドレスデン R.M.リルケ（墺）「時禱詩集」 R.シュトラウス（独）「サロメ」初演
1906	明治39		東大「鉄骨コンクリート構造」開講 鉄筋コンクリート設計基準制定（仏） 衛星都市ガリイ建設　シカゴ ユニティ教会　オーク・パーク　F.L.ライト 郵便貯金局　ウィーン　O.ワグナー	イギリス労働党結成 **鉄道国有法公布** ストルイピンの農業改革法（露） **南満州鉄道会社設立** スワラジ・スワデシ運動（印） ペリオ（仏）敦煌，トルキスタン探検　敦煌文書群入手—08) H.L.ベルグソン（仏）「創造的進化」 **岡倉天心「茶の本」** H.ヘッセ（独）「車輪の下」 **島崎藤村「破戒」** A.C.ドビュッシー（仏）「子供の領分」
1907	明治40	6歳	雑誌「建築世界」創刊 ドイツ工作連盟結成（独） W.グロピウス（独）P.ベーレンス事務所入所（—10） H.ヴェルデ（白）「信条」 シュタインホフ教会堂　ウィーン　O.ワグナー カサ・バトロ　バルセロナ　A.ガウディ	**日露協約調印** 英仏露3国協商締結 デルプフェルト　オリンピア発掘開始（希） ボルヒァルト指揮　ドイツオリエント協会隊　アマルナ都市域発掘開始（エ） W.ジェームズ（米）「プラグマティズム」 P.ピカソ（西）「アヴィニヨンの娘たち」立体派始まる ゴーリキ（露）「母」 **田山花袋「蒲団」** フリッツ・エルラー　芸術劇場創設　ミュンヘン G.マーラー（独）「交響曲第8番」

		坂倉準三——略歴・活動	建 築 界	世 界
1908	明治41	竹ヶ鼻尋常高等小学校入学	建築学会「建築士報酬規定」(—18) 表慶館　東京　片山東熊 ル・コルビュジエ（仏）A.ペレー事務所入所（—09） L.ミース v.d.ローエ（独）P.ベーレンス事務所入所（—11） A.ロース（墺）「装飾と罪」 クーンレイ邸　リバーサイド　F.L.ライト	青年トルコ党の革命（土） グイド・カルツァ　オスティア発掘（ローマ） G.ソレル（仏）「暴力に関する考察」
1909	明治42		板硝子国産本格化 早大建築科設置 大塚・伊東《日本建築の将来》論争 伊東忠太「建築進化の原則より見たる我邦建築の前途」建築雑誌265号 丸善書店　東京　佐野利器 国技館　東京　辰野，葛西建築事務所 赤坂離宮　東京　片山東熊 F.T.マリネッティ（伊）「未来派宣言」 住宅・都市計画法制定（英） 鉄筋コンクリート規格制定（瑞） W.グロピウス（独）「小住宅の規格化と量産」 グラスゴー美術学校図書室　グラスゴー　C.R.マッキントッシュ AEGタービン工場　ベルリン　P.ベーレンス ロビー邸　シカゴ　F.L.ライト	伊藤博文暗殺 ブレリオ（仏）ドーヴァー海峡飛行 ペアリー（米）北極点到達 L.H.ベークランド（米）ベークライト発明 E.A.ブールデル（仏）「弓をひくヘラクレス」 M.メーテルリンク（白）「青い鳥」 A.ジッド（仏）「狭き門」 小山内薫他　自由劇場第1回公演 M.ラヴェル（仏）「ピアノ協奏曲第3番」

		坂倉準三──略歴・活動	建 築 界	世 界
1910	明治43	竹ヶ鼻尋常高等小学校3学年	建築学会討論会〈我国将来の建築様式を如何にすべきや〉帝国議事堂新築様式論争　建築雑誌282号 京都商品陳列所　京都　武田五一 ル・コルビュジエ（仏）ドイツ留学　P.ベーレンス事務所入所 M.デ・クラーク他　アムステルダム派運動（蘭） カサ・ミラ　バルセロナ　A.ガウディ クーンレイ邸　イリノイ州リヴァーサイド　F.L.ライト シュタイナー邸　ウィーン　A.ロース	**大逆事件** **韓国併合** 徳川・日野両大尉3000メートル飛行成功 C.オリベッティ（伊）MⅠ型タイプライター A.N.ホワイトヘッド, B.ラッセル（英）「数学理論」 R.M.リルケ（墺）「マルテの手記」 雑誌「白樺」創刊 谷崎潤一郎「刺青」 I.ストラヴィンスキー（露）「火の鳥」
1911	明治44		中央線開通 東京市市電営業開始 東京市下水道着工 高松政雄「建築家の修養」建築雑誌9─10月号 佐野利器「建築家の覚悟」建築雑誌7月号 帝国劇場　東京　横河民輔 日本大博覧会工事計画懸賞　1等　吉武東里 ル・コルビュジエ（仏）バルカン諸国ハンガリー、ルーマニア、ブルガリア、イスタンブール、アテネ、ローマを旅行 ル・コルビュジエ（仏）「ドイツにおける工芸運動についての覚え書」ラ・ショード・フォン美術学校公式報告 ファグス靴工場　アルフェルトa.d.ライネ、W.グロピウス、A.マイヤー ストックレー邸　ブリュッセル　J.ホフマン キャンベラ都市計画国際競技設計　1等　W.B.グリフィン	**関税自主権確立** 議院法成立（英） イタリア・トルコ戦争 辛亥革命（清） R.アムンゼン（諸）南極点到達 第2次モロッコ事件 E.ラザフォード（英）「有核原子模型」 **鈴木梅太郎　オリザニン（ビタミンB₁）検出　ビタミン研究開始** 西田幾多郎「善の研究」 W.カンディンスキー（露）, F.マルク（独）他青騎士（ブラウエ・ライター）結成　ミュンヘン　第1回展 ゾルゲ（独）「乞食」

		坂倉準三——略歴・活動	建　　築　　界	世　　界
1912	明治45 大正元		武田五一「世界に於ける建築界の新機運」建築世界第6巻4・5号 通天閣　大阪　設楽建築事務所 三井貸営業所　東京　横河民輔 大阪市公会堂懸賞競技設計　1等　岡田信一郎	中華民国成立 「友愛会」結成 バルカン戦争 第1次護憲運動 白瀬南極探険隊　南緯80度5分到達 W.テーラー（米）「科学的管理の諸原則」 A.フランス（仏）「神々は渇く」 M.デュシャン（仏）「階段をおりる裸体」 日本活動写真会社創設　劇映画製作始まる
1913	大正2		東京市上水道着工 佐野利器渡独（−14） 所沢飛行船格納庫　東京　内田祥三 国際住宅都市・都市計画連盟（I.H.T.P.C.）創立 世紀のホール　ブレスラウ　M.ベルク	大正政変　護憲運動で桂内閣総辞職 ウィルソン大統領就任（米） インド考古調査局　マーシャル　タキシラ遺跡発掘開始（印） ブリアリー（英）ステンレス鋼発明 N.ボーア（J）「原子模型」「原子スペクトル量子論」 E.フッセル（独）「純粋現象学および現象学的哲学考察」 ヨーロッパ近代美術紹介〈アーモリー・ショー〉開催　ニューヨーク V.ボッチオーニ（伊）「空間の単一連続体」 M.プルースト（仏）「失われた時を求めて」（−27） 島村抱月他　芸術座創立 ヴィュー・コロンビエ座創設（仏） I.ストラヴィンスキー（露）「春の祭典」
1914	大正3	竹ヶ鼻尋常高等小学校卒業 岐阜県立岐阜中等学校入学	全国建築士会（日本建築士会）設立 東京美術学校　図案科第2部に建築装飾科設置 山崎静太郎「建築美私論」建築雑誌10，11月号 東京中央停車場　東京　辰野，葛西建築事務所 三越百貨店　東京　横河民輔 三菱二十一号館　東京　三菱地所部 東京大正博覧会第1会場　中村順平 I.H.T.P.C.第2回　ロンドン ドイツ工作連盟総会　H.ムテジウス，H.ヴェルデ〈建築の規格化，芸術家の自立性〉論争 ル・コルビュジエ（仏）「ドミノ・システム」提案 A.サンテリア（伊）「未来派建築宣言」 ドイツ工作連盟展　ケルン　ドイツ　ガスモーター工場，事務所 W.グロピウス　劇場　H.ヴェルデ　ガラスの家　B.タウト 未来都市計画案　A.サンテリア	第1次世界大戦勃発 対独宣戦　第1次世界大戦参戦　青島占領 アイルランド自治法（英） エジプトを保護国とする（英） パナマ運河開通（米） M.デュシャン（仏）レディー・メード「オヴジェ」発表

		坂倉準三——略歴・活動	建 築 界	世 界
1915	大正4	岐阜県立岐阜中等学校2学年 川端竜子主宰の通信教育「スケッチクラフ」に入会 送った写生画が機関紙に掲載されるそれに力を得て写生をして歩いたり東京からワットマンの画材をとりよせて絵をかきひそかに画家を志す	中村・山崎〈虚偽構造〉論争 佐野利器「家屋耐震構造論」 伊東忠太「来たるべき建築界の危機」建築世界1月号 岡田信一郎「新日本の建築」建築雑誌1月号 野田俊彦「建築非芸術論」建築雑誌10月号 豊多摩監獄 東京 司法省営繕課（後藤慶二） 明治神宮宝物殿建築意匠懸賞競技 1等 大森喜一 K.マーレヴィッチ（露）「シュプレマティズム宣言」 アムステルダム南部地域計画 H.ベルラーヘ	対華21カ条要求 最初の毒ガス使用（独） A.アインシュタイン（独）「一般相対性理論」 陳独秀「新青年」創刊 文学革命運動 W.S.モーム（英）「人間の絆」 **芥川龍之介「羅生門」** W.ヴォリンガー（独）「美術史の基礎概念」 D.W.グリフィス（米）「国民の創生」
1916	大正5		F.L.ライト 帝国ホテル設計のため来日 山崎静太郎「構造の主観的意義」建築雑誌6月号 大阪朝日新聞社 大阪 竹中工務店 日清生命保険新築設計図懸賞 1等 橋本舜介 鉄筋コンクリート規格制定（独） オルリー飛行船格納庫 パリ E.フレシネ	ソンムの戦 最初の実用戦車マークI（英） レーニン（露）「帝国主義論」 J.デューイ（米）「デモクラシーと教育」 S.フロイト（墺）「精神分析入門」 **吉野作造「民本主義」** F.カフカ（墺）「変身」 **森鷗外「渋江抽斎」** **夏目漱石「明暗」**
1917	大正6		日本建築士会業務報酬規定 建築士徳義規定制定 ル・コルビュジエ（仏）ラ・ショー・ド・フォンよりパリへ移る A.ペヴスナー，V.タトリン（ソ）構成派団結 モスクワ M.デ・クラーク（蘭）他「ウェンディンヘン」創刊 アムステルダム T.V.ドースブルグ，P.モンドリアン，J.J.P.アウト（蘭）「デ・スティル」創刊 C.P.ヤグロー（米）物理的換気学説 エイヘン・ハールト集合住宅 アムステルダム郊外 M.デ・クラーク	無制限潜水艦作戦（独） アメリカ参戦 バルフォア宣言（英） **石井・ランシング協定** ロシア革命 ソヴィエト政権成立 **理化学研究所創立** **本多光太郎 SK鋼発明** O.シュペングラー（独）「西洋の没落」 P.ヴァレリー（仏）「若きパルク」

		坂倉準三――略歴・活動	建 築 界	世 界
1918	大正7		東京海上ビル 東京 曽根，中条，内田祥三，内藤多仲 H. リヒター，L. ミース v. d. ローエ，W. グロピウス，B. タウト 11月グループ結成 ベルリン オーザンファン，ジャンヌレ（コルビュジエ）（仏）「ピューリスム宣言」 木製肘掛椅子 G. T. リートフェルト	第1次世界大戦終結 ウィルソン大統領 平和原則14カ条（米） 対露干渉戦争 シベリア出兵 米騒動勃発 武者小路実篤「新しき村」の建設着手 立憲政友会原敬内閣成立 ドイツ革命 T. ツァラ（羅）「ダダ宣言」 魯迅（中）「狂人日記」
1919	大正8	岐阜県立岐阜中等学校卒業 第一高等学校受験に失敗，再び同校を志し浪人する 父 又吉没 享年61歳	東京市内乗合自動車営業開始 市街地建築物法 都市計画法公布 中村順平 渡仏 エコール・ド・ボザール入学（―23） 遠藤新 渡米 F. L. ライトに師事（―20） 和辻哲郎「古寺巡礼」 建築雑誌「議院建築コンペ批判」特集 雑誌「建築評論」創刊 同社 議院建築意匠設計懸賞 1等 渡辺福三 I. H. I. P. C. 第3回 ブラッセル 都市計画法制定（仏） 国立バウハウス開校 ワイマール 校長 W. グロピウス（独） A. ベーネ（独）「ガラス建築」 ガラスと鉄の摩天楼計画案 ベルリン L. ミース v. d. ローエ ベルリン大劇場 H. ベルツィヒ	ヴェルサイユ講和条約調印 普選運動激化 3・1運動（朝） コミンテルン（第3インターナショナル）結成（ソ） 5・4運動（中） ワイマール憲法発布 ドイツ共和国成立 中国国民党発足 ガンジー不服従運動開始（印） 野口英世 黄熱病病原体発見 E. ラザフォード（英）原子核交換実験 P. ヴァレリー（仏）「精神の危機」 雑誌「改造」創刊 A. ジッド（仏）「田園交響楽」 ウィーネ（独）「カリガリ博士」

		坂倉準三――略歴・活動	建 築 界	世 界
1920	大正9	第一高等学校 文科入学	京大建築科設置 石本喜久治, 堀口捨己, 山田守他 分離派結成第1回作品展 野田俊彦「分離派運動」建築世界10月号 石本喜久治「建築還元論」分離派作品集Ⅰ 岡田信一郎「分離派建築会展覧会を見て」建築雑誌9月号 雑誌「建築と社会」創刊 ル・コルビュジエ, D. デルメ(仏)「エスプリヌーヴォ」創刊 V. タトリン, K. マーレヴィッチ(ソ)他 構成派綜合展 モスクワ 第3インターナショナル記念塔計画案 ソ連 V. タトリン ゲーテ館 バーゼル R. シュタイナー	国際連盟成立 第1回総会 戦後の経済恐慌 国際連盟加盟 南洋群島日本の委任統治決定 第1回全国国勢調査実施 インド考古調査局 サハニ ハラッパー発掘開始(印) エジプト考古局 クウィーベル他 サッカラー第3王朝ジェセル王階段ピラミッド複合体発掘開始(―55)(エ) ラジオ放送開始(米) H. G. ウェルズ(英)「世界文化史大系」 A. N. ホワイトヘッド(英)「自然の概念」 A. ペブスナー, N. ガボ(ソ)〈レアリズム宣言〉 P. モンドリアン(蘭)〈新造形主義〉
1921	大正10		東京市長後藤新平 総工費8億円の東京都市計画案発表 長谷川輝雄「近代建築思潮と表現」 森田慶一「工人的表現」分離派作品集Ⅱ 明治神宮宝物館 東京 大江新太郎 自由学園 東京 F. L. ライト, 遠藤新 グレース, L. ミース v.d. ローエ, リシツキー, ドースブルグ(独) グループG結成 B. タウト(独)「フリューリヒト」創刊 星の教会計画案 O. バルトニング アインシュタイン塔 ポツダム E. メンデルゾーン	新経済政策(ネップ)採択(ソ) 中国共産党結成 原敬暗殺 ワシントン会議 日英米仏4国協約締結 日英同盟廃棄 周口店遺跡発掘開始 ズダンスキー(墺)北京原人骨発見 アンダーソン 仰韶遺跡発掘(中) 魯迅(中)「阿Q正伝」 志賀直哉「暗夜行路」(―37) S. プロコフィエフ(ソ)「3つのオレンジへの恋」

136

		坂倉準三――略歴・活動	建 築 界	世 界
1922	大正11	第一高等学校第99回寮委員 上左 坂倉準三 下右 菊地校長	東京市に初の都市計画区域設定 道路網計画 土浦亀城 渡米 F.L.ライトに師事(―26) 石本喜久治 渡欧 内藤多仲「架構建築耐震構造論」 中村鎮「平和博の律築意匠と装飾」中央美術5月号 東京平和博第2会場 東京 堀口捨己 三菱銀行本店 東京 桜井小太郎 帝国ホテル 東京 F.L.ライト ル・コルビュジエ(仏) P.ジャンヌレと協同 ヴォークレッソン別荘、画家オーザンファン邸 パリ シトロエン邸計画案 120戸のヴィラ集団計画案 300万人のための現代都市計画案 ル・コルビュジエ 理想都市計画案 R.アンウィン ドンカスター地域計画 L.P.アーバークロンビー アンリエット・ロンネルブライン集合住宅 アムステルダム M.デ・クラーク アウト・マテネッセ集合住宅 ロッテルダム J.J.P.アウト シカゴ・トリビューン社国際競技設計 1等 R.フッド, ホウエルズ 2等 E.サーリネン	ワシントン軍縮条約, 対華9カ国条約締結 エジプト独立 ラッパロ条約(独・ソ) 日本共産党結成 ムッソリーニ ローマ進軍 ファシスト政権樹立(伊) クーリー他ウル発掘開始(―34)(西亜) インド考古調査局 マーシャル他モヘンジョ・ダロ発掘開始(印) カーナヴォン・カーター ツタンカーメン王墓発見(エ) ダダ国際展 パリ M.デュ・ガール(仏)「チボー家の人々」(―40) J.ジョイス(愛)「ユリシーズ」 T.S.エリオット(英)「荒地」 C.チャップリン(米)「キッド」
1923	大正12	第一高等学校文科2類独文科卒業 東京帝国大学文学部美学美術史学科美術史入学 同級生に富永惣一 藤田経世 望月信成 美学専攻に今泉篤男	帝都復興院設置 岡村(山口) 蚊象 他創字社結成 第1回作品展 森口多里「表現主義建築図譜」 丸の内ビルディング 東京 三菱地所 フラー建築会社 日本興業銀行 東京 渡辺節 堂島ビル 大阪 竹中工務店 新建築家協会(ASNOVA)結成(ソ) 堀口捨己, 村野藤吾(日) 渡欧 A.ベーネ(独)「現代の目的建築」 B.タウト(独)「色彩宣言」 ル・コルビュジエ(仏)「建築をめざして」 H.リヒター, L.ミースv.d.ローエ(独)「G」創刊 T.V.ドースブルグ(蘭)「新造形主義建築宣言」 ノートルダム教会堂 ル・ランシイ, A.ペレー ストックホルム市庁舎 R.エステベリ フィアット工場 トリノ G.M.トルッコ ラ・ロッシュのアルベール邸 オートイユ ル・コルビュジエ E.メンデルゾーン(独)「力学と機能」	ソヴィエト社会主義共和国連邦成立 フランス軍 ルール地方占領 石井・ランシング協定廃棄 関東大震災 トルコ共和国成立 L.ブロイ(仏)波動力学原理 L.ルカーチ(洪)「歴史と階級意識」 P.ヴァレリー(仏)「エウパリノス」 雑誌「文芸春秋」創刊 A.オネガー(仏)「パシフィック231」

		坂倉準三——略歴・活動	建　築　界	世　界
1924	大正13	本郷西方町に下宿をかまえる　自室にボッティチェリの「ヴィーナスの誕生」の複製画を飾り、かすりの着物で端座するような生活	同潤会設立 メテオール建築会　ラトー建築会　マヴォー結成 帝都復興創案展　東京 雑誌「建築新潮」創刊 堀口捨己「現代オランダ建築」岩波書店 浜岡（蔵田）周忠「近代建築思潮」洪洋社 東京歌舞伎座　東京　岡田信一郎 第4回国際住宅・都市計画会議　アムステルダム（地方計画） ワイマール国立バウハウス閉鎖（独） ル・コルビュジエ（仏）パリ　セーヴル規格修道院にアトリエ開設 米コンクリート協会　鉄筋コンクリート規格制定 高層ビル計画案　モスクワ　E.リシッキー（ソ），M.シュタム（蘭） シュレーダー邸　ユトレヒト　G.リートフェルト	レーニン（ソ）没 第1次労働党マクドナルド内閣成立（英） 第1次国共合作（中） ドーズ賠償案成立（独） **第2次護憲運動　加藤高明護憲3派内閣成立** W.ハイゼンベルグ（独）量子力学 ボース（印）ボース・アインシュタイン統計法 P.ヴァレリー（仏）「バリエテ」（-44） A.ブルトン（仏）「シュールレアリスム宣言」 T.マン（独）「魔の山」 **築地小劇場完成** S.M.エイゼンシュテイン（ソ）「戦艦ポチョムキン」 G.ガーシュウィン（米）「ラプソディー・イン・ブルー」
1925	大正14	美術史専攻の先輩達の勉強ぶりをみて、美術史より建築史をやるべきだと考えるようになり、丸善書店にたのんで海外からいろいろな建築史の原書をとりよせ研究する　特にポール・フランクルの中世美術史を読んでロマネスクからゴシックへ移る時代に魅せられる建築史を研究するうちに建築家を志すようになり建築科の講義をききに行ったりしたが、それには失望を感じ、フランスへ行って建築の勉強をしようと決心する	日本造園学会設立 中村順平横浜高工建築科創設 中村順平「建築学科に入学を志望する青年諸君への希望」横浜高工志望案内書 雑誌「新建築」創刊　同社 雑誌「国際建築時論（国際建築）」 創刊　国際建築協会 東大安田講堂　東京　内田祥三 東京中央電信局　東京　山田守 聴竹居　京都　藤井厚二 バウハウス　デッサウ再建（独） 社会主義建設同盟建築部会（OCA）結成 P.ベーレンス，W.グロピウス（独）他　デル・リンク結成 フランクフルトジードルンク建設10年計画開始　E.マイ（独）他 ル・コルビュジエ（仏）「今日の装飾芸術」「ユルバニスム」，「近代絵画」（オーザンフォンと共著） W.グロピウス（独）「国際建築」他　バウハウス叢書 パリ万国装飾芸術博〈近代的インスピレーションと真のオリジナリティ〉エスプリヌーヴォ館　ル・コルビュジエ　リヨン館　T.ガルニエ　オーストリア館　ホフマン 団地「現代都市」ブリュッセル　V.ブルジョア ペサック住宅群　ボルドー　パリ　ヴォアザン計画　ル・コルビュジエ 金属パイプ椅子　M.ブロイヤー	**治安維持法公布** **普通選挙法公布** 5・30事件（中） ロカルノ協定 トロッキー解任　1国社会主義採択（ソ） O.バルナック（独）ライカA型カメラ ベアード（英）テレビジョン発明 **東京放送局　ラジオ放送開始** A.ヒトラー（独）「我が闘争」 第1回ノイエ・ザッハリヒカイト展・ベルリン 第1回シュールレアリスト展　パリ A.ジッド（仏）「贋金つくり」 C.チャップリン（米）「ゴールド・ラッシュ」

		坂倉準三——略歴・活動	建　築　界	世　界
1926	大正15昭和元	病気のため卒業を延期する 当時ジュネーブ国際連盟会館の競技設計等で活発な近代建築運動を展開していたル・コルビュジエに傾倒する	東京京橋電話局開設 岸田日出刀　渡欧 野田俊彦「建築論」アルス建築講座 東京府美術館　東京　岡田信一郎 ル・コルビュジエ（仏）「近代建築5原則」 E.フレシネ（仏）PSコンクリート実験 救世軍宿泊所「人民の宮殿」パリ　テルニジェン邸，クック邸　ブローニュ・シュール・セーヌ　ル・コルビュジエ ブリッツ・ジードルンク　ベルリン　B.タウト，M.ワグナー サグラダ・ファミリア教会　バルセロナ　A.ガウディ バウハウス校舎　デッサウ　W.グロピウス	国民党　北伐開始（中） ドイツ　国際連盟加盟 バード・B.ベネット（米）飛行船で北極点飛行成功 トーキー映画成功（米） E.フェルミ（伊）フェルミ統計法 E.アラン（仏）「芸術論集」 モーリアック（仏）「テレーズ・デケイルー」 三木清「パスカルにおける人間の研究」 シュレージンガー（墺）「波動力学」
1927	昭和2	大学卒業ま近か　富永惣一への書簡でパリへ行きル・コルビュジエに師事する決心を語る 東京帝国大学文学部美学美術史学科美術史卒業 卒業論文はゴシック建築に関する研究 中村順平（パリ　ボザール出身の建築家）の塾に通いボザール風の製図の書き方などの手ほどきを受ける 佐野利器（東京市建築局長・建築家）を訪ね建築家になるための進み方を相談する 　フランス留学には賛成であるが将来日本で建築をやってゆくうえでは不利益であるとの助言を得る（坂倉はこの助言をその後たびたび思い出すと語っている）しかし，坂倉はフランス行を締めなかった 坂倉は野にあって日本の建築界のために尽力しなければならない宿命の道をこのとき選んだともいえる	初の地下鉄　上野—浅草間開通 不良住宅地区改良法公布 日本インターナショナル建築会設立 森田慶一「建築と機械」新建築2月号 岸田日出刀「欧米建築界の趨勢」建築年鑑 同潤会青山アパート　東京　同潤会 早大大隈講堂　東京　佐藤功一　佐藤武夫 朝日新聞社　東京　石本喜久治 ドイツ工作連盟住宅展　ワイゼンホッフ　W.グロピウス，L.ミースv.d.ローエ，ル・コルビュジエ，J.J.P.アウト他 ガルシェ別荘　パリ近郊　ジュネーヴ国際連盟会館計画案　ル・コルビュジエ ストックホルム市立図書館　G.アスプルンド 「ダイマクションハウス」4DH　B.フーラー ジュネーヴ国際連盟会館国際競技設計　1等　ネノー（ル・コルビュジエ）	金融恐慌 蒋介石　南京に国民政府樹立（中） 第1次山東出兵 ジュネーブ軍縮会議 広東コンミューン（中） C.A.リンドバーグ（米）初の大平洋横断飛行成功 A.N.ホワイトヘッド（英）「象徴作用」 W.ハイゼンベルク（独）「不確定性原理」 M.ハイデッガー（独）「存在と時間」 R.クレール（仏）「イタリアのわら帽子」 岩波文庫刊行開始

		坂倉準三——略歴・活動	建　築　界	世　　界
1928	昭和3	近衛歩兵第1聯隊（九段）第2中隊に幹部候補生として兵役 兵役中　春秋社刊「大思想エンサイクロペディア」第一巻にブルネルスキ、ブラマンテ、ベルニーニ評伝を執筆	全日本無産者芸術連盟（ナップ）結成 第7回分離派建築展（最終会） 前川國男　渡仏　ル・コルビュジエに師事（—30） 岸田日出刀「欧州近代建築史論」建築雑誌6〜9月号 谷口吉郎「分離派批判」建築新潮11月号 資生堂　東京　前田健二郎 白木屋百貨店　東京　石本喜久治 東大図書館　東京　内田祥三　岸田日出刀 商工省工芸指導所設置　仙台 形而工房結成　豊口克平　蔵田周忠　松本政雄 CIAM第1回（近代建築国際会議）スイス　「ラ・サラ宣言」S.ギーディオン　ル・コルビュジエ他 フィエルド（独）薄膜理論 ショッケン百貨店　シュツットガルト　E.メンデルゾーン スチールパイプ家具　ル・コルビュジエ、C.ペリアン	初の普通選挙 3・15事件　共産党大検挙 張作霖爆死 国民党北伐軍　北京入城 治安維持法改定 パリ不戦条約締結 第1次5カ年計画発表（ソ） 董作賓　河南省安陽小屯村　殷墟発掘開始（中）（—37） マイウーリ　スピナッツォーラ継承　ポンペイ発掘指導　後デルラ・コルテ継承 高柳健次郎　ブラウン管テレビ実験成功 A.アインシュタイン（独）「統一場の原理」 A.フレミング（英）ペニシリン発見 D.A.M.ディラック（英）相対論的電子方程式 B.ブレヒト（独）「3文オペラ」 M.ラヴェル（仏）「ボレロ」 G.ガーシュウィン（米）「パリのアメリカ人」
1929	昭和4	渡仏　佐藤敬　富永惣一らに見送られ横浜より出帆（8月） 休暇で地中海の港町サナリー・シュル・メールのホテルに滞在中の前川國男にル・コルビュジエのアトリエ入所のため紹介依頼の電報を打つ セーブル街リュッテシャ・ホテルにて前川國男と初めて会う ル・コルビュジエのすすめによりエコール・スペシャル・デ・トラヴォ・ピュブリックで建築修学（—31） 北フランス、ノルマンディーのカーン市に「ゴシックの最初の誕生」といわれる男女二つの僧院（聖エティエンヌ修道院教会）を訪ねる 日本建築学会会員	中井正一「機械美の構造」 宮崎謙三　ル・コルビュジエ「建築芸術へ」初訳　構成社書房 岡村（山口）蚊象「合理主義反省の要望」国際建築11月号 雑誌「日本インターナショナル建築」創刊　同協会 雑誌「建築紀元」創刊　構成社書房秋季号バウハウス特集 雑誌「国際建築」ル・コルビュジエ特集 東京市政会館　東京　佐藤功一 CIAM第2回　フランクフルト　アム・マイン「最小限度の生活のための住居」として成果発表 ソ連プロレタリア建築家協会結成 J.L.セルト（西）ル・コルビュジエに師事（—30） 山田守（日）渡欧 ニューヨーク近代美術館開館（米） ラドバーン地区計画　C.スタイン、H.ライト バルセロナ万国博　ドイツ館　L.ミースv.d.ローエ ルーシュール邸　ジュネーヴ　ムンダネウム計画案　南米都市計画案　ル・コルビュジエ ジーメンシュタット・ジードルンク　ベルリン　W.グロピウス、H.シャロウン他 ロヴェル邸　ロス・アンゼルス　R.ノイトラ バルセロナ椅子　L.ミースv.d.ローエ	世界恐慌 第2次労働党内閣成立（英） 全印国民会議　完全独立要求 F.ツェッペリン（独）飛行船で世界一周に成功 M.ハイデッガー（独）「カントと形而上学の問題」 J.コクトー（仏）「恐るべき子供たち」 E.M.レマルク（独）「西部戦線異状なし」 E.ヘミングウェイ（米）「武器よさらば」 島崎藤村「夜明け前」（—35） 小林多喜二「蟹工船」

		坂倉準三——略歴・活動	建　築　界	世　界
1930	昭和5	帰国前の前川國男の仕事を手伝う	第8回創宇社制作展（最終回） 新興建築家連盟結成 岡村（山口）蚊象　渡独　W.グロピウスに師事（—32） 浜岡（蔵田）周忠　渡欧 谷口吉郎「コルビュジエ検討」思想12月号 岡村（山口）蚊象「新興建築家の実践」国際建築12月号 小菅刑務所　東京　司法省営繕係（蒲浦重雄） 甲子園ホテル　兵庫　遠藤新 大礼記念京都美術館建築設計図競技設計　1等　前田健二郎 CIAM第3回　ブリュッセル〈配置の合理的方法〉 B.リュベトキン（英）他　テクトン結成 M.ナギ（洪）「ニューヴィジョン」 リュージュ産業科学博覧会　ベルギー　純日本風日本館 ストックホルム展〈住宅と生活用品〉レストランパラダイス他 G.アスプルンド アルジェ都市計画案　ル・コルビュジエ テュゲントハット邸　ブルーノ　L.ミースv.d.ローエ ウクライナ劇場国際競技設計　4等　川喜多煉七郎	金輸出解禁 ロンドン海軍軍縮会議　ロンドン海軍軍縮条約調印 イギリス・インド円卓会議 李済（中）山東省城子崖発掘開始 W.J.レッペ（独）アセチレンからビニール製造 ローレンス（米）サイクロトロン完成 郭沫若（中）「中国古代社会研究」 国際抽象美術展〈円と正方形〉
1931	昭和6	ル・コルビュジエアトリエ入所（—36） モンマルトルに居をかまえる ソビエト・パレス，モスコー 国際競技設計　ル・コルビュジエ案 坂倉準三が最初に担当した図面	重要産業統制令 羽田空港完成　旅客機発着開始 建築物の高さ制限規定 前川國男　ル・コルビュジエ「今日の装飾芸術」初訳　構成社書房 前川國男「負ければ賊軍」国際建築6月号 東京帝室博物館建築懸賞設計　前川國男案 藤島亥治郎「建築モダニズム」建築雑誌7月号 雑誌「アイ・シー・オール」創刊　洪洋社 森五ビル　東京　村野藤吾 大阪朝日ビル　大阪　石川純一郎 軍人会館建築設計懸賞　1等　小野武雄 東京帝室博物館建築懸賞設計　1等　渡辺仁 国際照明委員会「CIE方式」 サヴォア邸　ポアシー　H.マンドロー別荘　ル・プラーデ　ソヴィエト・パレス計画案　モスクワ　パリ現代美術館計画案　ル・コルビュジエ エンパイアステートビル　ニューヨーク　シュレグ　ハーモン　ラム ソヴィエト・パレス国際指名競技設計　1等　V.M.ヨーファン	スペイン革命 フーヴァー大統領（米）「モラトリアム宣言」 柳条溝事件　満州事変勃発 中共瑞金臨時政府（毛沢東）樹立 英連邦ウェストミンスター法成立 カロザース（米）合成ゴム発明 P.バック（米）「大地」 A.サン・テグジュペリ（仏）「夜間飛行」 シャレル（独）「会議は踊る」 R.クレール（仏）「自由を我等に」 A.カルダー（米）「モビール」

		坂倉準三――略歴・活動	建　築　界	世　界
1932	昭和7	ベルリン, フローレンス, シシリー, ブリンディシ, アテネ, デルフィー, ベニス　ミラノ等旅行し古建築をみる, ミケランジェロの偉大さに感激する　富永惣一　野口弥太郎と同行 アクロポリスにて	白木屋百貨店火災 市街地建築物法施行規則大改正　鉄筋コンクリート強度制定 日本青年建築家連盟　建築科学研究会　デサム他結成 中井正一「転換期の美学的問題」 堀口捨己「現代建築に現われた日本趣味について」思想1月号 武田五一「近代建築形態の趨勢」建築と社会1月号 お茶の水駅　東京　伊藤滋 東京ゴルフクラブ　東京　A.レーモンド 第一生命保険相互会社建築懸賞設計　1等　渡辺仁 雑誌「工芸ニュース」創刊　商工省産業工芸試験所 バウハウス閉鎖　後私立バウハウス再建　ベルリン ソ連建築家同盟 (SAA) 結成 近代国際建築展　ニューヨーク近代美術館 大学都市のスイス学生会館　パリ　「光の家」アパート　ジュネーヴ　80戸のアパート計画案　チューリッヒ　ル・コルビュジエ フィラデルフィア貯蓄銀行ビル　G.ハウエ, W.レスカーズ ガラスの家　パリ　P.シャロウ, B.ビィエヴオエ 成型合板椅子　A.アアルト	上海事変 満州国成立 5・15事件 オッタワ会議 (英) チャドウィック (英) 中性子発見 コックロフト, ウォルトン (米) 原子核の人工破壊実験 P.モンドリアン (蘭) 他アブストラクシオン・クレアシオン (抽象・創造) 結成　パリ シュレジンガー (墺)「物理学における不確定性」 三木清「歴史哲学」 ジュール・ロマン (仏)「善意の人々」(―47) M.A.ショーロホフ (ソ)「開かれた処女地」(―60)
1933	昭和8	スイス学生会館　パリ 坂倉準三スケッチ ネムール都市計画　アフリカ 年金局, チューリッヒ	三陸大津波 建築学会「鉄筋コンクリート構造計算基準」 B.タウト (独) 来日 (―36) 青年建築家クラブ結成 村野藤吾「日本における折衷主義の功禍」建築と社会1月号 東京中央郵便局　東京　吉田鉄郎 大阪ガスビル　大阪　安井武雄 日本工房創立 (―34) CIAM第4回　アテネ〈機能的都市〉「アテネ憲章」 アウトバーン建設開始 (独) ドイツ工作連盟解散 (独) ウィーン工房閉鎖 (墺) E.メンデルゾーン, M.ブロイヤー (独) 渡英 セントロソユース本部　モスクワ　救世軍本部, ポルトモリトーのアパート　パリ　年金局計画案　チューリッヒ　ジュネーヴ, ストックホルム, アントワープ, ネムール都市計画案　未熟練労働者アパート計画案　バルセロナ　ル・コルビュジエ サナトリウム　パイミオ　A.アアルト	ヒットラー内閣成立 (独) ルーズベルト大統領就任　ニュー・ディール開始 (米) 京大　滝川事件 国際連盟脱退 テネシー渓谷開発公社 (TVA) 設立 (米) ドイツ　国際連盟脱退 ジョリオ・キュリー (仏) 人工放射能 A.マルロー (仏)「人間の条件」 谷崎潤一郎「春琴抄」

		坂倉準三——略歴・活動	建　　築　　界	世　　界
1934	昭和9	冬の週末や復活祭の休暇には若い仲間達とスイス，フランスのアルプス地方へスキーに出かける　またサンアントンでルディー・マットにオーストリー・スキーの指導を受ける

アルプス　スキー行　左　坂倉準三

農村再建計画案 | 室戸台風　函館大火　防火防災研究進む
丹那トンネル開通
堀口捨己「建築における日本的なもの」思想5月号
築地本願寺　東京　伊東忠太
日本歯科医専門附属病院　東京　山口蚊象

軍人会館　東京　伊東忠太　川元良一
同潤会江戸川アパート　東京　同潤会
明治生命本社　東京　岡田信一郎
東京市庁舎建築設計懸賞　1等　宮地二郎

MARS結成　CIAMイギリス支部
L.ミースv.d.ローエ（独）渡英
W.グロピウス（独）渡英
機械芸術展　ニューヨーク近代美術館
H.リード（英）「インダストリアル・デザイン」
L.マンフォード（米）「技術と文明」
S.P.ティモシェンコ（米）弾性理論
農村再建計画案　アルジェ都市計画案　「輝く都市」計画案　アルジェアパート計画案　ル・コルビュジエ

テス橋　チューリッヒ　R.マイヤール
ロンドン動物園ペンギンプール　テクトングループ | ソ連　国際連盟加盟
中共長征（大西遷）開始
ワシントン軍縮条約破棄
W.クライスラー（米）デソート流線形自動車量産 |
| 1935 | 昭和10 | パリのカフェに集ったこの頃の仲間――きだみのる　原智恵子　城戸又一　深尾重光　丸山熊雄　吉川逸治　佐藤敬　川添史朗　井上清一　嵯峨善兵　ロバート・キャパ……

マテの休暇の家 | 京都朝日会館　京都　石川純一郎
十合百貨店　大阪　村野藤吾
土浦邸　東京　土浦亀城

L.モホリ・ナギ（独）渡英
ル・コルビュジエ（仏）訪米　「輝く都市」刊行
パリ郊外週末住宅　マテの休暇の家　パリ　ヘロクール都市計画案　ル・コルビュジエ
ブロードエーカー・シティ計画案　F.L.ライト
ヴィープリ図書館　カレリア　A.アアルト
ザルズエラ競馬場　マドリッド　E.トロハ
ハイポイント・アパートNo.1ロンドン　テクトングループ
リオ・デ・ジャネイロ教育保健省競技設計　1等　L.コスタ，O.ニーマイヤー | 美濃部達吉　天皇機関説問題化
ドイツ　ヴェルサイユ条約破棄　再軍備宣言
ワグナー法成立　労働組合の団体交渉権確立（米）
第7回コミンテルン大会（人民戦線戦術採択）（ソ）
中共8・1宣言（抗日救国宣言）
イタリア　エチオピア侵略
エメリー　サッカラー第1王朝マスターバ陵墓群発掘開始（エ）
湯川秀樹「中間子理論」
川端康成「雪国」（―47）
J.ジロドウ（仏）「トロイ戦争は起こらないだろう」
J.フェデ（仏）「女だけの都」 |

		坂倉準三──略歴・活動	坂倉準三──作品
1936	昭和11	コルビュジエのアトリエにて「輝く都市」模型を前に フランスより帰国（4月） パリ万国博日本館建築のため再渡仏（9月） 　東大時代の恩師である国際文化振興会常務理事団伊能と同行　現地調査の結果樹木繁茂のためアプローチの変更が必要となり携行した実施案が不適当になったためル・コルビュジエのアトリエに設計室をかまえ新しい日本館の設計を進める　ボラック、ボッシュ、井上清一（留学生）が協力する　12月設計完了着工	
1937	昭和12	CIAM第五回総会に出席　国際常任委員（CIRPAC）となる パリ万国博覧会　日本館　建築部門グランプリ受賞 　日本館は6月上旬に完成し開館されるや，伝統と近代を美事に調和させた建築として各国の建築家，批評家の注目のまとになった　一流建築家の手になる大パビリオンが競うなかで無名の青年建築家が設計した小さな日本館が受賞したことは坂倉準三の名を一躍国際的にした　そして彼は正統派近代建築家としてデビューしたのである パリ万国博覧会パンフレット	パリ万国博覧会日本館　フランス
1938	昭和13	パリ万国博日本館完成後　ル・コルビュジエアトリエにおける都市計画に協力のため引き続き滞仏 サクレクール寺院遠望 坂倉準三スケッチ	

144

建　築　界　——　国　内	建　築　界　——　海　外	世　　　界

日本工作文化連盟結成
日本巴里博覧会協会建築家6名（岸田日出刀　前田健二郎　前川國男　市浦　吉田鉄郎　谷口吉郎）に日本館設計委嘱　協会側は提出された各案を「日本的」にあらずとして退けあらためて前田健二郎に実施案の作成を委嘱
パリ万博日本館建築様式論争起こる
市浦健「日本的建築と合理主義」建築雑誌11月号
建築学会「日本建築の様式に関する座談会」建築雑誌11月号
谷口吉郎「機械建築の内省」思想10月号
堀口捨己「日本工作文化連盟の結成」東京朝日新聞12月12〜13日
帝国議会議事堂　東京　大蔵省
野々宮アパート　東京　土浦亀城
杵屋別邸　熱海　吉田五十八
ひのもと会館建築設計懸賞競技　1等　前川國男

ル・コルビュジエ（仏）訪伯
N.ペヴスナー（英）「モダン・デザインの展開」
A.F.ベーミス（英）「合理的デザイン」モデュラー・コオーディネイションの基礎
リオ・デ・ジャネイロ大学都市計画案　パリ国際展示場計画案　パリ計画37　ル・コルビュジエ
アルヴェ橋　ジュネーヴ　R.マイヤール
格納庫　オルビエト　P.L.ネルヴィ
カウフマン邸（落水荘）ベアーラン　F.L.ライト

スペイン人民戦線内閣成立
2・26事件
ドイツ軍　ラインランド進駐
レオン・ブルム人民戦線内閣成立（仏）
スペイン内乱　フランコ政権樹立
ドイツ・イタリア枢軸形成
日独防共協定成立
ソヴィエト社会主義共和国憲法（スターリン憲法）制定
西安事件
J.M.ケインズ（英）「雇用・利子および貨幣の一般理論」
老舎（中）「駱駝祥子」
M.ミッチェル（米）「風とともに去りぬ」
メシアン、ジョリヴェ（仏）他若きフランス派結成
S.プロコフィエフ（ソ）「ピーターと狼」
C.チャップリン（米）主演・監督「モダン・タイムス」

鉄鋼工作物築造許可規則公布
岸田日出刀「ナチス独逸の建築一色化とは」建築雑誌3月号　「日本的なもの」東京朝日新聞6月27〜28日
市浦健「建築生産の合理化」建築雑誌12月号
西山卯三「我国建築家の将来について」建築雑誌4月号
雑誌「東洋建築」創刊　相模書房
東京逓信病院　東京　山田守
宇部市民会館　宇部　村野藤吾
東京帝室博物館　東京　渡辺仁
若狭邸　東京　堀口捨己
阿部邸　東京　市浦健
日本万国博建国記念館設計図案懸賞　1等　高梨勝重

CIAM第5回　パリ〈住宅建築と余暇〉
国際住宅・都市計画会議　パリ〈国土計画〉
L.ミース v.d.ローエ（独）英より渡米
M.ブロイヤー（独）英より渡米
L.モホリ・ナギ（独）英より渡米　シカゴニューバウハウス設立
W.グロピウス（独）英より渡米
ル・コルビュジエ（仏）「中世の伽藍の白かった時」
パリ万国博〈近代生活における芸術と技術〉スペイン館　J.L.セント　フィンランド館　A.アアルト　スウェーデン館　S.I.リンド　日本館　坂倉準三　新時代館　ル・コルビュジエ
曲線型木製事務机　C.ペリアン

文化勲章制定
蘆溝橋事件　日華事変勃発
第2次国共合作成立（中）
イタリア　国際連盟脱退
日独伊3国防共協定成立
C.D.アンダーソン，S.H.ネッダマイヤー（米）中間子発見
A.I.オパーリン（ソ）「生命の起源」
P.ピカソ（西）「ゲルニカ」
J.スタインベック（米）「二十日鼠と人間」
永井荷風「濹東綺譚」

産業報国連盟設立
谷口吉郎「建築意匠学・序説」建築雑誌1月号
第一生命相互保険　東京　渡辺仁
東京女子大学講堂・チャペル　東京　A.レーモンド
大島測候所・大島　堀口捨己
慶応日吉寄宿舎　横浜　谷口吉郎
大連市公会堂建築設計懸賞競技　1等　前川國男

H.バイヤー（独）渡米
ル・コルビュジエ（仏）絵画個展　チューリッヒ
L.マンフォード（米）「都市の文化」
G.E.社（米）螢光灯実用化
カルテジアン摩天楼計画案　ヴェノスアイレス基本計画案　ル・コルビュジエ
タリアセン・ウェスト・フェニックス　F.L.ライト
チェルマイエフ邸　サセックス　S.チェルマイエフ

独墺合併　ズデーテン問題
国家総動員法公布
東大航研機　周回航続距離世界記録樹立
ヴィンソン海軍拡張案成立（米）
ミュンヘン英仏独伊4ヵ国会談
フランス人民戦線崩壊
カロザース（米）ナイロン発明
P.ミューラー（瑞）DDT発見
O.ハーン，E.シュトラスマン（独）ウラン核分裂発見
J.P.サルトル（仏）「嘔吐」
火野葦平「麦と兵隊」
J.ジロドウ（仏）「オンディーヌ」
リーフェンシュタール（独）「民族の祭典」

		坂倉準三——略歴・活動	坂倉準三——作品
1939	昭和14	フランスより帰国（3月） 文化学院院長西村伊作　次女百合と結婚　目黒中丸に住居兼アトリエをかまえる 渡満　新京，承徳熱河遺蹟等視察　岸田日出刀　土浦亀城夫妻　村田政眞と同行 荷馬車に乗って河を渡る　右より岸田日出刀　土浦夫人　坂倉 新京南湖住宅地計画を手掛ける　前川事務所の丹下健三，浜口隆一らが手伝う 論文　「巴里万国博日本館について」　「忠霊塔建設と建築の記念性」	新京南湖住宅地計画案　旧満州国新京市 　→写真 木製収納家具　→写真
1940	昭和15	西澤文隆入所 新京ボートハウス計画のための渡満 長女はるな誕生 クラブ・シュメール（仲小路彰　小島威彦　深尾重光　川添紫郎　原智恵子　井上清一　ハール夫妻他）結成に参加　クラブ・シュメールは日本文化を先進的なシュメール文化とつながるものとして，その高揚発展を唱えたが同時にフランス帰りの芸術家達のサロンでもあった 駒田知彦　蠟恒治入所 アトリエを目黒より赤坂桧町　旧オーストリア領事館（当時クラブ・シュメールの事務所）へ移転 満州より帰国 坂倉建築事務所設立 商工省貿易局の委嘱によりシャルロット・ペリアンを貿易局輸出工芸指導官として招聘　この時ペリアンが持参したJ.プルーベの「Bâtiments de la Guerre - 1939」が後の組立建築研究の発端となった。 商工省貿易局主催　第2回工芸品輸出振興展審査員 日本建築学会展覧会委員会委員(—41) 論文　「新京南湖住宅地計画案」	新京南湖ボートハウス計画案　旧満州国新京市 　→写真 大日本忠霊塔競技設計応募案　→写真 海軍クラブハウス水交社計画案　霞ヶ浦 　→写真 古川邸計画案　東京都港区

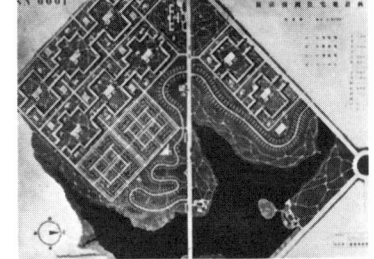

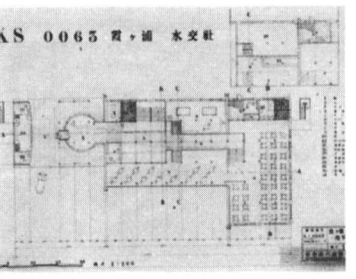

建築界――国内	建築界――海外	世界
 雑誌「現代建築」創刊　日本工作文化連盟	J.L.セルト（西）渡米 ニューヨーク博　フラッシングメドウ〈政治組織と生活の方法としてのデモクラシーの栄え――あすの世界〉フィンランド館　A.アアルト　ブラジル館　L.コスタ，O.ニーマイヤー　日本室　山脇巌 ロスコノ生物学研究所　成長する美術館計画案　ル・コルビュジエ フィンスベリー保健所　ロンドン　テクトングループ ジョンソン・ワックス会社事務所　ウィスコンシン　F.L.ライト スイス博セメントホール　チューリッヒ　H.ロイツィンガー グリックセン邸（マイレア邸）ノルマルクセルロース工場・住宅群スニラ　A.アアルト ロックフェラー・センター　ニューヨーク　ラインハルト，オフマイスター他（31―） 	ノモンハン事件 **米　日米通商条約廃棄通告** 国民徴用令公布 独ソ不可侵条約 ドイツ軍　ポーランド侵入 **第2次世界大戦勃発** プレーゲン（クルニオティス他ピュロス発掘　ネストル王宮殿発掘　線文字B文書出土（希） **零式艦上戦闘機完成** N.ボーア，ホイラー（米）原子核分裂理論 J.スタインベック（米）「怒りのぶどう」
丹下健三「ミケランジェロ頌」現代建築創刊号 堀口捨己「日本の現代記念建築物の様式について」建築雑誌9月号 大同都邑計画　内田祥三　高山英華 大阪中央郵便局　大阪　吉田鉄郎		
大日本産業報国会設立 建築資材統制 住宅営団発足　同潤会吸収 建築新体制促進同志会結成 C.ペリアン（仏）商工省工芸試験所の招きで来日 早川文夫「国民住宅の提唱」建築雑誌9月号 佐野利器「時局下建築家の覚悟」建築雑誌12月号 雑誌「国際建築」休刊 大日本忠霊塔懸賞設計　1等　1種　椋原正則　2種　竹崎文二　3種　星野昌一	ル・コルビュジエ（仏）アトリエ閉鎖　非占領地区へ移る　モデュロール研究着手 J.M.リチャーズ（英）「近代建築とは何か」 ヴァン・デン・ブローグ（米）「リミット・デザイン」 W.H.キャリア（米）「最新空気調和・暖房・換気」 ラネスザン住宅　ムロンダン住宅　ル・コルビュジエ 南の森の火葬所　ストックホルム　E.G.アスプルンド 	汪兆銘　国民政府樹立（中） イタリア　対英宣戦 パリ陥落　ペタン内閣成立　独仏休戦条約調印 **日本軍　仏印進駐** **日独伊3国同盟成立** **政党解散　大政翼賛会創立** ヴァティカンのサン・ピエトロ寺院地下でコンスタンティヌス帝のサン・ピエトロ寺院発見（伊） カール・プロブスト（米）ジープ原型 毛沢東（中）「新民主主義論」 E.ヘミングウェイ（米）「誰がために鐘は鳴る」 C.チャップリン（米）「独裁者」 A.ヒッチコック（米）「レベッカ」

		坂 倉 準 三 ── 略 歴・活 動	坂 倉 準 三 ── 作 品
1941	昭和16	シャルロット・ペリアン「選択，伝統，創造」展開催に協力  海軍の依頼により最初の組立建築を東京月島で試作実験する 	学習院計画案 海軍クラブハウス水交社　追浜　神奈川県横須賀市 飯箸邸（現在今泉篤男邸）東京都世田谷区　→写真 組立建築（─45）東京月島試作　→写真 審美堂・便利堂  
1942	昭和17	次女三保誕生 日本世界文化復興会主催　レオナルド・ダ・ヴィンチ展開催に協力　展示会場設計 　会場にあてられた上野産業館の内部につくられた立体的な展示会場はなんの変哲もないガランとした建物を魅力ある空間として美事に甦らせた　そして坂倉はパリ博日本館に接し得なかった日本の建築界にその力量の一端を示したのである 組立建築の研究および生産実施のため国土建設戦争組立建築研究所設立 日本建築学会大東亜建築委員会委員（─43） 論文　「オーギュスト・ペレーの諸作品，ペレーについて」	レオナルド・ダ・ヴィンチ展示会場　東京都台東区池之端　産業館　→写真 組立建築　東京根津試作　→写真  

148

| 建　築　界——国　内 | 建　築　界——海　外 | 世　　　界 |

建築界——国内:
- 重要産業団体令公布
- 建築学会「鉄骨構造計算規準」
- 田口正生　尚明　吉武泰水「建築新体制」新建築1月号
- 伊藤滋「新日本に於ける建築の体制」建築雑誌4月号
- 岸記念体育館　東京　前川國男
- 国民住宅懸賞設計競技　当選図案（1）内田祥文　谷内田三郎
- C.ペリアン　選択・伝統・創造展　東京

- 関門海底鉄道トンネル開通
- 建築学会座談会とアンケート〈大東亜共栄圏に於ける建築様式〉建築雑誌9月号
- レオナルド・ダ・ヴィンチ展　東京
- 前川國男「覚え書：建築の伝統と創造について」
- 西山夘三「住宅空間の用途構成に於ける寝食分離論」
- 「建築設計資料集成Ⅰ」発刊
- 大東亜建設記念造営計画設計競技　1等　丹下健三

建築界——海外:
- E.メンデルゾーン（独）パレスチナより渡米
- ワックスマン（独）渡米
- S.ギーディオン（瑞）「時間・空間・建築」
- ブレナード，マセー（米）「色彩調節の基礎原理」
- プレファブ格納庫　オルベッテロ　P.L.ネルヴィ

- 地域共同開発運動（コミュニティ・デベロップメント）（英）
- ル・コルビュジエ（仏）ASCORAL 創立
- N.ペブスナー（英）「ヨーロッパ建築序説」アルジェ基本計画案
- 緑の工場計画案　線状工業都市計画案　ペイリサック邸計画案　アフリカ　ル・コルビュジエ

世界:
- 武器貸与法成立（米）
- **生活必需物資統制令公布**
- **日ソ中立条約締結**
- **独ソ戦開始**
- **太平洋憲章**
- **太平洋戦争勃発　真珠湾攻撃**
- **ドイツ・イタリア対米宣戦**
- **日本軍　グアム，香港，マニラ，シンガポール，ラングーン，バターン半島，コレヒドール等占領**
- **戦艦大和竣工**
- 曹禺（中）「蛻変」
- O.E.P.メシアン（仏）「世界の終りのための4重奏曲」

- **ミッドウェー海戦**
- E.フェルミ（伊）原子核分裂実験成功
- 「深夜叢書」創刊（仏）
- M.ポンティ（仏）「行動の構造」
- R.カルナップ（米）「意味論序説」
- S.ランガー（米）「シンボルの哲学」
- A.カミュ（仏）「異邦人」
- M.カルネ（仏）「悪魔が夜来る」

		坂 倉 準 三 ── 略 歴・活 動	坂 倉 準 三 ── 作 品
1943	昭和18	目黒中丸の住居強制疎開となり五反田池田山の西村伊作邸に居を移す 中丸にて家族と 文化工作班としてマニラ日本文化会館建設に協力のため西澤文隆　駒田知彦　柳宗理らと渡比 フィリッピン独立祭，マニラ日本文化会館大東亜共栄展覧会設営に協力	
1944	昭和19	マニラより帰国 組立建築の新生産方式の研究および実施のため乃木坂付近に分室を設ける　軍需省の依頼により全国約20社の工場を組織し延 2 万坪を生産，またモデルハウスの全国巡回展を開催 家族を岐阜県羽島郡竹ヶ鼻町の郷里へ疎開させる	龍村邸　兵庫県宝塚市　→写真 組立建築　巡回展示モデル　→写真
1945	昭和20	東京大空襲（ 3 月10日）で赤坂桧町の事務所周辺焼野原となる 空襲（ 5 月25日）で住居であった五反田西村邸，目黒の事務所寮焼失 広尾の仲小路彰邸に居を移す　ここで終戦をむかえる	

建築界――国内	建築界――海外	世 界
伊東忠太　文化勲章受賞 藤島亥治郎「大東亜建築の構想」建築雑誌8月号 建築学会「南方建築指針」 在盤谷日本文化会館設計競技　1等　丹下健三	リオ・デ・ジャネイロ教育保健省　L.コスタ　O.ニーマイヤー	ガダルカナル島撤退開始 スターリングラード攻防戦　独軍大敗 北アフリカ戦線枢軸軍敗退 連合軍　イタリア上陸　イタリア降伏 カイロ宣言 テヘラン会談　第2戦線結成合意 登呂遺跡発見 朝永振一郎「超多時間理論」 J.P.サルトル（仏）「存在と無」 D.リリエンソール（米）「TVA」
浜口隆一「日本国民建築様式の問題」新建築1〜10月号 「建築雑誌」「新建築」休刊	工業デザイン協議会設立（英） ル・コルビュジエ（仏）パリセーヴル街アトリエ再開 L.モホリ・ナギ（米）シカゴデザイン研究所設立 J.キーブス（米）「視覚言語」	連合軍　ノルマンディー上陸 サイパン島陥落 パリ解放 米軍　フィリッピン上陸開始 長距離爆撃機B29完成（米） V2号無人誘導弾完成（独） T.ウィリアムズ（米）「ガラスの動物園」
戦災復興院設置 建築学会　戦後都市計画及住宅対策に関する建議 「建築雑誌」復刊	C.D.ハリス，E.L.ウルマン　都市構造「多核心理論」 サンディエ都市計画案　ル・コルビュジエ	ヤルタ会談　ソ連対日参戦密約 B29　東京大空襲　本土爆撃激化 アラブ連盟成立 米軍　沖縄島上陸　占領 ルーズベルト没　トルーマン大統領就任（米） ドイツ軍　無条件降伏 ソ連対日参戦 米軍　広島・長崎原爆投下 ポツダム宣言受諾　太平洋戦争終結 インドネシア共和国独立宣言 アトリー労働党内閣成立（英） ベトナム民主共和国独立宣言 国際連合発足 占領軍　財閥解体　農地改革　国家神道分離等民主化指令 政党復活 新選挙法公布（婦人参政権） 東欧人民民主主義諸国成立 戦時統制廃止 ネヴァダで原子核爆発実験成功（米） 第1回サロン・ド・メ　パリ 趙樹理（中）「李家荘の変遷」 A.A.ファジェーエフ（ソ）「若き親衛隊」 R.ロッセリーニ（伊）「無防備都市」

		坂倉準三――略歴・活動	坂倉準三――作品
1946	昭和21	坂倉建築事務所を坂倉準三建築研究所と改称する 戦災復興組立建築に着手する 長男竹之助誕生 連合軍司令部技術本部の委嘱により連合軍関係設営設計を担当する（―52）	復興組立建築 龍村織物店　東京都中央区　→写真 鹿子木邸　東京都中野区
1947	昭和22	竹製家具の研究開発のため三保建築工芸株式会社を設立　静岡県島田工場およびアトリエにおいて竹製家具を製作　銀座の民芸店たくみで販売する	白雲ビル　大阪府大阪市 斎藤商店　東京都港区 日本工芸振興展示計画 龍村邸　東京都千代田区　→写真 上村松園邸　奈良県奈良市 高松宮邸改装　東京都港区 岡谷邸改装　東京都大田区
1948	昭和23	家族　疎開先の郷里羽島より広尾に帰京 坂倉準三建築研究所大阪支所を西区京町堀に開設する	高島屋和歌山支店　和歌山県和歌山市　→写真 ロー・コスト・ファニチャー国際競技設計 （竹製家具）　→写真

建 築 界 ── 国 内	建 築 界 ── 海 外	世 界
〈住宅よこせ〉大会 住宅営団閉鎖　住宅復興会議設立 「新建築」復刊 「建築文化」「土建情報（近代建築）」創刊 プレモス　ミド同人　前川國男 	ニュータウン法制定（英） W.グロピウス（米）TAC結成 サンゴーダン、ラ・ロシェル都市計画　ル・コルビュジエ リィンバーン地区再建計画　アムステルダム　J.B.バケマ（蘭） 他（―53） プライウッドチェアー　C.イームズ 	天皇の人間宣言 **占領軍　軍国主義者の公職追放　超国家主義団体解散指令** イタリア共和制成立 フィリピン独立 国共内戦再開（中） **日本国憲法公布** インドシナ戦争勃発 エッカート、モークリー（米）弾道計算用電子計算機ENIAC 坂口安吾「堕落論」 デ・シーカ（伊）「靴みがき」
キャサリン台風 西山夘三他　NAU（新日本建築家集団）結成 浜口隆一「ヒューマニズムの建築」 西山夘三「これからのすまい」 紀伊国屋書店　東京　前川國男  広島平和記念聖堂指名競技設計	CIAM第6回　イギリス　ブリッジウォーター〈ヨーロッパ復興〉 都市および国土計画法・自然保護法制定（英） F.キースラー（米）「魔術的建築」 大ロンドン計画　P.アーバークロンビー ル・コルビュジエ（仏）「国連本部敷地調査報告」 国連ビル計画案「23A」CIAM格子　ル・コルビュジエ ハーローニュータウン計画（英）F.ギバード カウフマン邸　パームスプリング　R.ノイトラ プロイヤー邸　ニューカナン　M.ブロイヤー	占領軍　2・1ゼネスト禁止 米英仏ソ4大国外相会議　モスクワ トルーマン・ドクトリン（米） **教育基本法、学校教育法公布（6・3・3・4制　新学制実施）** **労働基準法公布** 片山社会党連立内閣成立 マーシャル・プラン発表（米） インド、パキスタン自治領成立 コミンフォルム結成（ソ） 第4共和制成立（仏） 登呂遺跡発掘開始 N.ルカーチ（洪）「実存主義かマルクス主義か」 N.ウィーナー（米）「サイバネティックス理論」 R.フォンタナ（伊）他〈空間主義〉 A.カミュ（仏）「ペスト」 T.ウィリアムス（米）「欲望という名の電車」 S.プロコフィエフ（ソ）「戦争と平和」
福井地震 日本建築設計監理協会設立 建設省設置 日本学術会議制定 公営鉄筋アパート　高輪　東京都建築局  藤村記念堂　長野　谷口吉郎 慶応義塾大学附属病院　東京　前川國男 仙台市公会堂競技設計　1等　武基雄	UIA第1回（国際建築家連盟）スイス　ローザンヌ 第1回国際建築家学生会議　ミラノ 大自然改造計画発表（ソ）	ビルマ独立 チェコ政変 西ヨーロッパ連合条約 ベルリン封鎖開始 イスラエル共和国成立 大韓民国成立 朝鮮民主主義人民共和国成立 **極東国際軍事裁判判決** 中国人民解放軍　北京無血入場 **占領軍　経済安定9原則指示** バーディン、ブラッティン、ショックリー（米）トランジスター発明 H.ゼーデルマイヤー（墺）「中心の喪失」 N.メイラー（米）「裸者と死者」 **大岡昇平「野火」** シェフェル（仏）コンクレート・ミュージック

		坂倉準三——略歴・活動	坂倉準三——作品
1949	昭和24	ニューヨーク近代美術館主催 ローコスト・ファニチャー国際競技設計に応募 竹製椅子佳作入選  法隆寺にて	十條製紙社宅群計画案 ハールスタジオ改造 中村邸　東京都中央区
1950	昭和25	大阪スタジアムの設計でプレキャスト・コンクリートによる外壁を試みる  大阪スタジアム現場にて 高島屋大阪難波新館増改築（高架下ブロードフロア）完成 　この増改築は高島屋の地階とそれに接する南海電鉄ターミナルの高架下に設けられた売場を設備ダクト壁の撤去，階段の改造新設によって接続することが目的であった　坂倉は当時製造され出したアルミ材，アクリライト，蛍光灯を積極的に用いて白を基調とした空間に鮮かな色彩を配して円滑な人の流れと高架下を忘れさせるのびやかな空間をつくり出した 　このブロードフロアにおけるターミナル動線の処理と商業空間としての成功は以後坂倉が1952年に始まる渋谷ターミナルそして1961年に始まる新宿西口ターミナル等の一連の都市改造を手掛け都市行政や再開発問題への大きな発言力を持つにいたる最初の切っ掛けを与えることになる 住居を広尾から赤坂桧町の事務所内へ移す 神奈川県立近代美術館指名競技設計（坂倉準三　谷口吉郎　前川國男　山下寿郎　吉村順三）に実施案として採用決定 大阪支所ジェーン台風のため被災，西区京町堀の帽子会館ビル内に移転	王子製紙社宅群計画案 北荘画廊改造 東京立正女子高等学校　東京都杉並区 裁判所競技設計　宮崎・小倉・大阪・静岡 大阪スタジアム　大阪府大阪市　→写真 高島屋大阪難波新館増改築　大阪府大阪市 　→写真 一万田邸 加納久朗邸　東京都新宿区　→写真   

建　築　界　——　国　内	建　築　界　——　海　外	世　　　界
建築業法公布 新制作派協会建築部新設 「NAUM」創刊 全造船会館　東京　NAU 戸山ハイツ　東京　建設省 戸山ヶ原都営アパート　東京　建設者 広島平和記念公園・記念館指名競技設計　1等　丹下健三	CIAM第7回　イタリア　ベルガモ〈住居の連続性〉 プライウッド量産開始（米） MIT学生寄宿舎　マサチューセッツ　A.アアルト ジョンソン邸（ガラスの家）　ニューカナン　R.ジョンソン  イームズ邸　サンタモニカ　C.イームズ	トルーマン　フェア・ディール政策 法隆寺壁画焼失 ドッジ・ライン指令 北大西洋条約機構（NATO）成立 ドイツ連邦共和国（西独）成立 下山事件　三鷹事件　松川事件 シャウプ税制改革勧告 ソ連第1回核実験　原爆保有公表 中華人民共和国成立 ドイツ民主共和国（東独）樹立宣言 国民政府　台北後退 湯川秀樹　ノーベル賞受賞 ジェット旅客機実用化（英） ボーヴォワール（仏）「第二の性」 A.ミラー（米）「セールスマンの死」 ショスタコーヴィッチ（ソ）「森の歌」
国土総合開発法公布 建築基準法　建築士法公布 住宅金融公庫法　文化財保護法公布 文化財保護委員会発足 第1回建設白書発表 吉阪隆正　渡仏　ル・コルビュジエアトリエ入所（—53） 「国際建築」復刊 立体最小限住宅　東京　池辺陽  八勝館御幸の間　名古屋　堀口捨己 神奈川県立近代美術館指名競技設計　坂倉案採用	第20回国際住宅・都市計画会議　アムステルダム メキシコシティ大学都市建設開始　M.パニ他 B.ゼヴィ（伊）「有機的建築へ」 ル・コルビュジエ（仏）「モデュロール」 ポルト・マイヨー計画50　マルセーユ　ヴェール計画案　ボゴタ イスミール都市計画案ボゴタ計画案　ル・コルビュジエ トリノ展示ホール　イタリア　P.L.ネルヴィ ジョンソン・ワックス会社研究所　ウィスコンシン州ラ・シーヌ　F.L.ライト ファンスワース邸　イリノイ州プラノ　L.ミースv.d.ローエ 	トルーマン　水爆製造決定（米） 中ソ友好同盟相互援助条約 シューマン・プラン発表（仏） 民間貿易再開 朝鮮動乱勃発 金閣寺焼失 警察予備隊発足 レッド・パージ開始 考古研究所郭宝鈞他安陽武官村の殷大墓発掘開始（中） ビアジョ・パーチェ　ピアッツア・アルメリーナ離宮モザイク床組織的発掘開始（伊） 黒沢明「羅生門」

		坂倉準三――略歴・活動	坂倉準三――作品
1951	昭和26	母 あい没 享年87歳 第1回サンパウロ ビエナール国際美術展 　建築審査員としてブラジル・サンパウロ市近代美術館，ブラジル建築協会の招聘により渡伯 武基雄と同行 この間同展建築審査員としてル・コルビュジエに建築大賞を贈る また両氏は文化使節として在伯日系人の盛んな歓迎を受ける 帰途北米，フランス，スイス，イタリア，トルコ，等視察（―52）  サンパウロにて 右 坂倉準三 左 武 基雄	吉奈温泉計画案 西武商店　大阪府大阪市 西田幾多郎碑　神奈川県鎌倉市　→写真 東京日仏学院　東京都新宿区　→写真 神奈川県立近代美術館（指名競技設計）神奈川県鎌倉市　→写真 クラブ関東　東京都千代田区 塩野義製薬東京支店　東京都中央区 料亭"泉"旅館　大阪府大阪市 ゼニエ邸　東京都渋谷区   
1952	昭和27	東京急行電鉄五島慶太の依頼により東急会館（現在東急百貨店東横店）の設計始まる 　坂倉はこれ以後1970年渋谷西口ビル完成までの18年間にわたって副都心渋谷と取り組むことになる 日本建築設計監理協会会員 日本建築学会学会賞委員会委員  次女三保の運動会にて長男竹之助と	渋谷総合計画案 クラブ関西　大阪府大阪市　→写真 神奈川県立音楽堂・図書館指名競技設計 高島屋地下道　東京都中央区 ＡＩＵ座間出張所　神奈川県高座郡 寺田甚吉邸　東京都品川区 奥村邸　東京都世田谷区 木製肘掛椅子　→写真  

建築界——国内	建築界——海外	世界
土地収用法公布 公営住宅法公布 NAU 解散 日本都市計画学会設立 ワイドリンガー，竹山謙三郎〈リーダース・ダイジェスト東京支社構造〉論争 池辺陽「現代のデザイン」国際建築2月号 リーダース・ダイジェスト東京支社　東京　A. レーモンド	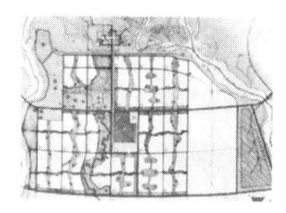 CIAM 第8回　ロンドン近郊ホッデスドン〈都市のコア〉 UIA 第2回　モロッコ　ラバト〈建築はその当面する任務をいかに対処するか〉 第1回国際デザイン会議　ロンドン 第1回サンパウロ・ビエナール 大英国博　ロイヤルフェスティバルホール　ロンドン　R. H. マシュー他 インド　パンジャブ州首都　チャンディガール建設着工・基本計画　ル・コルビュジエ	マッカーサー解任 **サンフランシスコ講和条約　日米安全保障条約調印** チャーチル内閣成立（英） 四川省資陽県で資陽人骨発見（中） レミントンランド社（米）コンピューターユニバック1 毛沢東（中）「実践論」 J. P. サルトル（仏）「悪魔と神」 S. ダリ（西）〈神秘宣言〉
森邸　東京　清家清 海外市場調査会 (JETRO) 設立 日本宣伝美術会 (日宣美 JAAC) 結成	サンディエの工場　南マルセーユ計画案　チャンディガール　カピトール計画　ル・コルビュジエ ローマ終着駅　E. モントゥーリ他 レイク・ショアー・ドライブ・アパートメント　シカゴ　L. ミース v. d. ローエ サイネトサロタウンホール　フィンランド　A. アアルト	
全国土建労働組合連合（土建総連）結成 日本相互銀行本店　東京　前川國男	 都市拡張法制定（英） ヴェリンビイ団地着工　ストックホルム　S. マルケリウス他 タピオラ団地着工　ヘルシンキ　ヘイキ・ヘルツェン フック・ニュータウン計画案　L. C. C. J. レーヴァイ（洪）「建築の伝統と近代主義」 L. マンフォード（米）「芸術と技術」 ユニテ・ダビタシオン　マルセーユ　ル・コルビュジエ	日米行政協定成立 メーデー事件 破壊活動防止法施行 エジプト革命　ファルーク王亡命 ブレーゲン（英）ピュロス発掘再開（—64） ヴェントリス（英）線文字B解読成功 M. タピエ（仏）アンフォルメル組織〈アンフォルメルの意味するもの〉展 F. フォンタナ（伊）〈空間主義・技術宣言〉 H. ローゼンバーグ〈アクション・ペインティング〉 E. ヘミングウェイ（米）「老人と海」 野間宏「真空地帯」 ドイツ・ケルン放送局　電子音楽実験開始
日活国際会館　東京　竹中工務店 東京都庁舎指名競技設計　丹下案採用 日本インダストリアルデザイナー協会 (JIDA) 結成 R. ローウィ　煙草「ピース」デザイン	国連ビル　ニューヨーク　W. ハリソン他 アルコア・ビル　ピッツバーグ　M. アブラモヴィッツ メキシコ大学都市図書館　J. オゴルマン他 レヴァーハウス　ニューヨーク　SOM	

		坂倉準三——略歴・活動	坂倉準三——作品
1953	昭和28	 事務所入口付近	建設省53年型重層式アパート　東京都江東区 東京銀行丸子クラブ　神奈川県川崎市　→写真 藤田外科医院　大阪府大阪市 越の湯観光ホテル　和歌山県勝浦温泉 東京ラグビークラブ　東京都港区 
1954	昭和29	東急会館完成 　これは国鉄線，玉川線，井ノ頭線，地下鉄線の総合駅を含む公共部分の上に百貨店売場　東横ホールを持ち，地下鉄線上を3層の跨線廊によって隣接する旧館と結ぶという複雑な機能を持ったターミナルビルであった 　地上43ｍの高さを持つ東急会館は広場を含めた総合計画によって建築審査会を通過し当時の31ｍ建築高さ制限を越えた東京における最初の建築となると同時にターミナルビルを拠点とする都市改造手法の出発点となった 　また当時としては最初のＰＳプレキャストコンクリート板による外壁とアルミカーテンウォールの採用，跨線廊の構造計画，東横ホールの音響設計等を含むこの建築の設計監理の経験はその後の坂倉建築研究所の発展に大きな基礎を与えた  将棋会（昭和30年夏　於今泉邸） 左より宮田重雄　角川源義　久保守　梅原龍三郎　坂倉準三　今泉篤男 坂倉は将棋を愛好した　腕前も相当であったが，独特のねばり強さと長考で仲間を悩ませた	関西電力丸山発電所　岐阜県加茂郡　→写真 東急会館　東京都渋谷区　→写真 岡本太郎邸　東京都港区　→写真 加納久朗邸　東京都港区 武田健一邸　兵庫県西宮市 室賀国威邸　兵庫県西宮市　→写真 鈴木剛邸　兵庫県芦屋市 井上匡四郎邸　東京都世田谷区    

建築界――国内	建築界――海外	世界
伝統論争起こる 法大大学院 東京 大江宏 丹下邸 東京 丹下健三 有富邸 東京 吉村順三 国会図書館競技設計 建築著作権問題 ひも椅子 渡辺力	CIAM第9回 フランス エザン・プロヴァンス〈コミュニティの規模〉チーム・テン結成 UIA第3回 リスボン 第2回国際デザイン会議 パリ ユニテ・ダビタシオン ナント・ルゼ ル・コルビュジエ フォード・ロータンダドーム デアボーン B.フーラー モスクワ大学 L.ルードネフ他	アイゼンハワー大統領就任（米） テレビ放送開始 スターリン没 後任マレンコフ（ソ） 英国隊エベレスト初登頂 朝鮮休戦協定成立 S.ベケット（仏）「ゴドーを待ちながら」
日本建築学生会議結成 W.グロピウス来日 神奈川県立図書館・音楽堂 横浜 前川國男  国会図書館競技設計 1等 ミド同人 前川國男 成型合板椅子 水之江忠臣 産業工芸指導所主催〈デザインと技術〉展	フルシチョフ（ソ）ソ連建築批判 A＆P.スミッソン（英）他ドールン宣言 第2回サンパウロ・ビエナール 国際大賞 W.グロピウス スミッソン（米）ニューブルータリズム F.キャンデラ（墨）「立体構造論」 ノートル・ダム・デュオー教会 ロンシャン ル・コルビュジエ  ヴィルゲン・ミラグローサ教会 メキシコシティ F.キャンデラ 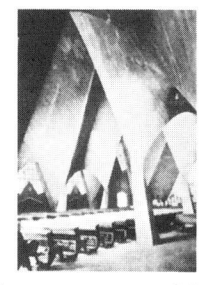 エール大学美術館 ニューヘヴン L.カーンハンスタントン中学校 ノーフォーク A＆P.スミッソン 実験住宅 ミュードン J.プルーヴェ	日米MSA協定調印 ビキニ水爆実験被災 ジュネーヴ会議 インドシナ休戦協定調印 周恩来・ネルー会談 平和5原則共同声明 防衛庁・自衛隊発足 SEATO（東南アジア条約機構）成立 中華人民共和国憲法公布 パリ協定調印 カマール（エ）大ピラミッド南側地区で「クーフ王の船」発見 工業用原子力発電所操業開始（ソ） 原子力潜水艦ノーチラス号進水（米） C.エスチェンヌ（仏）〈タシズム〉 I.G.エレンブルグ（ソ）「雪どけ」

		坂 倉 準 三 ——略 歴・活 動	坂 倉 準 三 ——作 品
1955	昭和30	ル・コルビュジエ レジェ ペリアン3人展〈芸術の綜合への提案—巴里1955〉開催に協力 右より坂倉準三 ペリアン 高松宮殿下 国立西洋美術館計画のため ル・コルビュジエ来日 桂離宮にて コルビュジエとともに 日本建築設計監理協会理事（—56） 日本建築学会創立70周年記念事業委員会委員 ディーゼル博士記念庭園（西独 アウグスブルグ市立公園）設計準備のため渡独 往途 印度 パンジャブ州新首都チャンディガールにル・コルビュジエ訪問 帰途 西独 イタリー フランス 北米視察（—56） ル・コルビュジエ「マルセイユの住居単位」「輝く都市」翻訳出版 ターミナルビルとして難工事であった渋谷東急会館の設計と施工の記録をまとめた「東急会館工事報告」編集発行 国際文化会館指名競技設計 後に指名建築家三者（坂倉準三 前川國男 吉村順三）の共同設計となる	国際文化会館（前川國男 吉村順三と共同設計）東京都港区 →写真 塩野孝太郎邸 兵庫県西宮市 →写真 松下正治邸 兵庫県西宮市 →写真 合板製小椅子 →写真
1956	昭和31	ディーゼル博士記念庭園の実物モデルを芦屋市打出に設け造園を研究する 庭石の採集 兵庫県猪名川上流にて 日本建築学会学会賞委員会委員，設計計画委員会委員（—60） 神奈川県建築賞受賞〈神奈川県立近代美術館〉 日本建築学会賞受賞〈国際文化会館〉（前川國男 吉村順三と共同設計）	東急文化会館 東京都渋谷区 →写真 村川邸 兵庫県芦屋市 出光興産支店及給油所 京都 岡山駅前

建 築 界——国内	建 築 界——海外	世 界
丹下健三「近代建築をいかに理解するか」新建築1月号	アスペンデザイン会議　アメリカ	アジア・アフリカ会議（バンドン会議）
ル・コルビュジエ来日	マックスビル（独）ウルム造形大学設立	ワルシャワ条約機構成立
法隆寺　昭和大修理完了	ル・コルビュジエ（仏）「モデュロールⅡ」	米英仏ソ4カ国会談　ジュネーヴ
日本住宅公団発足	サラバイ邸　アーメダバッド　ル・コルビュジエ	第1回原水爆禁止世界大会
池辺陽「日本的デザインといかに取りくむか」新建築2月号	MIT講堂・礼拝堂　マサチューセッツ　E. サーリネン	バグダード条約参加国　中東条約機構（METO）結成
図書印刷原町工場　静岡　丹下健三　横山不学	GM技術センター　ウォレン　E. サーリネン	M. シャノン（米）カリフォルニア大学で反陽子発見
国際文化会館　東京　前川國男　坂倉準三　吉村順三	スペース・フレーム　C. ワックスマン	W. ディズニー（米）ディズニーランド設立　ロスアンゼルス
広島ピースセンター　広島　丹下健三		H. ゼーデルマイヤー（墺）「近代芸術の革命」
		E. フロム（米）「正気の社会」
ル・コルビュジエ　レジェ　ペリアン3人展　東京		
グッドデザインコーナー開設　銀座松屋		
〈グラフィック'55〉展　東京		
首都圏整備法公布	CIAM第10回　ユーゴ　ドゥブロヴニク〈住宅〉〈改組と存続問題〉	第20回共産党大会　スターリン批判（ソ）
佐久間ダム完成	I. H. T. P. C. 第23回　ウィーン	スエズ運河国有化宣言（エ）
日本建築家協会発足（日本建築設計監理協会解消）	ヴェネツィア・ビエンナーレ　日本館　吉阪隆正（金賞受賞）	日ソ国交回復共同宣言
浜口隆一　竹山謙三郎〈不安感〉論争	チャンディガール最高裁判所　ショーダン邸　アーメダバット　ジャウル邸　ヌイリー・シュール・セーヌ　ル・コルビュジエ	ハンガリー事件
丹下健三「現代建築の創造と日本建築の伝統」新建築6月号	イリノイ工科大学クラウン・ホール　シカゴ　L. ミース v.d. ローエ	イスラエル軍　エジプト侵入　スエズ動乱
白井晟一「縄文的なるもの」新建築8月号	H. C. プライス　タワー　ウィスコンシン州バルトレスヴィル　マイルタワー計画案　F. L. ライト	国際連合加盟
N. カーヴァー（米）「日本建築の形と空間」	シドニー・オペラ・ハウス競技設計　1等　J. ウッツォン	エメリー他ヌビアで発掘開始（エ）
岡本太郎「日本の伝統」	首都ブラジリア　マスタープラン競技設計　1等　L. コスタ	カリフォルニア大学で核融合反応実験成功（米）
「Japan Architect」創刊　新建築社		C. ウィルソン（英）「アウトサイダー」
日本デザイナー・クラフトマン協会（JDCA）設立		B. L. パステルナーク（ソ）「ドクトル・ジバゴ」
成型合板スツール　柳宗理		三島由紀夫「金閣寺」

		坂倉準三――略歴・活動	坂倉準三――作品	
1957	昭和32	ディーゼル博士記念庭園造園のため渡独 ヴィッテルバッハ公園の現場にて 第11回ミラノ・トリエンナーレ展日本代表委員　日本部会場設営　帰途　コペンハーゲン　デンパー等視察 大阪支所の事務所を西区京町堀に新築、帽子会館より移転 大阪支所 日本建築家協会理事（―58）	渋谷総合計画案 多摩動物園駅舎等計画案 坂倉準三建築研究所大阪支所　大阪府大阪市 塩野義製薬大森寮　東京都大田区 ディーゼル博士記念庭園　西ドイツ　アウグスブルク　→写真 第11回ミラノ・トリエンナーレ展示計画　イタリア 塩野義製薬西宮寮　兵庫県西宮市 南海会館　大阪府大阪市　→写真 カナダトロント市庁舎国際競技設計 藤山愛一郎邸　東京都港区 岡谷順之助邸　東京都港区 松本幸四郎邸　東京都港区　→写真 出光興産支店及給油所　中国　神戸　横浜羽衣町　西舞鶴	
1958	昭和33	フランスより返還される松方コレクション収蔵のため建設される国立西洋美術館（ル・コルビュジエ設計）　実施設計監理に前川國男　吉阪隆正とともに協力（57―） 国立西洋美術館の現場にて 仏文化相として来日の アンドレ・マルローと 日本建築家協会秩序保持委員会委員長　日本建築家協会憲章の検討作成にあたる 日本建築学会メートル法・建築モデュール委員会委員（―64） 通産省デザイン奨励審議会委員　同専門分科会長（―68）	白木屋増改築　東京都中央区　→写真 クラブ関西新館　大阪府大阪市　→写真 高松邸　兵庫県尼崎市 出光興産支店及給油所　四貫島　西宮北口	

建 築 界 ——国 内	建 築 界 ——海 外	世　　界
日本技術士法公布 自然公園法公布 高速自動車道法公布 東京都庁舎　東京　丹下健三 京都会館指名競技設計　1等　前川國男 世田谷区民会館競技設計　1等　前川國男 横浜シルクセンター指名競技設計　1等　坂倉準三 通産省グッド・デザイン第1回選定 渡辺力　藤椅子　第11回ミラノ・トリエンナーレ金賞受賞 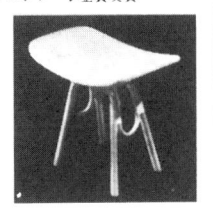	動く建築研究会（GEAM）結成 国際デザイン協会（ICID）設立 A&P.スミッソン（英）「変化の美学」 I.ネイアス（英）都市論「サブトピア概念」 E.R.デ・ザーコ（米）「機能主義理論の系譜」 第11回ミラノ・トリエンナーレ展日本初参加 J.ゴットマン（米）「メガロポリス」 J.ケリー，M.ウォーカー（米）CPM方式開発 インターバウ（国際建築展）ベルリン　ハンザ　ル・コルビュジエ他の集団住宅 繊維協会会館　文化センター　美術館　アーメダバット　ユニテ・ダビタシオン　ブリー・アン・フォレ　ル・コルビュジエ リビングシティ　フィラデルフィア　L.カーン ベルリン再建計画国際競技設計　1等　H.V.ゲルゼンキルヘン　3等　A&P.スミッソン 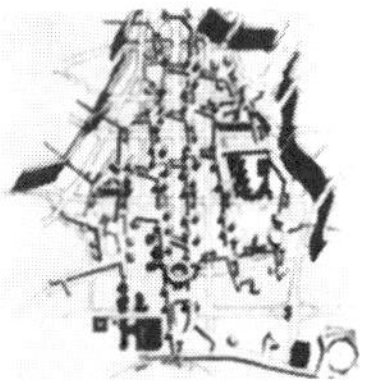  	アイゼンハワー大統領　新中東政策（アイク・ドクトリン）発表（米） **南極観測隊　オングル島上陸　昭和基地設営** ガーナ独立 大陸間弾道弾（ICBM）実験成功（ソ） **国連安保理事会非常任理事国当選** 大陸間弾道弾（ICBM）実験成功（米） 第1回AA諸国会議　カイロ ソ連人工衛星第1号スプートニク打上げ J.ケリー（レミングストン社），M.ウォーカー（デュポン社）他　CPM方式研究開発（米） ハーウェル原子力研究所（英）核融合反応実験成功 S.ランガー（米）「芸術とは何か」 キネティックアート〈光と動き〉展　パリ
	ラウンジチェアー　C.イームズ	
関門国道トンネル開通 首都圏市街地開発地域整備法公布 丹下健三　AIA汎太平洋賞受賞 スカイハウス　東京　菊竹清訓 国立競技場　東京　建設省 香川県庁舎　高松　丹下健三	 ブリュッセル万国博〈より人間的世界へのバランスシート，科学文明とヒューマニズム〉フィリップス館　ル・コルビュジエ　日本館　前川國男（金賞授賞） フンデルトヴァッサー（墺）「建築合理主義・壊敗宣言」 チャンディガール州庁舎　パンジャブ　ル・コルビュジエ シーグラム・ビル　ニューヨーク　L.ミースv.d.ローエ	アラブ連合共和国成立 フルシチョフ首相就任（ソ） イラク革命　共和制成立 第5共和制成立　ド・ゴール（仏） **日米安保条約改定交渉開始** アメリカ人工衛星第1号エクスプローラー打上げ
住宅公団晴海高層アパート　東京　前川國男 住宅公団香里団地　大阪　住宅公団	エール大学室内アイスホッケー場　ニューヘヴン　E.サーリネン 国立工業技術センター　パリ　B.H.ゼルフス，J.プルーヴェ エッグチェアー　A.ヤコブソン	

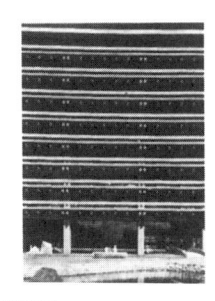

		坂倉準三——略歴・活動	坂倉準三——作品	
1959	昭和34	世界デザイン会議日本運営会理事　同実行委員長（—60） 世界デザイン会議について賛否両論であった都市・建築・デザイン界等多方面の意見をまとめ，また財源の確保その他全般にわたって会議実現のため尽力する 神奈川県建築賞受賞〈シルクセンター国際貿易観光会館〉  白馬八方尾根スキー場にて	シルクセンター国際貿易観光会館（指名競技設計）　神奈川県横浜市　→写真 羽島市庁舎　岐阜県羽島市　→写真 日本楽器ビル　静岡県浜松市 心斎橋筋アーケード　大阪府大阪市 白馬東急ホテル　長野県北安曇郡　→写真 柳月堂菓子舗　大阪府大阪市 大阪厚生年金会館競技設計 安部邸　兵庫県西宮市 野田邸　東京都港区 神保邸　大阪府箕面市 リビ邸　兵庫県神戸市 出光興産支店および給油所　国分　坂出　八尾　吉祥院　塚口　高知橋　岩国　舞鶴　神戸税関前   	
1960	昭和35	第12回ミラノトリエンナーレ展日本代表委員 日本部設営のため渡欧　帰途　バーゼル　ベルリン　カイロ等視察 日本建築家協会理事再任（—61）　運営委員会委員長 ページーゲル企画の国際巡回展「ル・コルビュジエ」の日本展開催に協力 シャルロット・ペリアン設計　エール・フランス東京の実施設計監理に協力 メキシコ建築家協会名誉会員〈メキシコの建築及び都市計画に寄与〉  照明学会関西支部賞受賞〈大阪心斎橋筋アーケード〉 建築業協会賞受賞　照明学会賞受賞　〈シルクセンター国際貿易観光会館〉 日宣美より表彰を受ける〈世界デザイン会議の強力な推進者としての功労〉	新宿副都心地区計画案 東京ヒルトンホテル計画案 日本医師会館改装　東京都千代田区 京王帝都電鉄渋谷駅　東京都渋谷区 上野市公民館　三重県上野市 大阪府立勤労青少年ホーム　大阪府大阪市 日本楽器ヤマハ荘　静岡県浜名郡 専念寺本堂　東京都新宿区　→写真 芦有開発株式会社本社　兵庫県芦屋市 出光興産神戸油槽所社宅　兵庫県神戸市 近鉄大淵センター　奈良県奈良市 第12回ミラノトリエンナーレ展示計画　イタリア　→写真 松下六甲山荘　兵庫県神戸市 大阪府立阪南高等学校（第1期）大阪府大阪市 仁木邸　兵庫県西宮市 宮本邸　大阪府大阪市 出光興産支店および給油所　伊勢　呉　瀬戸　新居浜　箕面　池袋　姫路　広島東　十三　松江　茅ヶ崎　熱田　横浜元町  	

建 築 界 ── 国 内	建 築 界 ── 海 外	世 界
メートル法施行 首都高速度道路公団発足 二川幸夫 伊藤ていじ「日本の民家」毎日出版文化賞受賞 塔状都市案 菊竹清訓 国立西洋美術館 東京 ル・コルビュジエ  国際貿易センター展示館2号館 東京 村田政真	CIAM第11回 最後の会議 オランダ ロッテルダム 激論の末解散 F.L.ライト（米）没 「エンドレス・ハウス」F.キースラー  ブラジル学生会館 パリ ル・コルビュジエ，L.コスタ ピレリー・ビル ミラノ G.ポンティ，P.L.ネルビー グッゲンハイム美術館 ニューヨーク F.L.ライト  ローハンプトン団地 ロンドン G.L.C. ジュネーブWHO指名競技設計 1等 M.J.チュミ トロント市庁舎国際競技設計 1等 V.レヴェル レオポルドビル文化センター国際競技設計	ヨーロッパ共同市場（EEC）発足 キューバ革命 カストロ首相就任 **日米安保条約改訂問題国論沸騰** チベット反乱 フルシチョフ訪米 キャンプ・デービッド会談 フルシチョフ訪中 中ソ意見対立激化 アレックス・イシゴニス（英）小型車モーリス・ミニ・マイナー ソ連宇宙ロケット 月面到達 徐旭生 偃師二里頭の殷代早期遺跡発見（中） J.ティンゲリ（瑞）「自動デッサン機械」
東海道幹線自動車国道建設法第129号 世界デザイン会議 東京  メタボリズムグループ結成 雑誌「建築」創刊 青銅社 京都会館 京都 前川國男 関西電力ビル 大阪 竹中工務店 大和文華館 奈良 吉田五十八 第1回グッド・デザイン展 東京	R.バンハム（英）「第1次機械時代の理論とデザイン」 ラ・トゥーレット修道院 リヨン チャンディガール議事堂 ル・コルビュジエ ガラス時代開発委 J.E.ジェリコ 「モートピア」 ポストオフィスタワー ロンドン 公共建築省 スポーツパレス ローマ P.L.ネルヴィ ユニオンカーバイドビル ニューヨーク SOM ブラジリア三権広場 L.コスタ，O.ニーマイヤー ハーレンジードルンク ベルン アトリエ5 子供の家 アムステルダム A.V.アイク	**新日米安保条約 行政協定調印** フランス 第1回原爆実験 韓国政変 李承晩亡命 **安保反対闘争激化 新安保条約発効** コンゴ動乱 キューバ人民大会「ハバナ宣言」 世界81カ国共産党・労働者党代表者会議「モスクワ宣言」 経済協力開発機構（OECD）条約調印 国連総会「植民地解放宣言」 南ヴェトナム民族解放戦線（ベトコン）結成 アフリカ17カ国独立 J.P.サルトル（仏）「弁証法的理性批判」 P.レスタニー（仏）〈ヌーヴォー・レアリスム宣言〉 ミラノ

		坂倉準三——略歴・活動	坂倉準三——作品	
1961	昭和36	ミュンヘン ドイツ科学博物館に日本住宅（書院造り）設計準備のため渡独 帰途 フランス イギリス アメリカ等視察 シャルロット・ペリアン設計 エール・フランス大阪の実施設計監理に協力 住居を赤坂桧町の事務所内から隣接の旧小滝邸に移し事務所を増改築する 日本建築家協会職責委員会委員長 日本建築学会賞受賞〈羽島市庁舎〉	羽島市計画案　→写真 芦屋市立山手中学校体育館　兵庫県芦屋市 東京日仏学院増築　東京都新宿区 西条市体育館　愛媛県西条市 出光興産高槻社宅第1棟　大阪府高槻市 塩野義製薬研究所　大阪府大阪市　→写真 助松団地住宅付店舗　大阪府泉大津市 岩崎電気ビル大阪営業所　大阪府大阪市 富士屋東京支店　東京都中央区 楠本邸　兵庫県西宮市 古池信三郎邸　東京都渋谷区 出光興産支店および給油所　生玉前　深草　大石川　難波　松山　唐古　上山　三原　尼崎駅前　神戸上沢　庄内　福岡西新町城西橋　千里丘　十条　大宮　水戸　立川　横浜宮本町	
1962	昭和37	ミュンヘン ドイツ科学博物館日本住宅（書院造り）建設のため渡独 帰途 フランス インドチャンディガール等視察 建設省大都市再開発問題懇談会委員（—64） 照明学会照明技術賞受賞〈楠本邸・リビ邸〉	北千住地域再開発計画案 東洋レーヨン基礎研究所団地計画案　神奈川県鎌倉市 ＮＨＫテレビセンター競技設計　→写真 渋谷金属ビル　大阪府大阪市 塩野義製薬池袋分室　東京都豊島区 呉市庁舎・市民会館　広島県呉市　→写真 塩野義製薬横浜分室　神奈川県横浜市 山喜商店布施独身寮　大阪府布施市 上野市立西小学校　三重県上野市 塩野義製薬神戸分室　兵庫県神戸市 塩野義製薬京都分室　京都府京都市 東洋レーヨン基礎研究所独身寮　神奈川県鎌倉市 ミュンヘン日本館　西ドイツ 林薬品ビル　東京都豊島区 塩野義製薬杭瀬工場倉庫　兵庫県尼崎市 東洋レーヨン基礎研究所　神奈川県鎌倉市　→写真 近鉄登美ヶ丘住宅　奈良県奈良市 大阪府立勤労青少年ホーム（第2期）大阪府大阪市 喜多邸　兵庫県神戸市 井上尚一邸　東京都世田谷区 平野邸　兵庫県西宮市 野口真造邸　東京都世田谷区 宮本邸　大阪府堺市 室賀弘邸　東京都大田区 出光興産支店および給油所　彦根　鳥取　米子　福山東　広島西　戸畑　加古川　長浜　幡ヶ谷　岡山西　徳島　堺	

建築界——国内	建築界——海外	世界
ル・コルビュジエ展　東京 「東京計画1960」丹下健三 高蔵寺ニュータウン計画　名古屋　日本住宅公団 東京文化会館　東京　前川國男  群馬音楽センター　高崎　A.レーモンド 国立国会図書館　東京　基本設計　ミド同人　前川國男 NHKテレビセンター指名競技設計　入選　山下寿郎，梓建築事務所　実施設計2者共同 藤製丸椅子　剣持勇	UIA第6回　ロンドン〈建築の工業化〉前川國男　芦原義信　大須賀常明　出席 国際デザイン会議　ロンドン P.クック（英）他アーキグラム結成　「アーキグラム」創刊 TWAターミナル　ニューヨーク　E.サーリネン  イタリー博展示館　トリノ　P.L.ネルヴィ ツァヌシ・レックス工場・事務所　ポルデノーネ　ジノ　N.バレ リチャーズ医学研究所　フィラデルフィア　L.カーン マリナ・シティ　シカゴ　B.ゴールドバーグ トゥルーズ都市計画国際競技設計　1等　G.キャンディリス他	アフリカ独立諸国首脳会談「カサブランカ憲章」 アメリカ　キューバと断交 ケネディ大統領就任（米） ラテンアメリカ諸国民会議「メキシコ宣言」 ソ連人間衛星船ボストーク打上げ 軍事クーデター（韓） ケネディ・フルシチョフ会談　ウィーン 東独政府　ベルリンの壁設置 中立国首脳ベオグラード会議
東京都常住人口1千万突破 東大都市工学科新設 新産業都市建設促進法公布 北陸トンネル開通 全国総合開発計画 早大文学部校舎　東京　村野，森 ホテル・オークラ　東京　大成観光 日本26聖人記念館　長崎　今井兼次  三愛ビル　東京　日建設計 NCRビル　東京　吉村順三 カトリック大聖堂指名競技設計　1等　丹下健三	第26回国際住宅都市計画協会（IFHP）国際会議　パリ〈人間的環境と文明〉 ラスムッセン（デンマーク）「経験としての建築」 シアトル21世紀世界博　アメリカ〈宇宙時代の人類〉噴水　松下一之 マリン郡庁舎　サンラファイエル　F.L.ライト インフラストラクチュアによる空間都市　Y.フリードマン ヴォルフスブルグ文化センター　A.アアルト 	エビアン協定　フランス国民投票承認　アルジェリア停戦協定成立 アルジェリア独立 中印国境紛争激化 キューバ危機 アメリカ通信衛星テルスター打上げ アメリカ人間衛星船打上げ **国産第1号原子炉運転開始** E.フロム（米）「疑惑と行動」 ソルジェニーツィン（ソ）「イワン・デニーソヴィチの1日」 **安部公房「砂の女」** オールビー（米）「ヴァージニア・ウルフなんかこわくない」 A.ウォーホール（米）〈ポップ・アート〉

		坂倉準三――略歴・活動	坂倉準三――作品	
1963	昭和38	長女はるな 米国カリフォルニア カレッジ・オブ・セコイア留学 　　　　　　　　　　　　　　京都　高山寺にて	銀座再開発計画案 赤羽駅西口再開発計画案 中産連ビル　愛知県名古屋市 上野市立崇広中学校　三重県上野市 佐賀県体育館　佐賀県佐賀市　→写真 京西堂　京都府京都市 大よし本店　大阪府大阪市 坂倉準三建築研究所大阪支所増改築　大阪府大阪市 羽島勤労青少年ホーム　岐阜県羽島市 出光興産高槻社宅第2棟　大阪府高槻市 塩野義製薬長居分室　大阪府大阪市 大阪府立阪南高等学校　大阪府大阪市 上野市白鳳公園レストハウス　三重県上野市 京都国際会議場競技設計 坂本邸　兵庫県芦屋市 山岡邸　兵庫県芦屋市 武見太郎邸　東京都港区 松下幸之助邸　兵庫県西宮市　→写真 北野隆興邸　東京都目黒区 野村邸　兵庫県芦屋市	 
1964	昭和39	日本建築家協会会長（―68） 建築士法改正および建設コンサルタント業法制定の動向に対し職能確立の観点から関係各方面に積極的な要請，意見表示を行う 建設省中央建築士審議会委員（―67） 　　　　　　　　　　　　　　家族そろって	三井石油化学姉ケ崎団地計画案 池袋副都心地区再開発計画案　→写真 渋谷再開発計画案 塩野義製薬名古屋分室　愛知県名古屋市 三重県上野分庁舎　三重県伊賀上野市 千里ニュータウン古江台団地近隣センター　大阪府吹田市 枚岡市庁舎　大阪府東大阪市　→写真 大阪薬品伊丹営業所　兵庫県伊丹市 高島屋船出町配送センター　大阪府大阪市 天童木工東京支店　東京都港区 塩野義製薬台湾工場　中華民国台湾省 ホテル三愛（現在札幌パークホテル）　北海道札幌市 名神高速道路トールゲート（一の宮）　→写真 芦屋市民会館　兵庫県芦屋市 塩野義製薬吹田分室　大阪府吹田市 岩手放送会館　岩手県盛岡市 名神高速道路管理局　愛知県一の宮市 上野市庁舎　三重県上野市 一万田尚登邸　東京都港区 山本良晴邸　京都府相楽郡 小野順造邸　兵庫県芦屋市 真鍋邸　兵庫県芦屋市 安部邸増築　兵庫県西宮市 西阪邸　兵庫県西宮市	  

建　築　界──国　内	建　築　界──海　外	世　　　　界

新住宅市街地開発法公布
建築基準法改正（容積規制）公布
前川國男 UIA オーギュスト・ペレー賞受賞
出雲大社：庁の舎　島根　菊竹清訓

日本生命日比谷ビル　東京　村野，森建築事務所
日本住宅公団草加松原団地　埼玉　日本住宅公団
国立劇場設計競技　1等　竹中工務店
国立国際会館設計競技　1等　大谷幸夫

新潟地震
'70大阪万博開催決定
吉田五十八　文化勲章受章
菊竹清訓　汎太平洋賞受賞
雑誌「SD」創刊　鹿島出版会
「京都計画」西山夘三
紀伊国屋　東京　前川國男
ホテル・ニューオータニ　東京　大成建設
国立屋内総合競技場　東京　丹下健三

呉羽の舎　富山　白井晟一
カテドラル大聖堂　東京　丹下健三
駒沢オリンピック公園　体育館　競技場　東京　高山英華　芦原義信　村田政真
浪速芸術大学競技設計　1等　高橋靗一

M.ラゴン（仏）「我々は明日どこに住むか」
国際美術センター計画案　フランクフルト・アムマイン　教会計画案　フィルミニイ・ヴェール　ル・コルビュジエ
ダラス国際空港　ワシントン　E.サーリネン
エール大学芸術建築学部　ニューヘヴン　P.ルドルフ
レスター大学工学部実験棟　J.スターリング，J.ゴーワン

ベルリンフィルハーモニックホール　H.シャロウン
バット・ヤム市庁舎　イスラエル　Z.ヘッカー，E.シャロン，A.ノイマン

C.アレクサンダー（米）「形の合成に関する覚え書」
ニューヨーク博（フラッシング・メドウ）〈理解を通じての平和〉
日本館1・2号館　前川國男
「プラグインシティ」P.クック　アーキグラム

「ウォーキングシティ」R.ヘロン
ハーバート大学視覚芸術センター　ケンブリッジ　ル・コルビュジエ
エコノミストビル　ロンドン　A&P スミッソン
リージェントパーク動物園北禽舎　ロンドン　L.スノードン，C.プライス，F.ニュービィ
ディーアカンパニー　イリノイ州モリーン　E.サーリネン
ベンチューリ邸　チェスナットヒル　P.ベンチューリ

日ソ貿易協定締結
アフリカ統一機構（OAU）結成
NATO理事会にフランス大西洋艦隊の引き揚げ通告
中ソ会談　対立激化
米英ソ　部分的核実験停止条約調印
人種差別反対ワシントン大行進
貿易・為替の自由化
南ヴェトナム　軍部クーデター　ゴ大統領暗殺
ケネディ大統領暗殺　ジョンソン副大統領昇格（米）
ユネスコ　ヌビア・アブシンベル神殿移転工事開始
陝西省藍田県で藍田原人骨発見（中）

フランス・中国国交樹立
経済協力開発機構（OECD）加盟
東海道新幹線営業開始
第18回オリンピック東京大会
フルシチョフ解任　首相後任コスイギン（ソ）
ウィルソン労働党内閣成立（英）
中国　第1回核実験成功
R.ラウシェンバーグ（米）〈コンバインペインティング〉

		坂倉準三──略歴・活動	坂倉準三──作品
1965	昭和40	AIA全米大会出席のため渡米 次女三保 米国ミシガン クランブルック・アカデミー・オブ・アート留学 国立西洋美術館評議員（─69） 最高裁判所庁舎新営審議会委員（─69） 東京都建築審査会委員（─68） UIA国際設計競技審査員 日本万国博覧会協会会場計画委員（─67）	新赤坂ビル　東京都港区　→写真 塩野義製薬大森分室　東京都大田区 安藤薬品　岐阜県岐阜市 大阪既製服縫製近代化共同組合枚方工場団地 　厚生施設　大阪府枚方市 専念寺庫裡　東京都新宿区 塩野義製薬茗荷谷保養所　東京都文京区 イトーキ東京支店　東京都中央区 東京近鉄ビル　東京都千代田区　→写真 塩野義製薬油日植物薬品研究所　滋賀県甲賀郡 東洋レーヨン基礎研究所増築　神奈川県鎌倉市 ミノオスパーガーデン　大阪府箕面市 合同薬品社屋　大阪府大阪市 天泉薬品社屋　大阪府大阪市 塩野義製薬油日催奇型性研究室　滋賀県甲賀郡 高田商店平井営業所　東京都 枚岡消防署　大阪府東大阪市 日本エランコ奈良工場　奈良県大和郡山市 慈照山東光寺本堂　千葉県船橋市 紫式部記念碑　京都府京都 川島右邸　岐阜県岐阜市
1966	昭和41	日本建築家協会会長再選（─68） 　建築設計監理業務法案を建築界に提案，その制定推進を図る　「美観地区問題」等について建築行政機関に対して要望書，声明書を提出　学生デザイン賞を設定する　会員増加と会制強化を積極的に図る 最高裁判所庁舎新営審議会調査委員団長として欧米視察　日本建築学会長高山英華他3名同行 タイ国政府の依頼により，職業教育学校建設計画のため現地視察 神奈川県立近代美術館運営委員会委員（─69） 日本駐仏大使公邸（パリ）新築計画協力のため渡仏 日本万国博覧会協会参与（─69） 旧軽井沢ゴルフ場にて	日本道路公団福岡地下駐車場　福岡県福岡市 大分朝日生命館　大分県大分市 養老レストハウス　岐阜県養老郡 鶯花荘　三重県三重郡 神奈川県新庁舎　神奈川県横浜市　→写真 神奈川県立近代美術館新館　神奈川県鎌倉市 　→写真 ミノオ観光ホテル男子寮　大阪府箕面市 上野市立西小学校体育館　三重県上野市 乙卯研究所　東京都世田谷区 和歌山薬品社屋　和歌山県和歌山市 高田商店板橋営業所　東京都板橋区 名古屋近鉄ビル　愛知県名古屋市 新宿西口広場および地下駐車場　東京都新宿区 　→写真 水田薬品本社　福岡県久留米市 塩野義製薬赤穂工場内第40植物薬品棟　兵庫県赤穂市 関根邸　兵庫県西宮市 木下邸　東京都世田谷区 バルワニ邸　兵庫県神戸市 小菅邸　三重県三重郡

建　築　界──国　内	建　築　界──海　外	世　　　界
名神高速道路全線完成 国立こどもの国　横浜　浅田孝他 日本建築センター展示場競技設計　1等　吉岡吉雄他 ペルソナ展　東京	 ル・コルビュジエ（仏）没 C.アレクサンダー（米）「都市はツリーではない」 青年文化の家　フィルミニィヴェール　ル・コルビュジエ トロント市庁舎　カナダ　V.レベル シーフィールド・ハウジング　パークヒル＆ハイドパーク　シーフィールド建築課 カミンスエンジン工場　ダーリントン　K.ローチ チチェスター工科大学　サセックス　アーレンズ　バートン　コラレッタ オタニエミ工科大学　ヘルシンキ　A.アアルト ソーク生物学研究所　サンディエゴ　L.カーン	チャーチル（英）没 米空軍　北ヴェトナム爆撃開始 アルジェリア　クーデター　ベンベラ失脚 **日韓基本条約締結** EECの危機 インドネシア　クーデター失敗　スカルノ失脚　9・30事件 **朝永振一郎　ノーベル賞受賞** M.マクルーハン（加）「人間拡張の原理」 オプティカルアート〈感応する眠〉展　ニューヨーク
	集合住宅　ラマットガン　A.ノイマン, Z.ベッカー, E.シャロン ユーゴ・スコピエ都市計画国際指名設計競技　1等　丹下健三	
古都保存法公布 IFHP第28回（住宅・都市計画　地域計画世界会議）東京 東京海上火災ビル美観論争起こる ソニービル　東京　芦原義信 国立京都国際会館　京都　大谷幸夫 千代田生命本社　東京　村野, 森 大分県立図書館　大分　磯崎新	 R.ベンチューリ（米）「建築の復合と対立」 R.バンハム（英）「ニューブルータリズム」 トロント大学スカボラフ・カレッジ　J.アンドリュース シーランチ　サノリアカントリー　C.ムーア他	ガーナ　クーデター　エンクルマ失脚 文化大革命開始（中） フランス　NATO離脱 プロレタリア文化大革命に関する16条決定　紅衛兵旋風始まる（中） ソ連宇宙ステーション金星到達
	リンカーンセンター　ニューヨーク　M.アブラモヴィッツ, W.ハリソン, P.ジョンソン, E.サーリネン	
帝劇会館　東京　谷口吉郎 国立劇場　東京　岩本博行他 〈空間から環境へ〉展　東京		

		坂 倉 準 三 ―― 略 歴・活 動	坂 倉 準 三 ―― 作 品	
1967	昭和42	建設省建築審議会委員（—69） ＡＩＡ全米大会（ニューヨーク）出席　アメリカ建築家協会海外名誉会員となる  タイ国職業教育学校建設計画のため現地視察  バンコック　暁の寺にて 日本建築学会賞受賞　大阪支所　西沢文隆他3名〈大阪府総合青少年野外センター〉大阪府建築部と共同 神奈川県建築賞受賞〈神奈川県庁舎〉	ミノオ観光ホテル女子寮　大阪府大阪市 泉北Ａ住区近隣センター　大阪府堺市 岐阜市民会館　岐阜県岐阜市　→写真 三光信用金庫　東京都墨田区 山口県立山口博物館　山口県山口市 高田商店千住営業所　東京都 林薬品世田谷ビル　東京都世田谷区 葛城高原ロッジ　奈良県御所市 野田医院　大阪府茨木市 新宿駅西口ビル、小田急百貨店本館　東京都新宿区　→写真 山崎医院　大阪府東大阪市 大阪府総合青少年野外活動センター　大阪府豊能郡　→写真 里井邸　大阪府高槻市 中野邸　兵庫県西宮市   	
1968	昭和43	日本駐仏大使公邸（パリ）建設協力のため渡仏 日本建築学会学会賞委員会委員 日本都市計画学会石川賞受賞〈新宿駅西口広場の計画〉 日本建築学会賞受賞〈新宿駅西口広場――新宿副都心開発計画における駅前広場の立体的造成〉東京都首都整備局、新宿副都心建設公社、小田急電鉄と共同 建築業協会賞受賞〈岐阜市民会館〉	奥山ビラ　兵庫県芦屋市 高島屋工作所大阪工場　大阪府箕面市 高島屋工作所第2独身寮　大阪府箕面市 横浜薬品社屋　神奈川県横浜市 塩野義製薬摂津工場　大阪府摂津市　→写真 箕面観光ホテル　大阪府箕面市 泉北Ａ住区近隣センター歩道橋　大阪府堺市 喫茶　蕃　大阪府大阪市 熊本県医師会館　熊本県熊本市 別府大学増築　大分県別府市 東洋レーヨン社員クラブ　神奈川県鎌倉市 羽島市民会館　岐阜県羽島市　→写真 上坂電気社屋　大阪府大阪市 日本エランコ奈良工場（第2期）　奈良県大和郡山市 楠本邸増改築　兵庫県宝塚市 牛谷邸　奈良県宇陀郡 荒川守正邸　兵庫県芦屋市 中村邸　大阪府八尾市  	

建 築 界 — 国 内	建 築 界 — 海 外	世　界
村野藤吾　文化勲章受賞 帝国ホテル旧館解体開始 '70大阪万博会場建設着工 東京海上火災ビル問題建築審査会にて抗争 磯崎新「プロセス・プランニング論」「見えない都市」展望11月号 親和銀行本店　長崎　白井晟一 	モントリオール万国博　カナダ〈人間とその世界〉日本館　芦原義信　アメリカ館　B.スラー　西ドイツ館　F.オットーアビタ'67　M.サフディ  ル・コルビュジエセンター　チューリッヒ　ル・コルビュジエ マリナシティ　シカゴ　B.ゴールドバーグ フォード財団本部　ニューヨーク　K.ローチ カルバーノルドタウンセンター　グラスゴー　H.ウィルソン他	中東戦争勃発 中国　第1回水爆実験成功 ワシントン反戦大集会（米） **佐藤訪米　羽田抗議デモ** ポンド切り下げ（英） バーナード　人間の心臓移植手術（南阿）
雑誌「都市住宅」創刊　鹿島出版会 建築家協会機関紙「建築家」創刊 鹿島守之助　日本建築家協会〈設計施工分離是非〉論争 皇居新宮殿　東京　基本設計　吉村順三  霞が関ビル　東京　三井不動産 福岡相互銀行大分支店　大分　磯崎新	チャンディガール美術館・博物館　ユニテ・ダビタシオン　フィルミニー・ヴェール　ル・コルビュジエ ケンブリッジ大学歴史学部図書館　J.スターリング オークランド美術館　カリフォルニア　K.ローチ 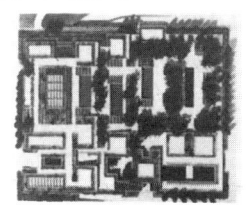	プエブロ号事件 キング牧師暗殺　黒人暴動続発（米） 5月危機（仏） ヴェトナム和平交渉　パリ会談 **文化庁発足** **小笠原諸島返還** 核拡散防止条約調印 東欧5カ国首脳会議　ワルシャワ チェコ事件 フランス　第1回水爆実験 **川端康成　ノーベル賞受賞** 劉少奇除名（中） **第10次南極観測隊　南極点到達**

		坂倉準三——略歴・活動	坂倉準三——作品
1969	昭和44	日本駐仏大使公邸（パリ）建設協力のため渡仏 タイ国職業教育学校建設指導のため現地視察  タイ　バンブラ職業教育学校建設工事現場にて 心筋こうそくのため死去（9月1日）享年68歳 正五位勲三等瑞宝章受賞 日本建築家協会　坂倉準三建築研究所　合同葬	ホテルブルースカイ　和歌山県西牟婁郡　→写真 塩野義製薬油日寮　滋賀県甲賀郡 岐阜市東京公舎　東京都品川区 阪和開発紀泉高原キャンプ　大阪府紀泉郡 賢島カンツリークラブ　三重県志摩郡　→写真 岩手放送会館増築　岩手県盛岡市 駐仏日本大使公邸改装　パリ 在タイ日本国大使館付属日本人学校　バンコク 奈良県立青少年野外活動センター　奈良県山辺郡 波瑳栄菩珴邸　東京都大田区 晴山荘　長野県蓼科高原 杉山邸　奈良県奈良市  

設計中・工事中の作品
　　　箕面観光ホテル（第2期）　大阪府箕面市
　　　芦屋市民会館ルナホール　大阪府芦屋市　1969年竣工　→写真1
　　　日本万国博覧会電力館　大阪府吹田市　1969年竣工　→写真2
　　　タイ国文部省職業教育学校25校　タイ国　1970年竣工　→写真3
　　　南海会館増築　大阪府大阪市
　　　近鉄奈良ターミナルビル　奈良県奈良市　1970年竣工　→写真4
　　　大阪府本庁舎横断歩道橋　大阪府大阪市
　　　大阪府臨海学校センター　京都府熊野郡
　　　和歌山県青少年の森　和歌山県和歌山市
　　　渋谷駅西ロビル　東京都渋谷区
　　　札幌冬季オリンピック大倉山ジャンプ競技場　北海道札幌市　1970年竣工　→写真5
　　　塩野義製薬赤穂ラボラトリーズ植薬棟　兵庫県赤穂市
　　　大阪府本庁舎横断歩道橋　大阪府大阪市
　　　渋谷金属加西工場　兵庫県加西市
　　　大阪府立東大阪勤労青少年ホーム　大阪府東大阪市
　　　日本エランコ奈良工場（第4期）　奈良県大和郡山市
　　　西村邸　奈良県奈良市
　　　武田邸　兵庫県芦屋市
　　　山田邸　兵庫県芦屋市
　　　宮崎県総合博物館　宮崎県宮崎市　1971年竣工　→写真6
　　　ホテル・パシフィック東京　東京都品川区　1971年竣工　→写真7

1	2
3	5
4	6	7

建　築　界――国　内	建　築　界――海　外	世　　　界
東名高速道路開通 建築基準法施行令改正公布 雑誌「中央公論」住宅産業特集 国立近代美術館新館　東京　谷口吉郎 最高裁判所庁舎競技設計　1等　岡田新一	W. グロピウス（米）没 L. ミース v.d. ローエ（米）没 J. ハンコックセンター　シカゴ　SOM ボストンシティホール　G. カルマン他 モナコ娯楽センター国際競技設計1等　アーキグラム	ニクソン大統領就任（米） 中国共産党9全大会 ソ連惑星間ステーション金星5号　金星到達 アメリカ宇宙船アポロ11号打上げ　月面着陸 ホー・チ・ミン没（ヴェトナム） 反ヴェトナム戦争デモ（米） **佐藤・ニクソン会談　沖縄72年復帰決定** **安保沖縄問題　学生運動激化**

外国名略号一覧

（愛）アイルランド	（中）中国
（米）アメリカ	（清）中国王朝
（英）イギリス	（朝）朝鮮
（伊）イタリア	（独）ドイツ
（印）インド	（土）トルコ
（エ）エジプト	（西亜）西アジア
（墺）オーストリア	（洪）ハンガリー
（蘭）オランダ	（伯）ブラジル
（加）カナダ	（仏）フランス
（韓）韓国	（白）ベルギー
（希）ギリシア	（南阿）南アフリカ
（瑞）スイス	（墨）メキシコ
（ス）スウェーデン	（露）ロシア
（西）スペイン	（羅）ルーマニア
（ソ）ソ連	（諸）ノルウェー

坂倉準三著書・論文目録

著書　訳書　監修

1941	選択・伝統・創造　日本芸術との接触　シャルロット・ペリアン　坂倉準三　共著　小山書店
1964	20世紀を動かした人々　第7巻　近代芸術の先駆者　ル・コルビュジエ　小林秀雄他編　坂倉準三執筆　講談社
1955	マルセイユの住居単位（L'UNITE D'HABITATION DE MARSEILLE　1950）ル・コルビュジエ著　坂倉準三訳　丸善書店
	輝く都市（MANIERE DE PENSER L'URBANISME　1947）ル・コルビュジエ著　坂倉準三訳　丸善書店　（1968　鹿島出版会　ＳＤ選書再録）
1957	岩波写真文庫・近代建築　監修　坂倉準三　編集　岩波書店編集部　岩波映画製作所

論　文

1939
　巴里万国博日本館について「現代建築」6月号
　忠霊塔建設と建築の記念性「現代建築」8月号
　宮城外苑整備計画・労務者住宅問題「現代建築」8月号

1940
　忠霊塔応募図案説明書「現代建築」4月号
　新京南湖住宅地計画案「現代建築」8月号
　第2回貿易局工芸品輸出振興展覧会の審査にたずさはりて「現代建築」8月号

1941　子供の計画　特輯・新しい都市：東京都市計画への一議案　「新建築」4月号

1942　国民住宅　一日本小住宅「新建築」1月号
　ペレーについて　特輯・オーギュスト・ペレーの諸作品　「新建築」7月号
　竹製品「婦人之友」7, 8月号

1949　高島屋和歌山支店設計要旨「建築雑誌」1月号
　高島屋和歌山支店設計要旨「建築文化」1, 2月号
　竹製の家具「婦人之友」5月号

1950　加納邸「新建築」2月号
　鎌倉美術館設計趣旨「国際建築」12月号

1951　高島屋大阪難波新館・改増案「国際建築」6月号

1952　坂倉準三先生南米帰朝談「第7回博覧会調査審議会速記録別冊」東京都経済局商工課
　ル・コルビュジエと現代建築　上　躍進のブラジル「東京新聞」3月5日
　ル・コルビュジエと現代建築　下　今世紀の金字塔「東京新聞」3月6日

1954　関西電力丸山発電所設計要旨「国際建築」6月号
　書評　日本の民家　大和・河内「読売新聞」12月25日

1955　東急会館設計について「建築文化」2月号
　躍進する科学技術　建築「読売新聞」4月1日
　日本へくるル・コルビュジエ　20世紀近代建築の父「朝日新聞」11月1日
　ル・コルビュジエ，レジェ，ペリアン3人展について「芸術の綜合への提案　巴里1955年　ル・コルビュジエ，レジェ・ペリアン3人展」

1956　国際文化会館　日本建築学会賞受賞のことば（前川國男・吉村順三と共同）「建築雑誌」6月号

1957　東急文化会館緞帳について「建築文化」2月号
　第11回　ミラノ・トリエンナーレ展示参加計画「建築文化」5月号
　美術芸談　コルビュジエの建築美学　形態と機能の美しい一致「東京新聞」12月17日

1958　リヴィング＝ベッド・ルーム　松本幸四郎邸「芸術新潮」2月号
　第11回　ミラノ・トリエンナーレへの日本参加「国際建築」2月号

1959　国立西洋美術館の完成まで「美術手帖」6月号
　国立西洋美術館の開館に際して「新建築」7月号

1960　建築は常に総合的に　呉市庁舎・公民館「中国新聞」3月10日
　ミラノ・トリエンナーレ展に参加して「朝日新聞」8月16日
　ル・コルビュジエ「Le Corbusier 日本展」

1961　ル・コルビュジエの貝殻「オール読物」3月号

	表彰作品　羽島市庁舎　日本建築学会賞授賞のことば「建築雑誌」7月号
	現代の建築　使う人間の条件　塩野義製薬研究所「東京新聞」10月24日
	世界デザイン会議　基調演説「世界デザイン会議　議事録　WoDeCo　1960」
1962	ＮＨＫテレビセンター競技設計と今後の在り方について「新建築」2月号
	ミロ版画展から　迫力ある裸の魂「読売新聞」10月8日
1963	＜建築の性能評価＞批判　関連性のある評価を「新建築」5月号
1964	世界人と平和問答　輝く都市輝く命を　身近な平和参加　坂倉準三からル・コルビュジエ先生へ「読売新聞」7月26日
	百年の大計に熱意を　東海道新幹線開通「サンケイ新聞」8月25日
1965	設計界の群像58　坂倉準三　設計界の連帯性を求めて「日刊建設産業」1月29日
	計界の群像59　坂倉準三　コルビュジエのもとで「日刊建設産業」2月5日
	塩野義製薬のデザインポリシー　塩野義製薬と坂倉準三建築研究所とその協力体制「近代建築」2月号
	ル・コルビュジエ氏を悼む「朝日新聞」8月28日
	ル・コルビュジエ氏を悼む「日刊建設通信」8月30日
	日本建築センター展示場設計競技入賞作品発表・審査総評「新建築」「建築」「国際建築」9月号
	恩師・ル・コルビュジエの死を悼む「新建築」10月号
	ル・コルビュジエを悼む「近代建築」10月号
1966	緑したたる大東京計画　ここに働く人たちによろこびを与えるための改造計画にふれて「建築東京」8月号
	恩師　ル・コルビュジエの人間愛「アプローチ」夏季号
1967	社会的信頼の確立「新建築」1月号
	万国博覧会　新しい時代の万国博「新建築」8月号
	ル・コルビュジエ「現代建築家シリーズ　ル・コルビュジエ」写真＝二川幸夫　文＝坂倉準三・磯崎新　美術出版社

対談・座談会

1939	座談会　大陸建築　市浦健　板垣鷹穂　堀口捨己　吉村辰夫　高山英華　土浦亀城　村田政真　内田祥文　山田守　前川國男　坂倉準三　佐藤武夫　岸田日出刀　森田茂介「現代建築」12月号
1952	対談　ブラジルの建築活動にまなぶ　坂倉準三　武基雄「国際建築」5月号
1953	座談会　現代建築の造形をめぐって＜国際性　風土性　国民性＞吉田五十八　丹下健三　坂倉準三　前川國男　生田勉　浜口隆一　田辺員人「国際建築」3月号
1955	座談会　近代建築について　勝見勝　坂倉準三　丹下健三「建築文化」3月号
	座談会　ペリアン女史を囲んで　シャルロット・ペリアン　猪熊弦一郎　坂倉準三　岩田孫七「産業経済新聞」3月21日
1957	対談　坂倉準三氏と30分　ある作家とそのグループ　坂倉準三建築研究所「建築文化」2月号
	座談会　建築家について　坂倉準三　中村登一　柳英男　山口蚊象　横山不学　村田政真　郡菊夫「設計と管理」10月号
1958	座談会　ミラノ・トリエンナーレ　成果と将来の課題　坂倉準三　加藤士師萌　柳宗理「国際文化」No.45
1960	座談会　今日の山小屋・明日の山小屋　山小屋と観光開発を語る　坂倉準三　吉坂隆正「山と高原」2月号
1961	座談会　屋外広告と建築物　亀井勇　池高盛雄　斎賀泉　坂倉準三　松田軍平　桜井全衛　西郷徳男　加藤福一郎　丸山茂「屋外広告」7月号
1963	パネル・ディスカッション　建築の性能評価をいかに設計にフィードバックするか　小木曽定彰　竹山謙三郎　篠原一男　大高正人　池辺陽　横山不学　太田利彦　川越邦雄　久我新一　山田水城　野村豪　岩下秀男　坂倉準三（誌上参加）村松貞二郎「新建築」11月号
1964	座談会　これからの日本建築のデザインはどうあるべきか　岩本博行　大谷幸夫　坂倉準三　本城和彦　吉阪隆正　宮内嘉久「近代建築」1月号
1966	対談　住宅と都市と環境「新建築」5月号
1966	対談　建築佚話　人間の幸福のための建築　坂倉準三　戸塚文子「日本短波放送」8月7，14，21，28日
1969	座談会　最高裁判所庁舎設計競技を終って　伊藤滋　岩野徹　坂倉準三　木島努　浜口隆一　岡田新一　佐野幸男　大坪昭　山本俊介　岡村幸一郎　渡辺洋治「新建築」4月号

坂倉準三作品文献目録

作品集　特集号

1957	ある作家とそのグループ　坂倉準三建築研究所「建築文化」2月号
1960	坂倉準三建築研究所戦後作品集「日刊建設通信」2月1日

1965	坂倉準三建築研究所作品集「建設画報」11月号
1970	特集　坂倉準三建築研究所　1937〜1969「建築」6月号
1971	現代日本建築家全集11　坂倉準三　山口文象とＲＩＡ　三一書房

専門誌その他発表作品

1939	巴里万国博日本館「現代建築」6月号
	家具「現代建築」11月号
1940	忠霊塔応募図案「現代建築」4月号
	新京南湖住宅地計画案「現代建築」8月号
1942	一日本小住宅（飯箸邸）「新建築」1月号
	レオナルド・ダ・ヴィンチ展覧会「新建築」「建築雑誌」8月号
1949	中2階のある11坪　2戸建住宅「新建築」1月号
	高島屋和歌山支店「建築雑誌」1月号
	高島屋和歌山支店「建築文化」1，2月号
1950	加納邸「新建築」2月号
	東京立正高等学校「新建築」6月号
	大阪スタジアム「国際建築」8月号
	鎌倉美術館設計図・実施案「国際建築」12月号
1951	高島屋大阪難波新館・改増築「国際建築」6月号
	西田幾多郎の歌碑「美術手帖」8月号
	西武商店「新住宅」9月号
	東京日仏学院・設計要旨　村田豊「建築文化」11月号
	東京日仏学院「新建築」11月号
	神奈川県立鎌倉近代美術館　鎌倉近代美術館の設計について　駒田知彦「建築文化」12月号
	室賀邸「新住宅」12月号
1952	神奈川県立近代美術館「新建築」1月号
	鎌倉近代美術館「国際建築」1月号
	東京日仏学院「国際建築」1月号
	鎌倉近代美術館「建築文化」2月号
	クラブ関東「建築文化」3月号
	寺田邸「建築文化」6月号
	クラブ関西「建築文化」11月号
1953	東銀丸子クラブ　設計要旨　井上堯「建築文化」7月号
	FURNITURE：CHAIRS「建築文化」7月号
	建設省53年型重層式アパート計画案「建築文化」12月号
1954	東急会館計画案「国際建築」1月号
	関西電力丸山水力発電所計画案「国際建築」1月号
	関西電力丸山水力発電所「国際建築」6月号
	岡本太郎氏のアトリエ「建築文化」7月号
	鈴木邸「国際建築」8月号
	加納邸「国際建築」9月号
	岡本邸「新建築」10月号
1955	東急会館　ＰＳコンクリート板について　吉村健治，東横ホールの音響設計について　駒田知彦　北村脩一，アルミサッシュ窓について　小室勝美「建築文化」1月号
	東急会館「近代建築」1月号
	東急会館　東急会館の設計について　坂倉準三建築研究所「建築雑誌」2月号
	国際文化会館「新建築」7月号
	国際文化会館「国際建築」8月号
	「東急会館工事報告書」　編集　駒田知彦　東急電鉄株式会社刊

1956	室賀邸「新住宅」1月号
	日本建築学会賞表彰作品　国際文化会館「建築雑誌」6月号
	室賀邸「新住宅」7月号
	上村松園邸「モダン・リビング」11月号
	村川邸「新住宅」11月号
	住宅4題　兵庫県　室賀邸　塩野邸　村川邸　武田邸「国際建築」12月号
1957	東急文化会館「建築界」「国際建築」1月号
	室賀邸「新建築」2月号
	ディーゼル記念苑「国際建築」2月号
	藤山邸「国際建築」2月号
	東急文化会館「近代建築」2月号
	武田邸「新住宅」2月号
	ある作家とそのグループ　坂倉準三建築研究所　東急文化会館　ディーゼル記念苑　藤山邸　西宮M氏邸　室賀邸　塩野邸　村川邸　武田邸「建築文化」2月号
	家具　家具設計雑感──家具設計とその基礎になるもの　長大作「建築文化」3月号
	M氏邸「国際建築」4月号
	指名競争設計　シルクセンター国際貿易観光会館「新建築」9月号
	塩野義製薬大森寮「国際建築」11月号
1958	塩野義製薬大森寮「建築文化」1月号
	塩野義製薬大森寮「新建築」2月号
	第11回ミラノ・トリエンナーレ展「国際建築」2月号
	坂倉準三建築研究所大阪支所「建築と社会」2月号
	国立西洋美術館「国際建築」3月号
	松本幸四郎邸「新建築」5月号
	O氏邸　設計要旨　辰野清隆「新建築」5月号
	クラブ関西新館　設計要旨　井上堯「国際建築」5月号
	坂倉準三建築研究所大阪支所　設計要旨　井上堯「国際建築」5月号
	南海会館「国際建築」5月号
	南海会館　大阪の都市　井上堯「建築文化」6月号
	松本幸四郎邸　開放的なプランニング　長大作「建築文化」7月号
	高松邸「新住宅」11月号
1959	シルクセンター国際貿易観光会館　設計要旨　柴田陽三「新建築」5月号
	シルクセンター国際貿易会館「国際建築」5月号
	シルクセンター国際貿易観光会館「建築文化」5月号
	羽島市庁舎　設計要旨　阪田誠造「新建築」6月号
	国立西洋美術館　西洋美術館におけるモデュロール　藤木忠善「新建築」7月号
	国立西洋美術館　西洋美術館外壁詳細　藤木忠善「国際建築」8月号
	国立西洋美術館「J・A」「建築文化」「近代建築」「建築界」「建築知識」8月号
1960	阿部氏邸　A氏邸　設計要旨　浅野雅彦「新建築」1月号
	白馬東急ホテル　白馬東急ホテルの設計について　藤木忠善「建築文化」3月号
	弁天島ヤマハ荘「新建築」6月号
	第12回トリエンナーレ「デザイン」6月号
	シルクセンター「建築界」6月号
	弁天島ヤマハ荘　設計要旨　辰野清隆「新建築」9月号
	阪南高等学校　設計要旨　柴田勝之「国際建築」10月号
	宮本邸「新建築」10月号
	宮本邸「新住宅」11月号
	上野市公民館「新建築」11月号
	第12回トリエンナーレ「デザイン」11月号

	連続店舗付住宅　近鉄登美丘団地「建築」12月号
	エール・フランス東京「新建築」「国際建築」「近代建築」「ジャパン　インテリア」
	仁木邸「建築知識」12月号
1961	仁木邸　正面のない住宅　設計要旨　浅野雅彦「新建築」1月号
	安部邸「モダンリビング」1月号
	エール・フランス東京「デザイン」2月号
	仁木邸「J・A」2月号
	出光興産ガソリンスタンド6題　設計要旨　今井得司「新建築」4月号
	神保邸「新建築」「新住宅」6月号
	宮本邸「インテリア」7月号
	日本建築学会賞表彰作品　羽島市庁舎「建築雑誌」7月号
	芦屋山手中学校体育館　設計要旨　竹村真一郎「新建築」9月号
	西条市体育館　設計方針について　井上尭　吊り屋根施工について　田代作重「新建築」9月号
	リビ邸「新建築」「新住宅」10月号
	リビ邸「モダンリビング」35号
	塩野義製薬研究所「新建築」「建築文化」「近代建築」12月号
	西条市体育館「建築文化」「建築」12月号
1962	楠本邸　K氏邸　設計要旨　太田隆信「新建築」1月号
	楠本邸　内外空間への意識　太田隆信「建築文化」1月号
	楠本邸「近代建築」「新住宅」1月号
	NHKTVセンター「新建築」「建築文化」1月号
	NHKTVセンター競技設計応募案「新建築」2月号
	塩野義製薬研究所「J・A」3月号
	楠本邸「J・A」4月号
	呉市庁舎　市民会館「近代建築」「建築文化」「新建築」5月号
	専念寺「近代建築」5月号
	出光興産横浜宮本町給油所　その他「建築」6月号
	呉市庁舎　市民会館「建築界」6月号
	呉市庁舎　市民会館「建築と社会」7月号
	呉市庁舎　市民会館「J・A」8月号
	塩野義製薬　京都分室　神戸分室　竹村真一郎「建築文化」9月号
	平野邸　正面のない家・H　設計要旨　竹村真一郎「新建築」10月号
	喜多邸　正面のない家・K　設計要旨　太田隆信「新建築」10月号
	東洋レーヨン株式会社基礎研究所　設計要旨　清田育男「建築文化」11月号
	東洋レーヨン基礎研究所　覚え書　長大作「新建築」11月号
	東レ基礎研究所「近代建築」11月号
	林薬品「近代建築」11月号
	井上邸　I氏邸　設計要旨　小川凖一「建築文化」12月号
	仁木邸・宮本邸「モダンリビング」32号
	リビ邸　安部邸　仁木邸　宮本邸「関西のすまいI」
1962	白馬東急ホテル　L'ARCHITECTURE D'AUJOURD'HUI　105号
1963	大阪モデルハウス7「近代建築」2月号
	喜多邸　平野邸「J・A」2月号
	喜多邸　コートハウス設計の報告　そのI　太田隆信「建築」3月号
	大阪モデルハウス7・坂倉準三建築研究所大阪支所「建築」3月号
	心斎橋筋アーケード「建築」3月号
	東レ基礎研究所「J・A」4月号
	仁木邸　その他　人間に密着した空間を　小川凖一「建築文化」5月号

仁木邸　室賀邸　野口邸　設計要旨　小川準一　阿部勤「建築文化」5月号
佐賀県体育館「建築」5月号
佐賀県体育館「新建築」5月号
佐賀県体育館「近代建築」5月号
北野邸　上目黒の家　設計要旨　阿部勤「新建築」6月号
近鉄登美丘住宅　ユニットプランの住宅　設計要旨　太田隆信「新建築」6月号
佐賀県体育館「建築文化」6月号
中産連ビル「近代建築」7月号
塩野義製薬研究所「建築と社会」7月号
佐賀県体育館「J・A」8月号
塩野義製薬杭瀬工場倉庫「新建築」9月号
名神トールゲート「近代建築」9月号
京都国立国際会館設計競技応募案「新建築」9月号
ユニットプランの住宅「J・A」9月号
上目黒の家「J・A」9月号
松下幸之助邸「新建築」10月号
野村邸「新建築」10号
塩野義製薬杭瀬工場倉庫「J・A」11月号
松下幸之助邸「J・A」12月号
野村邸　「J・A」「ジャパン　インテリア」12月号
宮本邸「主婦の友グラフィック　子供室と遊び場」
喜多邸　平野邸「関西のすまいⅡ」
仁木邸「L'ARCHITECTURE　D'AUJOURD'HUI」No.98　JAPAN
仁木邸　宮本邸「住宅新書」小庭園の計画

1964　大阪府立阪南高等学校「新建築」2月号
仁木邸「建築文化」2月号
山岡邸「ジャパン　インテリア」2月号
出光興産高槻社宅第2棟　設計要旨　山崎泰孝「新建築」3月号
出光興産高槻社宅「近代建築」3月号
武見邸「建築文化」3月号
大阪府立阪南高校「J・A」5月号
枚岡市庁舎「建築と社会」6月号
大阪府立阪南高等学校「建築と社会」7月号
枚岡市庁舎　地方都市における公共建築の位置づけ　東孝光「近代建築」8月号
枚岡市庁舎　芦屋市民会館「新建築」「建築」8月号
芦屋市民会館　設計ノート　山崎泰孝「近代建築」8月号
千里ニュータウンH₁近隣センター「新建築」「建築」「近代建築」8月号
高島屋船出配送センター「新建築」8月号
坂倉準三建築研究所大阪支所「建築」8月号
ホテル三愛「近代建築」8月号
芦屋市民会館「ジャパン　インテリア」8月号
高島屋船出配送センター「建築」8月号
ホテル三愛「ジャパン　インテリア」9月号
ホテル三愛「建築」11月号

1965　ホテル三愛「SD」「J・A」1月号
　　　特集　塩野義製薬のデザインポリシー　坂倉準三建築研究所　吹田分室　長居分室　杭瀬倉庫　塩野義製薬研究所　増田和彦　名古屋分室　浅野雅彦，寮について　本社
　　　　改造について　西沢文隆，神戸分室　京都分室　清田育男　田中洋介，大阪薬品伊丹営業所　田中洋介，台湾塩野義製薬服份有限公司　山西喜雄，池袋分室　横浜分室
　　　　北村脩一，林薬品　京西堂　大森寮　西ノ宮寮「近代建築」2月号

塩野義製薬におけるデザインポリシー　坂倉準三建築研究所　シオノギと共に歩んで　デザインの方向について　西沢文隆　本社　研究所　池袋分室　神戸オフィス　横浜分室　京都オフィス　京西堂　堂島ファーマシー　杭瀬工場倉庫　杭瀬貴賓室　長居分室　大阪薬品　名古屋分室　吹田分室　台湾分室「建築」2月号

大阪既製服縫製近代化協同組合枚方工場団地厚生施設「建築文化」5月号

新赤坂ビル　設計要旨　清田育男「近代建築」「新建築」5月号

リピ邸「建築と社会」5月号

佐賀体育館「SD」5月号

芦屋市民会館「SD」6月号

西阪邸　NI氏邸の手法について　西沢文隆「建築文化」7月号

岩手放送会館　設計要旨　清田育男「建築文化」7月号

山本邸　その他　4つの住宅　設計要旨　太田隆信「新建築」7月号

住宅'62—'65　Y氏邸　M氏邸　太田隆信，O氏邸　山西喜雄，N氏邸　西沢文隆，分割か連続か　西沢文隆「建築」7月号

大阪既製服枚方工場団地「近代建築」7月号

真鍋邸「ジャパン　インテリア」7月号

塩野義製薬長居分室　吹田工場分室「建築と社会」7月号

岩手放送会館「建築文化」7月号

岩手放送会館　設計要旨　清田育男「近代建築」8月号

伊賀上野の建築6題　坂倉準三建築研究所　伊賀上野市民公民館　西小学校　崇広中学校　白鳳山レストハウス　三重県伊賀上野分庁舎　伊賀上野市庁舎　伊賀上野とともに歩んで　西沢文隆「近代建築」9月号

上野市庁舎　設計要旨　好川忠延「新建築」9月号

西阪邸　小野邸　真鍋邸　山本邸「J・A」9月号

名神高速道路管理局　設計要旨　稲石弘「建築文化」10月号

神奈川県鎌倉美術館増築計画　設計要旨　戸尾任宏「近代建築」10月号

鎌倉近代美術館増築計画案　設計要旨　室伏次郎「建築」10月号

出光興産横浜元町給油所　その他「建築文化」10月号

PSコンクリートをどうとらえるか　自由な造形を可能にしたPS　出光池袋給油所　戸尾任宏　吊り屋根構造に用いられたPS　西条市体育館　岡本剛　プレファブ化されたPS構法　名神高速道路一の宮管理所・トールゲート　稲石弘「建築文化」10月号

鎌倉近代美術館新館「新建築」11月号

中小企業既製服枚方団地　厚生施設の設計を終えて　瀧川公策「近代建築」11月号

東京近鉄ビル「SD」11月号

上野市庁舎「J・A」11月号

新宿西口「国際建築」12月号

新赤坂ビル「国際建築」「J・A」12月号

1966　イトーキ東京支店「ジャパン　インテリア」2月号

大阪府総合青少年野外活動センター　設計要旨　太田隆信「建築文化」3月号

大阪府総合青少年野外活動センター　自然のなかの建築　太田隆信「建築」3月号

大阪府野外活動センター「新建築」3月号

大阪府野外活動センター「J・A」7月号

養老レストハウス　設計要旨　宮崎慶二「新建築」7月号

神奈川県新庁舎「ジャパン　インテリア」7月号

神奈川県新庁舎　設計要旨　北村脩一「建築文化」8月号

神奈川県新庁舎　設計要旨　北村脩一「近代建築」8月号

神奈川県新庁舎「新建築」「建築界」8月号

鎌倉近代美術館増築　戸尾任宏　耐候性高張力鋼問題点とその将来について　室伏次郎「建築」9月号

鎌倉近代美術館新館　耐候性高張力鋼YAW-TEN50-1の使用について　戸尾任宏，展示空間の展開について　室伏次郎「近代建築」9月号

鎌倉美術館新館　設計要旨　戸尾任宏「建築文化」9月号

鶯花荘　設計要旨　山崎泰孝「新建築」9月号

鶯花荘　旅館のあり方について　山崎泰孝「建築文化」9月号

鶯花荘「ジャパン　インテリア」9月号

	上野市立西小学校体育館　設計要旨　吉田好伸「新建築」9月号
	鎌倉近代美術館新館　設計要旨　室伏次郎「新建築」9月号
	コートハウス「SD」11月号
	鶯花荘　上野市立西小学校　神奈川県新庁舎「J・A」11月号
	神奈川県新庁舎「SD」12月号
	養老レストハウス「J・A」12月号
1967	木下邸「新建築」1月号
	新宿西口広場「建築設備」2月号
	新宿西口広場・地下駐車場「新建築」3月号
	新宿西口　地下空間の発見　東孝光　田中一昭「建築」3月号
	新宿西口広場「商店建築」3月号
	名古屋近鉄ビル　設計メモ　小室勝美「新建築」3月号
	岐阜市民会館　岐阜市民会館の設計　北村脩一「新建築」4月号
	岐阜市民会館　円形のオーディトリアム　北村脩一「建築文化」4月号
	岐阜市民会館「建築」4月号
	新宿西口広場「ジャパン　インテリア」4月号
	木下邸「J・A」4月号
	名古屋近鉄ビル「SD」4月号
	岐阜市民会館「近代建築」5月号
	新宿西口広場「L'ARCHITECTURE　D'AUJOURD'HUI」6月号
	バルワニ邸　設計要旨　太田隆信「新建築」7月号
	小菅邸　KY氏邸　設計要旨　田中洋介「新建築」7月号
	小菅邸　KY氏邸　設計要旨　西沢文隆「建築文化」7月号
	新宿西口広場「L'ARCHITECTURE　D'AUJOURD'HUI」7月号
	名古屋近鉄ビル　近鉄空間のシンボル　小室勝美「建築」7月号
	鶯花荘「W・D」8月号
	関根邸「ジャパン　インテリア」8月号
	日本建築学会賞受賞作品　大阪府総合青少年野外活動センター「建築雑誌」8月号
	名古屋近鉄ビル　ラウンジ・ナインゴールド「商店建築」9月号
	岐阜市民会館「SD」10月号
	小菅邸　バルワニ邸「J・A」10月号
	山口県立博物館　設計メモ　山口県立博物館について　浅野雅彦「近代建築」11月号
	山口県立山口博物館　設計要旨　浅野雅彦「新建築」「建築文化」「建築」11月号
	新宿西口広場「SD」12月号
1968	小田急新宿西口ビル「商店建築」「ジャパン　インテリア」1月号
	山口県立山口博物館「J・A」1, 2月号
	小田急新宿西口本屋ビル　ステンレスについて　阪田誠造「近代建築」2月号
	新宿西口駅本屋ビル「新建築」3月号
	新宿西口駅本屋ビル　設計要旨　阪田誠造「近代建築」「建築」3月号
	小田急新宿西口ビル　カーテンウォールの考え方　阪田誠造「a + a」3月号
	新宿駅西口計画「J・A」3月号
	奥山ビラ　設計要旨　久保田晃「新建築」4月号
	奥山ビラ　庇のない木造建築　西沢文隆「建築文化」4月号
	葛城山国民宿舎　設計要旨　高木富夫「新建築」4月号
	牛谷邸　私の設計方法の原点（榛原のすまい）東孝光「建築文化」5月号
	牛谷邸　榛原のすまい　東孝光「新建築」5月号
	里井邸　交差した片流れ屋根　西沢文隆「建築文化」5月号
	塩野義製薬摂津工場「新建築」6月号

	奥山ビラ「J・A」6月号
	葛城高原ロッジ「J・A」6月号
	塩野義製薬摂津工場　設計要旨　山崎泰孝　好川忠延　吉村篤一「建築」7月号
	高島屋工作所大阪工場　ローコスト構造の大スパン　山崎泰孝　吉村篤一「建築文化」7月号
	高島屋工作所大阪工場「建築と社会」「建築」7月号
	小田急新宿西口ビル「SD」8月号
	牛谷邸　榛原のすまい「J・A」8月号
	箕面ホテル・レジャーセンター　群集空間　太田隆信　外村嗣夫「建築文化」9月号
	ミノオ観光ホテル「新建築」「ジャパン　インテリア」9月号
	日本建築学会賞受賞業績　新宿副都心開発計画における駅前広場の立体的造成「建築雑誌」10月号
	ミノオ観光ホテル「J・A」11月号
	ミノオ観光ホテル「商店建築」12月号
1969	荒川守正邸　A氏邸　設計要旨　太田隆信　佐々木恵子「新建築」1月号
	上阪ビル　UE氏邸＋オフィス　設計要旨　西沢文隆「建築文化」4月号
	上阪ビル　UE氏邸＋オフィス　設計要旨　久保田晃「新建築」4月号
	芦屋市民会館ルナホール「建築」4月号
	野田医院　設計要旨　田中洋介　外部空間を取込む　西沢文隆「建築文化」5月号
	楠本邸　コートハウスの増改築　設計要旨　太田隆信「新建築」5月号
	山崎医院　空間に豊かさを求める　藤田宜紀「建築文化」5月号
	近鉄四川飯店「商店建築」5月号
	ホテル　ブルースカイ　設計要旨　今井得司「新建築」「近代建築」「建築」7月号
	ホテル　ブルースカイ「J・A」9月号
	賢島カンツリークラブ　設計要旨　加藤達雄「新建築」12月号
1970	波瑳栄瓱氏邸　H氏邸　設計要旨　堀江紀夫「建築」2月号
	日本万国博電力館「建築文化」4月号
	日本万国博電力館「新建築」「近代建築」5月号
	芦屋市民会館ルナホール　ある地域文化の拠点に関係して　山崎泰孝「新建築」6月号
	芦屋市民会館ルナホール　藤田宜紀「近代建築」6月号
	特集　坂倉準三建築研究所　1937—1969　鎌倉近代美術館　戸尾任宏　羽島市計画　阪田誠造,渋谷再開発計画　1964,池袋副都心計画　青木一,近鉄奈良駅　竹村真一郎,日本万国博電力館　1970　菅野昺紀,リゾートホテル　青少年野外活動センター　太田隆信,芦屋市民会館　藤田宜紀,坂倉準三と家具　北村脩一　長大作「建築」6月号
	みのおボール　設計要旨　太田隆信「近代建築」6月号
	ホテル　ブルースカイ「BAUMEISTER」8月号
	渋谷金属加西工場「建築と社会」9月号
	渋谷駅西口ビル「建築」11月号
	東急百貨店増築「建築」11月号
1971	芦屋市民会館ルナホール「建築界」11月号
	奈良近鉄ビル　設計要旨　竹村真一郎「商店建築」11月号
	シルクホテル　コーヒーショップ「ジャパン　インテリア」12月号
	在タイ日本大使館付属日本人学校　設計要旨　戸尾任宏「新建築」4月号
	タイ国文部省職業教育学校施設計画　25校の計画概要　戸尾任宏,25職業学校のキャンパス・プランニング　清田育男「新建築」4月号
	タイ国文部省職業教育学校施設計画　解説・設計要旨　室伏次郎「建築」4月号
	タイ国文部省職業教育学校施設計画　標準化による多様性への対応　設計要旨　阿部勤「建築文化」4月号
	ホテル・パシフィック東京　ホテル・パシフィック東京のデザイン構成　西沢文隆,企画設計にあたって　蒲生恵一「新建築」9月号
	ホテル・パシフィック東京　設計要旨　北村脩一「建築文化」9月号
	ホテル・パシフィック東京　ホテル・パシフィック東京のディテールについて　吉村健治「近代建築」9月号
	ホテル・パシフィック東京「建築界」「ジャパン・インテリア」「ディテール」9月号
	ホテル・パシフィック東京「建築」10月号

坂倉準三参考文献目録

1936	日本的とは? 縺れたパリ博日本館「東京朝日新聞」6月6日
	パリ博日本館設計(前田健二郎設計実施案)「東京朝日新聞」8月8日
	1937年巴里万国博日本館設計・所感 前川國男「国際建築」9月号
	日本的日本館でパリ博参加繩る「東京日日新聞」9月22日
	現代の日本建築 巴里博日本館問題に関連して 藤島亥二郎「東京日日新聞」9月24、25、26、27日
	博覧会の建築 森口多里「東京日日新聞」10月3、4日
	日本建築の様式に関する座談会 日本建築学会「建築雑誌」11月号
1937	巴里博出品展批判 小池新二他「国際建築」3月号
	パリ万国博日本館批評「Mirroir du Monde」6月18日
	建築に探る日本的なもの 岸田日出刀「東京朝日新聞」7月7、8日
	パリ万国博日本館批評 Guston Varenne「LECESSIN」8、9月号
	パリ万国博日本館批評「D・B・Z」9月号
	PAVILION DU JAPAN A. H.「L'ARCHITECTURE D'AUJOURD'HUI」9月号
	JAPAN (パリ万博日本館) H. R. Hichcock Jr.「FORUM」9月号
	誉の日本館設計者(特別賞)「東京朝日新聞」10月24日
	1937年の博覧会における日本「BEAUX-ARTS」11月12日
	パリー博覧会かけある記 滝沢敬一「東京朝日新聞」11月31、12月1、2、3日
	パリ博日本館の印象 フランソア・サメル 富永惣一訳「東京朝日新聞」12月8日
	1937年を顧みて パリ万国博日本館 市浦健「国際建築」12月号
	1937年「近代生活ニ於ケル美術ト工芸」巴里万国博覧会協会事務報告 巴里万国博覧会協会
	パリ万国博日本館批評 S. Giedion「DIE WELTWOCHE」
	ARCHITECTURE DE FÊTES ARTS ET TECHNIQUES PARIS 1937 ÉDITIONS ALBERT MORANCÉ, PARIS
	JEAN FAVIER EXPOSITION INTERNATIONALE PARIS—1937 PARTICIPATIONS ÉTRANGÈRES ÉDITIONS ALEXIS SINJON, PARIS
1939	家具の芸術的ジャンル 坂倉準三氏の家具に関連して 本城和彦「現代建築」11月号
1940	NA(Die Neue Architektur)Alfred Roth, Girsberger Zürich (現代建築20選—パリ万国博日本館)
1941	熱河遺蹟 岸田日出刀・土浦亀城 相模書房
1951	伝統を生かせ 坂倉・武教授講演会要旨「São Paulo-Shimbun」12月3日
1952	東京日仏学院 岸田日出刀「建築文化」1月号
	サンパウロ近代美術館国際美術・建築展に参加して「国際文化振興会会報」第5号
	鎌倉の近代美術館を観る 岸田日出刀「建築文化」2月号
	巨人の爪 武基雄「日本都市計画学会ニュース」3月号
1953	明るい今年の計画「建築界のノーベル賞」設定「São Paulo-Shimbun」2月3日
	戦後の日本建築 ARCHITECTURAL FORUM 1953—1 浜口隆一訳 鎌倉近代美術館「建築文化」5月号
1954	アトリエ建設にあたって 岡本太郎「建築文化」7月号
1955	国際文化会館 ディテール批評 浜口隆一「新建築」7月号
1956	座談会 建築ジャーナリズムの動きをたどる 市浦健、稲垣栄三、浜口隆一他「建築雑誌」4月号
	日本建築学会賞表彰業績に対する推薦理由 国際文化会館 日本建築学会「建築雑誌」6月号
	国際文化会館について 関東支部デザイン研究会 吉武泰水 加藤渉 井上宇一 清家清 大島久次 神代雄一郎「建築雑誌」10月号
	美術人論斷 坂倉準三「東京新聞」12月11日
1957	書評 ル・コルビュジエ著 坂倉準三訳 輝く都市 吉阪隆正「学燈」1月号
	書評 ル・コルビュジエ著 坂倉準三訳 輝く都市 浜口隆一「建築文化」2月号
	美術館採光問題の一検討 佐藤鑑「建築文化」6月号
	シルクセンター国際貿易観光会館 表現と機能の統一的把握に欠けるところあり 浜口隆一,課題のあり方自体を検討しなければならない 山本学治「新建築」9月号
1958	雑文:トリエンナーレの回想 岩渕活輝「国際建築」2月号

	イタリアとトリエンナーレとミラノと　松田和枝「国際建築」2月号
1960	特集号　坂倉準三建築研究所戦後作品集　坂倉さんの説得力　武基雄，わたしの兄弟子　吉阪隆正，坂倉君と私　阿部知義，電気工事にみる大胆と細心　伊藤孝太郎，設備の面に理解深き建築家　高橋志馬一，永遠の青年に期待する　野田卯一，坂倉さんと私の家　松本幸四郎，坂倉さんのところで働いていたころ　芦原義信，モダンな羽島市庁舎　堀順一，世界デザイン会議の成功を　市浦健，イタリーの旅　野口弥太郎，坂倉準三君のスタート　富永惣一，本質の骨格　亀倉雄策，「家の精」について　今泉篤男，坂倉さんと都市計画　馬淵寅雄，卓越した造形　吉川清一「日刊建設通信」2月1日
	時の人　世界デザイン会議日本実行委員長　坂倉準三「毎日新聞」5月15日
	現代のデザイナー　坂倉準三「美術手帖」7月号
	日本の現代建築　神代雄一郎「DESIGN IN JAPAN」毎日新聞社
1961	商業とウルバニスム——坂倉準三の仕事をとおして　浜口隆一「SPACE MODULATOR」No.8
	日本建築学会賞　表彰業績に対する推薦理由　羽島市庁舎　日本建築学会「建築雑誌」7月号
1962	人と作品　国際的建築家　坂倉準三　川添登「室内」5，6月号
	大阪既製服縫製近代化協同組合枚方団地リポート・1「建築」7月号
	現代デザインをになう人々　浜口隆一　工作社
1963	好敵手物語　坂倉準三と前川國男　中真巳「室内」3月号
1964	時の人　日本建築家協会次期会長に推薦された坂倉準三「新建築」3月号
	オージュルジュイ誌のみた日本　神代雄一郎「芸術新潮」5月号
	解説：昭和の建築20点・パリ万博日本館・神奈川県立近代美術館　佐々木宏「新建築」6月号
	世界人と平和問答　輝く都市輝く命を　太陽と空間と緑で　コルビュジエから坂倉準三さんへ「読売新聞」7月27日
	近代建築のインサイダー　坂倉準三建築研究所　高津修一郎「新建築」8月号
1965	塩野義製薬の一連の建築をみて　高地純「近代建築」2月号
	塩野義製薬の一連の作品をみて　空間構成の理論と組織づくりにおける東京と関西　水谷頴介「近代建築」2月号
	ルポルタージュ・枚方中小企業既製服団地が教えるもの　田尻裕彦「建築文化」5月号
	こころの遠近　ランス近郊　勝本清一郎「朝日ジャーナル」5月23日号
	新宮殿造営問題　日本建築家協会声明書「新建築」8月号
	あっぱれ県人　坂倉準三「岐阜日日新聞」8月24日
	大阪既製服縫製近代化協同組合枚方団地・リポート2「建築」11月号
	坂倉準三の歩んだ道　浜口隆一　坂倉準三建築研究所作品集「建設画報」11月号
	変身の可能性—胎動する新宿　伊藤ていじ「国際建築」12月号
1966	ライブラリー　ル・コルビュジエ著　坂倉準三訳　輝く都市　藤木忠善「新建築」7月号
1967	生き抜く鎌倉近代美術館　白山和文「新建築」2月号
	ルポルタージュ　新宿副都心計画の一環としての西口広場と地下駐車場　水谷頴介「新建築」3月号
1968	新宿副都心の小田急ビル　奥野健男「アプローチ」春季号
	新しい都市空間の形成　新宿西口の意味するもの　佐々木隆文「新建築」3月号
	日本建築学会賞受賞業績推薦理由　新宿副都心計画における駅前広場の立体的造成　日本建築学会「建築雑誌」10月号
1969	デザイン入国記　坂倉準三　泉真也「室内」1月号
	再生した鎌倉近代美術館　小木曽定彰「新建築」8月号
	坂倉準三君を悼む　前川國男「朝日新聞」9月4日
	坂倉準三先生の想い出　藤木忠善「建築雑誌」10月号
	坂倉準三氏を悼む　前川國男　松田軍平　村野藤吾　伊藤滋　吉村順三　吉阪隆正「新建築」10月号
	坂倉準三君の逝去を悼む　戸谷謙介「民間伝承」10月号
1970	生活文化軸の拠点でありたい—芦屋につくられたルナホールの完成に際して　水谷頴介「新建築」6月号
	特集：坂倉準三建築研究所　1939—1969　ブリーズ・ソレイユ　西沢文隆，坂倉準三と都市計画　竹村真一郎，住宅・組立建築　1941—48　浅野雅彦，坂倉先生と私の間　西沢文隆，所員からみた坂倉準三　阪田誠造「建築」6月号
1971	朝霧の中の別れ　富永惣一「宮崎日日新聞」3月7日
	坂倉準三の思い出　富永惣一「現代日本建築家全集・月報」11号
1973	日本スキー意外史　大倉山異聞　伊黒正次「スキージャーナル」2月号

坂倉準三建築研究所スタッフ年譜

事務関係スタッフ

市村文子	1946～	小沼澄子	1961～64
倉田 一	1946～	保田和子	1961～
山西光子	1946	白木桂子	1962～64
山本清子	1946～47	片根恵子	1963～67
渡辺常雄	1946～49	長谷川克恵	1964～69
西久米雄	1947～48	池田恭子	1965～67
内野欽也	1948～50	志和池邦子	1965～
岩井ふみ子	1950～52	福島マル	1965～
林 巿之介	1950～60	前田恭子	1965～67
佐々加寿子	1952～	荒川紀代子	1967～68
鈴木 考	1953～	斉藤広子	1968～
富岡せつ	1958～	西田容子	1968～
中西悦子	1959～61	岩崎サチ子	1969～
海野忠和	1961～		

設計スタッフ

西澤文隆	1940～	小林陽太郎	1947～49	東 孝光	1960～66
駒田知彦	1940～42	柴田陽三	1947～60	山崎泰孝	1960～
鱸 恒治	1940～61	杉原	1947～49	稲石 弘	1961～65
村田 豊	1941～58	杉山	1947～49	加藤達雄	1961～
柴田良広	1941～44	田上	1947～49	坂本和正	1961～64
津田文雄	1941～47	建畠惣弥	1947～49	田中洋介	1961～
吉村健治	1941～	長 大作	1947～	西島美佐子	1961～62
和地一一	1941～42	中村 伸	1947	好川忠延	1961～
佐川 正	1941～42	萩 正勝	1947～49	吉田好伸	1961～
袴田 誠	1941～45	橋本仁四郎	1947～49	猪狩四郎治	1962～68
堀田正慶	1941～42	広井彰平	1947～49	小西昌二	1962～
谷内田二郎	1941～69	丸 山	1947～49	佐々木通博	1962～68
山西喜雄	1941～	三 谷	1947～49	佐々木恵子	1962～
渡部岸郎	1941～42	峰岸泰夫	1947～49	田中一昭	1962～
池辺 陽	1942～46	柳 下	1947～49	外村嗣夫	1962～
野中芳雄	1942～45	渡辺栄一	1947～49	福田美枝子	1962～64
吉原一誠	1942～43	渡辺 元	1947～49	水谷硯之	1962～
富田陽一郎	1943～46	北村脩一	1948～	青木 一	1963～
赤 羽	1943～44	田 上	1948～49	栄久庵尚美	1963～
太田大八	1943～44	長塚和郎	1948～50	久保田晃	1963～
春日井	1943～46	野生司義章	1948～49	滝川公策	1963～
柴山鏡子	1943～45	早川正夫	1948～49	竹下 繁	1963～66
高瀬多賀	1943～45	平 野	1948～49	中山富久	1963～
長野 博	1943～44	松島寛治	1948～49	沼田美燁	1963～67
緑川正夫	1943～48	山口 進	1948～49	布川俊次	1963～
村 上	1943～44	小槻貫一	1949～50	室伏次郎	1963
山口俊子	1943～45	髙 山	1949～50	吉村篤一	1963～
山谷美代子	1943～44	合田信雄	1951～62	黒田千秋	1964
小室勝美	1945～69	阪田誠造	1951～	堀江紀夫	1964～
小網汪世	1945～46	辰野清隆	1951～61	長部 稔	1965～68
小西 汎	1945～46	羽藤文男	1952～56	北川 稔	1965～
西巻竹男	1945～50	小寺次郎	1952～58	佐藤幸江	1965～69
野島喜晌	1945～46	増田和彦	1953～	高木富夫	1965～
芦原義信	1946～48	相田祐弘	1954～60	宮崎慶二	1965～
井上堯司	1946～62	田代作重	1954～	青野達司	1966～
今井得司	1946～69	戸尾任宏	1954～	大萱喜知郎	1966～
臼倉健之	1946～48	八巻 朗	1954～	藤田宜紀	1966～
高橋一夫	1946～48	湯浅輝男	1954～61	松平弘久	1966～69
武田礼仁	1946～48	津端修一	1955～60	和田 啓	1966～
藤原泰夫	1946～48	柴田勝之	1956～	高橋紘之	1967～
山西富美子	1946～50	平井保雄	1956～62	野口 潔	1967～
ルネ・フジタ	1946～48	藤木忠善	1956～64	松林祐薗	1967～
有田和夫	1947～49	浅野雅彦	1957～	菅野曻紀	1968～
石野 浩	1947～49	大庭 明	1957～68	土屋重信	1968～
稲 垣	1947～49	清田育男	1957～	西野善介	1968～
大 江	1947～49	竹村真一郎	1957～	橋本健治	1968～
大 宅	1947～49	妻木靖延	1957～60	若松 滋	1968～
笠井由雄	1947～49	太田隆信	1958～	松永 巌	1969～
木戸陽太郎	1947～49	小川準一	1959～64	松野 仁	1969～
洪 悦郎	1947～49	阿部 勤	1960～		

写真撮影

建築編集部（小山孝）　102
ジーエー・フォトグラファーズ
（二川幸夫）　104～105，106，108～109
（関谷正昭）　44
（髙瀬良夫）　77，78～79，82，83-左，83-右，
　　　　　　94～95
彰国社（村沢文雄）　96～97，100～101
新建築社　90，91
野口彌太郎　24，42～43
藤木忠善　49
吉川透　4～5
KOLLAR, PARIS　56～57, 58～59, 62～63,
　　　　　　72～73
L·CZIGANY, PARIS　64-上，64-下
PETER SCHEIER, SÃO PAULO　122
PUBLIFOTO, MILANO　125

提供
CHARLOTTE PERRIAND　30, 33
坂倉建築研究所　34，67，84，85，86，87，
　　　　　　110，112，114，117，118，
　　　　　　120，124

坂倉準三年表　写真撮影・提供
今泉篤男
鹿島出版会
近代建築社
建築編集部
国際建築協会
相模書房
彰国社
新建築社
土浦亀城
日本建築学会
野口彌太郎
CHARLOTTE PERRIAND
FERENC HAAR
坂倉建築研究所

装幀者の弁　　　　　　　　　　　亀倉雄策

　私は昔，坂倉さんのスキーをみたことがある。もちろん私は，坂倉さんとは口をきいたこともない頃だった。しかし写真などで顔は知っていたし，コルビュジエの弟子だということも知っていた。ある日，信越線の車内で，当時話題になっていたフランス・スキー術の創始者エミール・アーレの本を熱心に読んでいる坂倉さんを横目で私はみていた。だから坂倉さんのスキーの実力を知りたかった。それから志賀高原丸池のリフトの下で坂倉さんが，友人と二人で立っているのをみた。なにかしきりにスキー理論をたたかわしているらしかった。私はしらん顔をして二人の横にすべっていった。坂倉さんは，もちろん私を知らないので，しらん顔をしていた。やがて坂倉さんがお手本でも示すように，ちょっと急なスロープをすべった。三回転ぐらいで止ったが，なかなか上手だった。私が想像していたよりも，はるかに上手だった。私は当然のごとくショックを受けて，その日一日憂鬱だった。
　それから坂倉さんとは，いろんな会合で顔をあわせ，そして急速に親しくなった。なぜ親しくなったかというと，私が彼のスキーをほめたからである。坂倉さんは，ほめられると子供のように気げんがよくなった。そして六本木の小さな酒場に私をさそって，そこでもう一度ほめさせた。まるで森の石松である。しかしそういう坂倉さんの純情で素朴な人柄が私は大好きだった。曲ったことの嫌いなこの人は話し声が大きかった。ガンガン耳にひびく声だった。そうしてなにかに興奮すると文法を無視してしゃべるので，こっちの頭が痛くなった。
　私の装幀は，特に大きな声を表現するつもりはなかった。しかし頑固に自分の造形の世界を打ち出し，しかも不思議とぶきっちょな，この偉大な建築家にふさわしいものと思ったが，いかにも自分の微才には勝てなかった。おゆるし願いたい。

あとがき

　坂倉準三先生の本を刊行することについては，先生が亡くなられてこのかた，いつも話しあわれてきたが，多方面にわたって活躍されておられた先生のことゆえ，どのような本にしたらよいかもわからず，また当時は事務所のスタッフも進行中の仕事をかかえて多忙をきわめていたため，なかなか案がまとまらぬまま時が流れた。やがて事務所も西澤文隆所長のもとに「坂倉建築研究所」として新しい一歩を踏み出し，落ちつきをとりもどしていった。

　昭和47年春にいたり，幸にも先生の友人のかたからのアドバイスもあって刊行の計画がまとまり，鹿島出版会の協力も得られることになった。そして翌48年春から具体的な準備が進められることになったが，本の内容については，坂倉家の御好意により自由な編集ができるようにと自費出版というかたちで，すべてを私達におまかせ下さったので幅広い範囲で検討することができた。

　はからずも私が委員会の協力を得て編集を担当することになり，先ず考えたことはこのような本の刊行の意味についてであった。先生の戦後の建築活動については比較的資料も豊富であり，またいわゆる記念的な作品集として書棚に飾られる本になってしまうことは刊行の意味を失うと思われたので，この本では，むしろ資料に乏しい戦前の活動に重点をおいて，建築家として生きてこられた先生の人間像を日本の激動期という時代背景を通して明らかにすることを意図した。この本の細部構成と作品選択などの編集作業は，そのような方針に沿って阪田，竹村，私の3人が中心となって進められ，2年半を費してようやく刊行のはこびとなったわけである。なお，本書の題名「大きな声」は先生の確信に満ちた近代建築への信奉と，それから発する信念を主張されるときの大声に因んだものである。

　21世紀を前にいろいろな面で変革を迫られているわれわれにとって，先生の歩まれた道をふりかえってみることが，建築の進歩，建築家の責任，世界平和等われわれが既に認知済みであると考えている問題に対して，もう一度捉えなおしてみる機会となることを念じつつ，七回忌も近づいた今日，謹んでこの本を今は亡き先生と御遺族，そして先生を愛するすべてのかたがたに捧げる次第である。

　この本ができるにあたっては，当時の貴重なお話を聞かせていただいたり，あるいは資料や写真をお借りした市浦健，井上清一，今泉篤男，岡本太郎，小島威彦，野口彌太郎，土方定一，望月信成，吉川逸治，吉阪隆正の諸氏そして駒田知彦，村田豊，吉村健治，谷内田二郎，池辺陽，長大作ほか坂倉事務所OBの諸兄に負うところが大きい。

　ケンブリッジのセルト氏からは友情のこもった序文を，パリのペリアン女史からは若き日の先生を彷彿とさせる文章をいただいた。また装幀については多忙な亀倉雄策氏に御無理をお願いし，写真については二川幸夫氏とレトリアのかたがたにお世話になった。さらに鹿島出版会の田中康夫，亀田昭克の両氏と資料編纂をお願いした石川正子さんにはひとかたならぬ御苦労をおかけした。ここに付記して感謝する。

（編集委員　藤木忠善　1975・6）

再版資料

坂倉準三　主論文

選擇　傳統　創造
解釋の誤謬　　　　　　1941年

対談　坂倉準三氏と30分　　1957年

塩野義製薬のデザインポリシー　塩野義製薬と坂倉準三建築研究所との協力体制　　1965年

対談　住宅と都市と環境　　1966年

緑したたる大東京計画　ここに働く人たちによろこびを与えるための改造計画にふれて　　1966年

ここに掲載する5つの論文は、再版にあたって追加収録したものである。坂倉準三の数多い言説のなかから、その建築観が素直に表れていると思われるものを選んでいる。なお、「選擇　傳統　創造」と「解釋の誤謬」は、1941年に東京・大阪の高島屋で開催された展覧会の図録から抜粋した。

選擇　傳統　創造

選擇傳統及び創造をこの展覧會のテーマとして揚げる。
選擇　日本で現に生産されてゐるものゝ中から優れたるもの歐羅巴の生活に直ちに使用出來るものを選擇し、捨て去るべきものを拒否しなければならない。
　例　帶地を選んで家具の布地として使用するとか、また竹籠の技術を卓子に利用する等。
傳統　過去の日本の中に、眞に純粹な傳統を保てるものを探し求める。
寫眞一　選擇、傳統、創造の三つのテーマを揚げた展覧會場の入口。
　向つて左側の壁面・桂離宮古書院内部より御月見臺を通して御庭を望む。この建築の清純の極致はあらゆる時代を通じてあらゆる環境にゆきわたつてゐる日本の眞の傳統の姿である。
　その透徹した平面構成の原理、雨戸障子を繰れば庭に向つて一杯に開くファサード、側面の壁面は直接に光線に浴する。自然は家の中にしみ透り、家は自然の中に融け入る。各室々は襖を開けば一つのものに融け合ふ。
　桂離宮の建築を領した感覺は永遠に變らざる感覺である。移り變る時代によつて建築を滿たす生活の樣式は變り、建築にあらはれる技術は異るも、底に流れるこの感覺は永遠に變らない。
　眞の傳統を生かすといふことは忠實に模倣をすることではない。傳統の永遠の法則に從つて新しく創造することである。
　創造は卽ち傳統の一部をなすものである。

　向つて右側の壁面はル・コルビユジエとピエール・ジャンネレとによつて建てられた巴里郊外ボークルツソンの一別莊を示す。桂離宮にあらはれて居る同じ清純同じ透徹した平面構成の原理、生活の同じ表現。新しい感覺の中に日本の傳統の精神のもつ偉大な單純さが見られる。
　この日本の家に何を加へなければいけないと云ふのか。
　僅かに椅子と卓子とがあるばかりではないか。
　家の配置其他の問題は都市計畫其他の條件に基くものであつて、こゝで觸れるべき範圍を超えたものである。
寫眞二　桂離宮古書院内部より御月見臺を經て御苑を望む。
寫眞三　京都龍安寺の庭園、これ以上洗練されたものを想像出來るであらうか。

寫眞一

寫眞二

寫眞三

寫眞四

解釋の誤謬

寫眞四　拒否しなければならないものの例。

　日本は歐羅巴の國々からその國の純粹と簡單とを誇る美しい傳統を全く失つてしまつた粗惡なもの許りしか取入れ得られなかつたのであらうか。斯ういふものを現代美術品と我々は呼ぶことが出來るだらうか。

　鍛鐵製のこれらの洋燈は佛蘭西では一九二一年頃に盛に製作されたものであつて、其の後捨て去られて顧られなくなつたものである。これらの洋燈は一體照明といふ機能に應じ得るものだらうか。照明するといふことが照明器具にとつて第一の科學的要素である。この第一の問題をはつきりと把握するのが新しい感覺である。このことがはつきりと理解されて居ればこゝに示した洋燈の樣な亂暴なものは出來なかつたであらう。

　京都其の他に於いて我々は日本の國内の人達の用途のために作られた數々のものを見て知つてゐる。これらはいづれも感じのよい同感すべき品物であつた。一方また我々は歐米諸國からの舶來の品物を見て知つてゐる。これらは何れも歐羅巴趣味の見本として舶來された品物である。そしてこれらは正に人の前に示すに足りない、示してはならない俗惡品許りであつた。斯ういふものを舶來品の標準として示された工藝品製作者たちが混亂に陷るのは當然のことであらう。それらの舶來品の中には巴里の百貨店が流行おくれの廢物として片田舍の店に拂ひ渡した樣な屑物があつたり、また例へば日本へ輸出するために南米で模寫した南獨独チロル風の品物があつたりする。この感覺の混亂を先づ捨て去らなければならない。

　もとより日本の工匠工藝家たちにとつては歐羅巴人の生活を性格に想像することは既に相當に困難なことであるに違ひない。（この問題に就いては我々は歐羅巴人の日常生活を性格に傳へるための記録映畫の製作のことを考へてゐる。）

　第一歐羅巴人の生活はこちらで想像したところで仕方のないことである。その生活を眼のあたり見て知るべきである。その時に始めて何を何ういふ樣に使つてゐるかと云ふことをはつきりと理解することが出來るであらう。

　輸出工藝振興のための定期の展覽會が今年も亦開かれた。今年は四千點の應募作品の中から一千點が選ばれたよしである。入賞作品を集めて陳列した特別テーブルが一段と映えなく趣もなかつたのは殘念なことであつた。

　ペリアン女史が貿易局に招聘されて日本滯在七ケ月の間に日本の工藝の指導の上に盡した全努力の片鱗の結實をもこの展覽會の上に見ることは出來なかつた。

　日本の美術工藝は如何なる方向に進むべきか。如何なる方針に基いて探究を進めるべきか。如何なる形に於いて表現さるべきであるか、俗惡なるものを何よりも先づ拒否すべきであり、外國品の謬つた模倣を捨て去り、歐羅巴について抱いてゐる謬つた考へを除き去るべきである。歐羅巴に於いても同じく日本の生活について美術についての謬つた考へが存在してゐる。その間違つた考への根據になつたものは所謂輸出物と稱する俗惡な謬れる工藝品（同じ考へに基いて輸出された所謂文化宣傳物）であつたことは明らかである。

　輸出工藝品について云へば、商業上の必要が第一に考慮されなければならないことは勿論である。しかしあらゆる意味で質の優れたものが到るところ常に喜びを以て迎へられるといふことを忘れてはならない。この意味で正しく考慮された輸出こそ日本に齎すところの多い、同時にまた日本の價値を輝かすところのものとなるであらう。

（『選擇・傳統・創造』シャルロット・ペリアン、坂倉準三共著、小山書店）

坂倉準三氏と30分

聞き手：『建築文化』編集部

建築は大衆の使うものである
……作家もジャーナリズムも責任をもて

編集部 今度，本号に藤山邸・松下邸・そのほか，塩野・室賀邸等々の住宅や，東急文化会館・ディーゼル記念苑など坂倉事務所の作品を採録するについて，坂倉さんの日頃，お考えになっていること，また，最近の建築観といったところを伺いたいのですが。

坂倉 われわれは今の時代から次の時代に橋渡しをしようというわけですから，われわれの時代の新しい技術も出来得る限り建築に生かして，次の時代にもってゆかなければならないわけです。しかし，どこに重点があるかというと，やはり建築というのは，住宅は勿論のこと，住宅でなくても，人間が使うものであるということが肝心ですから，コルビュジエがかつて美事にいってのけた『家は住むための機械なり』という現代建築精神をわれわれは片時も忘れてはならないと思う。

そんなことは解り切ったことのようで，なかなかそうでない。新しい技術（材料，能力を含めて）を新しい用途，機能に十分奉仕させるということと，新しい技術によって一つの新しい型をつくって，それに建築の用途を奉仕させることとは同じことではない。住宅の場合は申すに及ばず，使う側すなわち，施主側の要求をできれば，正しく100パーセント生かすように，新しい技術材料，それから建築家としての能力を働かすということは当然のことのようで実際には易しいことではない。

一つの新しい型をつくって，これが新しい建築だと押しつけることは，場合によっては，むしろ易しいことであるし，ジャーナリスティックに効果的であるので，ジャーナリストも建築家も新型一辺倒になりがちになる。われわれの時代のあらゆる要求に応ずる新しい建築の箱が出来て，それが次の時代に伝えられるようなものになることは，われわれの望むところであるし，そういうものをつくってゆくということはわれわれの責任だと思っているのですが，今の極言してみれば外観一辺倒ともいえる新しい建築製造の方向に対しては批判的にならざるを得ない。

僕は今まで住宅以外は主として商業建築をつくってきたので建築の零細な空間も，施主側の『有効な空間』たらしめなければならないという建築の内部の三次元空間の構成に苦心を重ねることになり，自分としては，大戦直後の高島屋和歌山支店から，大阪難波の高島屋の地階・中地階の『ブロードフロアー』3,000坪の造成を経て跨線廊を持った東横会館，4つの映画館を収めた東急文化会館に至る建築内部空間の構成には新しい技術その他の使い方として，精一杯のことをしてきた積りであるが，一面，建築の外観（内容と外観とを二つに分けているわけではないが）に対する考慮がだんだん等閑（なおざり）になって来なかったとはいい切れない。しかし，われわれの時代の建築は何よりも建築に機能として求められるこの時代のあらゆる要求に応ずるものでなければならないから，そして建築の内部空間の構成というべきものが，重要になってくるので，最近の外観一辺倒ともいうべき新しい建築の傾向に対する僕の無意識のレジスタンスが案外そこにあらわれているのかもしれない。

僕は，建築は大衆に見られるものであるし，（商業建築となればなおのこと）大衆の使うものであるから，施主側の要求が大衆の要求とマッチする，または，その要求を正しく導くようなものにしなければならないから，内容即外観という意味で建築の外観がこの時代を象徴するに足る清新なものでなければならないから，新しい外国の建築の模倣も，場合によっては止むを得ない以上に新しい道を開く上に必要であるとも思っているのですが，この頃のようにジャーナリスティックな傾向に対しては，無条件に賛成するわけに参らぬ。竹山さんのガラス建築反対論

も，全面ガラス使用そのものというよりも，日本の国土の自然的・政治的・経済的状況を無視した，このジャーナリスティックな『新型建築一辺倒』に対する反省のための批判ではないかと思っています。その意味で僕も竹山さんの意見にむしろ賛成しているのです。

現代の建築は，すべて大衆のための建築になりつつある。時代が建築にそれを要求している。この時代を代表するに適しい正しい建築をつくってゆくことが大衆のための建築をつくることとなり，また次の時代に伝え得るわれわれの時代の建築をつくることにもなる。ジャーナリスティックに『大衆のための建築』なんていうことを絶叫する必要はない。

僕はこの時代を代表するに足り，したがって後の時代に伝えるに足るその意味でほんとうに現代および次の時代の大衆に奉仕する建築を完成させることを念願としているのであるが，その道はながく，地味であって，ジャーナリスティックに派手なものではない。僕はこれからも全力を傾けて死ぬまでこの道を進めて行きたいと思っている。

僕は自分の仕事の上で，与謝野晶子の「劫初よりつくりいとなむ殿堂にわれも黄金の釘一つ打つ」という，僕の一番好きな歌の文句を，何時も心に思い浮かべるのです。

ここでもう一つ，あなた方建築のジャーナリストにお願いしたいことは，今までジャーナリズムで推賞された代表的な建築は少なくとも実際に使用されて2年経つ3年たって，どういう状況になっているか，住宅にしろ，公共建築にしろ，本当の腹蔵なき使用者の意見を徴して，広く報告されたい。このことはジャーナリズムの社会的責任でもあるし，われわれ建築家の責任でもある。

これなくして今までのように出来たばかりの時に，時にはまだ使用者も入らない前に，写真だけで美しくジャーナリスティックに歌いあげるものでは，新しい建築も一片の商業的ファッションと変らなくなってしまう。新しい時代の建築も，大衆の建築もあったものではない。みんな新しいファッションへ狂奔することになる。若し建築家にして，そういう発表を嫌がったり，実際の状況に対する自己批判をさせられるのを不満に思ったりするものが仮にあったりしたら，それは建築家としての社会的責任を捨てて省みないものとして非難されてよい。

われわれは絶えず後の時代に正しいものを伝えるための権利と喜びと同時に責任と苦労とを持たなければならない。ジャーナリズムも同様であろうと思います。

日本的ということのなにか
……藤山邸のデザイン

編集部 最近，大分"日本的建築"ということがいわれていますが，そのことについては……

坂倉 この頃，新しく日本的建築ということがいわれだしているが，さきに触れたようにわれわれの時代が建築に要求するものを満たすということは，日本において，現在および将来のこの国の自然的・社会的・経済的基盤の上に立った，技術的その他の性能を百パーセントに生かして，この国の大衆の，また大衆に先立つ施主の要求を建築に百パーセント満たしてゆくということであるから，新しい可能性の適用に対するテストとして外国の新しい建築の技術的・造形的解決を模倣するということは許されるがそこには自ら限度がある。そうして，日本の国土のあらゆる基盤の上にのった建築が形をつくりはじめた時に自然にこの時代の日本的建築が生れてくるのであって，竹山さんの新建築批判も，その意味で日本的建築をつくってゆく上に大いに陰の力になることでしょう。あなた方の建築の現状報告も日本的建築樹立の道に貢献するということになるでしょうね。

それにもう1つわれわれが自分の血の中に持っている感覚というか，造形的創造力というか，——そういうものも無視できない。僕自身その昔パリ万国博の日本館をつくった時に，自分が考えている以上に自分の中に流れる血が（僕がここで血といっているのは本能的な感覚をいっているのではない，僕たちを包んでいる環境によって育まれたあらゆる判断力・感受性・造形的創造力——という一切をふくめていっているのであるが）新しい時代の日本的建築をつくるのに働いたことを驚いたわけ

です。あの時はあの与えられた傾斜地をできるだけ生かして，日本側の予算は特に少なかったので，公園内の立木もどんな小さな木でも1本除くと確か当時千フラン払わなければならなかったので，1本も切り倒さないようにしたし，はじめに申したように，建築の内部の空間の構成が要求された機能に百パーセント応ずるように，またフランスでは足の悪い人がかなり目立っていたので，館全体の観客動線をスロープにしたのですが，こういうあらゆる立案構成が自分の血によって，当時新しい日本建築として注意をひいたものになったのだろうと思っています。このことは，鎌倉の神奈川県立近代美術館の空間構成の場合にもあてはまるわけです。

第2次大戦終戦以来アメリカを初めとして諸外国で日本の造形が非常に注目を浴びている。日本工芸ブームともいうべきものがある。その中でわれわれの気がつかないものを見つけてくれるのは結構なんですけれども，それを余りいい気になっていると困る。向うはそういう点は非常に打算的にみるから，悪ければあとで見向きもしなくなる。その中でいいものだけが残るんだから，われわれもいい気になっていてはいけない。さきの逆に，自分の血を余り過大評価してはいけない。日本のものの何を諸外国はすてきなんだと評価しているのかを冷静に考えて見る必要がある。諸外国のその方面での新しい技術の適用にはまことに教えられるものが多い。これらを日本の国土の条件の上でいかに生かしてゆくか。今のうちに苦労して，考えなければならないことが工芸の上にはたくさんある。

最近出来上った「藤山さんの住宅」は，ああいう傾斜地形を十分利用したいと思うことと，藤山さんは日本の経済界の代表者として，アジアその他いろんな諸外国の人たちを招かれる場合が多い。そういう場合に，いかにも外国の真似みたいなしかも，謬った材料その他の使い方は困ると思うんで，材料は鉄骨を使ったんですけれども，仕上材料は，木にしても，石にしてもみんな日本のものにしました。一部，化粧室の所にイタリー産の大理石を使いましたが，チークとかラワンなど外国産のものは一切やめて，日本のクルミ材を使ったりしたんです。とくに日本色を見せようと思ったわけではないのですが，大きな障子を使ったということは，部屋の明るさとか，外光の拡散とかからいってよいし，カーテンなどより余程清潔なので管理の上からも，今後も住宅の遮光材料として使いたいと思っています。障子紙は合成樹脂の新しい材料を使いました。庭にしても藤山さんの家は樹木も多いし，今までの茶室に結びついた池もあったのですが，新しい住宅と一体になるように改造したのですが，芝生・熊笹・新しく入れた灌木類は来年になって地に生えついてからもう1度手を入れなければならないと思っています。

庭の全体計画は前庭——道路との境を除いたという意味で藤山さんの意図を反映したもので日本の住宅の前庭として劃期的なものです——中庭・後庭すべて住宅と一体になったものとして，造り上げ，住宅自体の日本的雰囲気を作り出す上に役立っていると思います。

お婆さんも感激しているロンシャンの教会
……現代建築のモニュマン

編集部 コルビュジエがマルセーユのアパートだとかロンシャンの教会とか作りましたけれども，坂倉さんはあれをどうお考えになりますか。

坂倉 コルビュジエのロンシャンの教会（ノートルダム・デュオー礼拝堂）は彼の建築家としての造形的創造力を実によく生かした傑作だと思っている。われわれのこの時代の宗教建築というに適わしいものだと思います。これは彼に非常に適した作品であったと同時に，これをつくるための社会的，その他の基盤があったということを見のがしてはいけない。彼を終始支持したこの地方の信者の代表者であり，同時にコルビュジエの熱心なファンでもあった有力なこの地方の工場主の支持は勿論のことであるが，カトリックというもののフランス人の身体の内に入っている伝統的な力というものを見のがしてはならないと思いました。実際田舎のなんにもわからない信者が，あれができたためにつくられた新しい，同時に自分たちの祖先から受けついだ宗教的な雰囲気を改めて感じとって非常に感激しているわけです。私が行った時は12月の14日頃でしたかね。そのロンシャンの礼拝堂の傍に，長く住んでいた

家族があって，いまロンシャンができたのでその前でお土産物を売ったり，絵葉書を売ることを許されているのですが，その家の50を過ぎた母親が，私に感激してこの礼拝堂のすばらしさを話してくれた。「雪の降った日，この教会を見た時の気分というものは何ともいえない。あなたは雪が降るまで待っておられるといい」なんていって……また，塔が2つあるでしょう。そのうち1つがガラスは普通のガラスがはまっていて内部の壁が赤でしょう。そのガラスに朝日があたると内部の空間は赤の壁が真赤に映えてゴシック寺院の色硝子を通じたと同じ効果になる。この時の宗教的な感激をこの母親が僕に話すのをきいていて，カトリックのフランス人たちの身体に伝っている宗教的な力というべきものを感じたと同時に，これがあってこそ，現代のカトリック教会ができるんだと思った。みんなそこにくる人達が，新しい建築はなんにも知らない人が，教会に入って，全く新しく祖先以来の伝統的な宗教的雰囲気に浸れるということは，さきに云った新しい建築と大衆との結びつきという意味でもすばらしいことで，コルビュジエの日頃の人知れない苦労がここに生かされたようで，山を下りながら，僕自身，現代の建築家として感激に浸ったことでした。

そこで僕は思うのですが，ああいうカトリックの教会というものの昔からの在り方，信者の在り方，ゴシック寺院の醸し出す人を恍惚たらしめる建築空間，その中に入って初めて現実から離れた境地を信者に楽しましめるあの根づよい宗教力があってこそ，現在になお生きる新しい教会ができるのであって，日本でこの頃神社仏閣の建築を新しく鉄筋コンクリートでつくることが，大分問題になっているが，神社・仏閣を新しく鉄筋コンクリートでつくること自体が，すでに――ほんとうの信仰の場所としての神社・仏閣をつくるのならば――不可能ではないだろうか，少くとも非常に難しいし，造っても全く別のものになる。むしろ別のものを造るつもりでなければならない。何よりも現代の日本人はヨーロッパのカトリック信者のような意味で宗教的ではない。全く別な儀礼的な意味で社寺に詣でている。恍惚境になんか，はじめから入らない，ちっとも感激もしない。日本では新しい時代の新しい神社・仏閣の建築ができる基盤のうち最も必要なものが1つ欠けている。現に鉄筋コンクリートでできた神社・仏閣はすべて贋物のにおいを蔽いかくせないでいる，というか，別のものになっている。その意味で今度明治神宮が今まで通りの形式と材料とで造営されることになったのは当然のことと思っています。

今日本でこの時代に適しい新しい宗教建築が出来るとすれば，カトリックの教会は別にして，新興宗教の――（天理教もその意味では新興宗教としての宗教力を保持しているかもしれない）――のための建築だけでしょう。

僕はロンシャンを訪れた後，アメリカでミースのシカゴのIITの教会，サーリネンのハーヴートのMITの教会，ライト二世のロス近郊のパロス・ヴェルデスにある礼拝堂などを訪れたが，それぞれ現代の宗教建築として立派に生きているものであったがキリスト教の世界なればこそと思った。

坂倉事務所の設計システムその他
……東急文化会館のことなど

編集部 事務所では仕事を進められる時に，最初の案は先生がスケッチかなんか……

坂倉 根本方針については大体，場合によっては細かいことまでいいすぎるくらいまで，担当者に予め話すのです。そのかわり，途中ではなるべくみんなの創意を生かしてつぶさないようにしています。最後にはすべてタッチしますけれども，中間では僕がいいたいこともなるべくいわないことにしているんです。若い人の創意を重要視して，とにかく僕と激論して貰うということにしているんです。それでプランを進めてゆく途中で，僕のいうことが賛成できなかったり，腑に落ちなければトコトンまでいってもらうように努めています。結局その方が結果は同じでも，僕も教えられるところがあります。コルビュジエのところでも世界中のこれはと思う人たちが集って，やはりそういう進め方をして，新しい若さをコルビュジエの方でも吸収しながら，結局コルが創り上げるの

ですが，相互の交流というものがプランを進めてゆく上に常に新しい力となっていると思うんですが，僕もそういうシステムを末長くやってゆきたいと思っています。若い人の創意，意見はなるべく集めて，プラスもあるかわりに，相当なマイナスも，未だいたらぬところもあるから，そういうのはディスカッションして，こうだと頭から決めないで，こうじゃないかというふうにして，若い人たちもみんながそうだと納得する線で纏めてゆくんです。相当時間が掛りますけれども，途中はいつも激論になるんです。

編集部 みんな現寸図まで坂倉さんがタッチされるんですか。

坂倉 細かい点までやります。ただこの間もいったんですが，検討が足りないこともあるから，僕がいいといってもそのままパッと廻さないようにしてくれと，僕がいいといっても，諸君がいいかなあと思う時には反撥して貰いたい。沢山の場合には，全部見せて貰っているんですが，つい僕の頭を素通りすることもあるから，それを諸君の方で素通りしたからいいと安心せずに，もう一度いいかしらと思ってくれということをいっているんです。これはいいといったけれどもいいですかといわれると私もハッとしますから。そういうことで，私自身も成長してゆきたいと思うんです。イージーゴーイングにならないようにしたい。現在，新しい建築がいろいろ建てられつつあるが，非常にイージーな出来方をしているものが少くない。はじめにいった様に，外観の斬新さに比べて，内容のプランの検討が非常に足りないのが多い。ファッション的な建築はつくりたくないと思っているので，その点で若い人たちとは十分議論をしながら全体をすすめてゆきたい。時々僕自身もイージーゴーイングでファッション的に効果的な建築をつくりたい誘惑というか，そういう魅力にかかるのですが，本当の正しいこの時代の建築をつくるために辛いのを頑張っているところです。まだまだ勉強が足りない。今度の「東急文化会館」でも，1スパン引っ込めてあの廻りをアーケードにするだけでも大変な苦労ですからね。あれだけ思い切って映画館のロビーを取ったということは，いまになると喜ばれているけれども。やはりあれは渋谷地区の都市計画の一環としてできなきゃならないのですから，だんだんそれに近づいているんですがね。あけっぱなしで勝手にやるというわけにはゆかない。

最後に今事務所で設計の進め方に一つの中心の推進力となる新しいシステムを造ろうとしています。第一にモデュラーの確立，材料・構造・設備さらに家具など，それぞれ担当分野別に最も能率的な合理的なシステムを造って，それによって各分野での事務所の将来に通ずる規準をつくり出してゆきたいと思っている。すでに家具の分野では，それに近いものが2〜3出来ています。

要するに，われわれはあらゆる機会にイージーの道に逃げないで勉強しながらやるということですね。

編集部 では，どうもお忙しいところを有難うございました。

（文責・清水）

（『建築文化』1957年2月号）

塩野義製薬のデザインポリシー
塩野義製薬と坂倉準三建築研究所との協力体制

われわれは設計計画監理を通じて建築生産の実際の活動をすることを職能としているのであるが、われわれの設計活動には一筋の建築家として変らない態度姿勢といえるものを保持して、建築家の現代社会に対する責務を立派に果して行きたいとわれわれは常に考えている。また実際の設計活動に対して、正しい筋を通すための努力を絶えずしているのである。われわれの活動の対象になる建築物は従来特定の民間企業体のための施設いわば民間施設が多いのであるが、これらの建築物も公共施設におとらない巨大な現代社会の営みに直接つながっているのである。多くの人たち大衆の福祉に結びついていることはある意味では公共施設にまさるとも劣らないといえる。

建築の社会的機能としての役割はその社会の進歩と共にますます高度化して来るのであるが、それにつれていよいよ重要に考えなければならないのは、建築が人間の生活を離れて存在しないということである。建築はその歴史が示すように人間解放の長い歴史の歩み、人間の文化の進歩に応じ、内部空間がそれを支える躯体の容積に比べて大きくなると同時にその内部空間に要求される機能はいよいよ高度化し複雑になって来ている。その中心にあるものはその時代に生きている人間である。

われわれは常にもっとも優れた建築を創り出すことを念願としているのであるが、優れた建築というものは何か、われわれが考えている優れた建築というのは、あくまでも、われわれの時代の精神をその時点の技術の総合によって最もよく表わしているものであるべきである。それはその時点の建築に課せられた個々の要求が、最も調和よく、物理的性能と経済的効用とが総合されて、そこに働く人間を美しく快適に抱擁し、その建築の周辺に生活を持つあらゆる人間の精神をたかめるべきものである。

内部空間のみでなく、外部空間が美しく周辺の建築群と調和し、われわれの時代に新しい都市の景観としても、多くの人間大衆の精神に感応し、その社会の文化の形成と発展とによきプラスの影響を与えるものであるべきであろう。

建築はその意味で芸術的、美的要素を持つものであることの重要なことはもとよりであるが、他面われわれの時代の要求する複雑な機能を完全に果し得るための技術的な要素を持っているということ、しかもこの技術的要素は今後一層大きくなってゆくものであることが考えられる。

ここでわれわれがわれわれに求められる建築を創造する設計計画をするに当って特に一貫して保持している姿勢、態度というべきものは(設計精神というべきもの)われわれの時代の精神を反映する要求——個々の建築に求められるあらゆる機能——技術的な要素としてはむしろ非人間的な構造、あらゆる設備の要素を人間に結びつける靭帯ともなるべき、調和ある統合の空間造形——(芸術的美的要素といってもよいかも知れない)を創り出すことをわれわれの一方的な姿勢によって決定しないということである。これは建築を求める側との妥協ではない。ここでわれわれが強く求めるものは、完全な意見の一致による協力体制である。われわれは建築を求める建築主側が、国民の税金を預る公共機関でなく、直接企業の運営に責任をもつ民間企業体の代表者たちとの協力体制をとる場合が多いだけに、この相互の完全な意見の一致による協力体制が如何に大切であるか、かかる協力体制に基く設計計画が如何にその時代に社会によき影響、社会の発展に貢献することなのかを経験によって知るのである。

もとよりこの協力体制は決して易いことではない。むしろ社会的責任を果す上にマイナスの結果を生む安易な妥協に陥らむとする危機に直面することはしばしばある。その闘いこそわれわれの時代から社会からわれわれが課せられた職能に対する責任の遂行のためのたたかいであると信じているので、われわれの設計活動の基礎となるものは常にこの闘い

のための準備，探求であり，闘いの実践であり，われわれの設計活動の喜びの源泉であるのである。

　塩野義製薬とわれわれの建築設計計画の上での協力体制が徐々に一歩一歩確められて来たのは，ここ10数年来の建設計画を通じての，一方では塩野義製薬の社長以下首脳陣の企業体としての建設デザインポリシーというべきものと他方われわれ坂倉建築研究所の設計創造活動に対する態度との相互理解の深まりによるものであるが，その根底には，両者の首脳陣（塩野義社長を始めとする重役陣，技術の最高責任者陣と坂倉準三を始め，東京，大阪事務所の幹部，担当者たち）の人間的つながりによる信頼感である。

　われわれはこの人間的信頼感を誠に大切なものと，胸に秘めて，今後ますます強く大きくなる協力体制を進めて真に両者が優れた建築として安心して現代の社会に対応して行けるものを創り出して行きたいと念願しているのである。

　はじめに触れたように，優れた建築とはここでは先ず塩野義製薬の企業の施設として，その時点にもっともマッチした機能を満たすべきものでなければならない。今例えば三重県油日の塩野義農場に建設中の一連の研究実験施設は先ず最もエコノミカルであって，しかもいろいろな機能を充分満足すべき諸設備を内蔵し，しかも，そこに働く人たちが快く，また美しく感受するものでなければならない。周囲の美しく清らかな環境を破壊することなく，その景観に調和したものであるべきである。この施設の美的要素ともいうべきものは，一方の技術的要素，特にこの場合はエコノミカルな建設計画の基盤の上にのったものでなければならない。更に，これらの施設の構築上の諸要素のいろいろの諸研究実験施設への発展に役立つテスト的な要件を満たすことが望まれるのである。われわれは一つ一つの与えられた条件を将来につづく大きな統合的建設計画への大切なテストの積重ねと考え，小さくともつつましやかな，かりそめの建築であっても，その時点に於ける双方の協力体制の努力の珠玉の如き結晶として，一つ一つを大切に創って行きたいと思っている。

　これらのながい努力の積み重ねは，その時点時点においてつつましやかであっても正しいすぐれた建築を残し乍ら，時機を得て，やがてこれらの努力の結晶として，塩野義企業のこの時代の社会に対する貢献を象徴するような，美しく清らかなあらゆる機能を内に秘めた，すぐれた建築をこの日本の地上に輝かせることであろうと念じ期待している。

（『近代建築』1965年2月号）

住宅と都市と環境

聞き手：篠原一男

問 建築家と住宅の関係をどうお考えになっていますか。

答 私は，住宅は建築のもっている本質的なものを全部もっているように思うものですから，ここへ入る若い人たちに，まず建築に取り組む考え方を知ってもらう意味でも，住宅を一度やらせるようにしています。住宅に関する限りはそこにかかったすべての費用をプラス・マイナスしてみると全部赤字です。赤字になることははじめからわかっているといってもよい。それにどんな小さなものでも，むしろ小さなものほど時間をかけないといけないと思っているのです。いままで私が住宅をつくった中にはややお金のかかったのもありますが，そういうのはどっちかというと例外であって，たいていは普通の人が建てるのですから，とにかく予算のことをはじめからきびしく考えないといけないし，それから敷地と建物のあり方をはじめからよくよく考えなければならない。またどんな小さな住宅でも独立して存在するという建築はありえない。大なり小なり回りの環境との関係がない建築というのはありえないのです。そういう意味ではどんな小さな建築でも周囲とのことを考えながらつくるということで，取り組ませる。都市計画的な視野でとらえなければならぬということを身体で覚えさせる。しかも住宅はほかの建物とちがって24時間生活を営む場ですから，若いジェネレーションの考え方がそういう具体的な面で大きな視野を見失なってはいけない。そういう意味で住宅はいろいろ大事な建築のあり方を教えるように思うのです。

問 先生の住宅へのアプローチには，とくに戦後まもないころのものには技術主義的なものがあったと思われますが。

答 私は技術的な面からのアプローチは大切に考えています。実際の生産技術とそれがどう結びついているかが問題ですが，いろいろな技術面からのアプローチも，ただ近い将来のための捨て石にはなっていると思います。

藤山邸にしても松本邸にしてもまた松下邸にしても，そのもの自体はぜいたくというか，ぎりぎりの建物ではありませんが，それぞれ技術的な面からの追求はしています。そういういわば捨て石をずっと広げながらほんとうのところまでいきたいと考えています。

また藤山邸では，環境と建物との関係というひとつの大切なテーマと取組んだのです。あそこはたまたま崖の上で，いま入口のあるところは藤山さんの使用人などが住んでいたアパートのあったところです。そしてうしろ側のいま建物が乗りだしている下の池は茶室の庭だったのです。そこにどういうようにうまく建物をハーモニーさせていくかということが問題でした。

そのことに関連して思いだされるのは1937年のパリ博のとき，博覧会当局は各外国館に，どういうふうに建ててもいいが，後でもとのとおりにしてくれという条件をだしたんです。だからどんな木でも倒してもいいが，もとのとおりにしてくれというわけですから大きな木は倒せない。それに日本館はおくれたものですから，ほかのところは工事を始めているのに，そこだけが公園のままになっていまして，ちょうど傾斜地で木の間は芝生でみんな楽しそうに歩いている。この環境をそのままにしてひとつも木にさわらないで建物を建てる方法はないかと思ったのです。それに手っとり早くできるのは鉄骨ですから軀体の骨格を鉄骨とし，ガラスは思い切って大きく使ったんです。そうすると木の間に建物が調和よくはいって回りの環境と一体になるような感じが自然にでてきましたね。私自身は夢にも思わなかったんですが，たいへん日本的だといわれ評判にもなった。意識しないでかえって私自身の中にある日本というものがでるんだということをそのとき感じたんです。

そういうわけで環境と建築との調和という課題にはじめから取組んでずっと今につづいているわけです。

問 先生の設計された住宅では，いつも家具の設計までこまかに配慮がされておりますね。

答 家具というのは日本人はもっていなかったものですね。むしろ家具がないのがこれまでの日本の建築の特徴だったんですね。それがだんだん家具をもたざるをえなくなった。だから日本の住宅の中にはいる家具は一朝一夕でできるものでないという気がするのです。家具は建物の一部となって新らしい内部空間，住まいの空間をつくるわけですから，少なくとも私たちは新らしい空間を生かしうるだけの家具をたえず追求しているのです。家具のかたちは当分たえず少しずつ変わっていくと思いますが，この追求は今後もつづけていきます。

問 現代の，とくに関西地方における住まいのあり方のひとつとして，コート・ハウスというものの提案をされていますが，その意義をどう考えておられますか。

答 コート・ハウスがこれから永久に，どこでも生かされるというようには実は考えていません。あれはある次元で，とくに関西地方は京都の町家にも見られるように，コート・ハウスに適した環境があり，プライバシーの問題や，つつましやかでも自然と接したいという強い欲求があるという意味で，京都の町家などに見られるそういう可能性を追求する機会があったものですから追求したので，これはどこへでも通ずるものと思っていません。コート・ハウスは壁に囲まれた空間とその回りの空間とのバランスの追求ですから，これは今後の日本の庶民アパートのテラスの問題とも結びつくと思いましたので，人間が営んでいたコート・ハウス的な建築のあり方をこの機会に勉強したいということだったのです。

問 これからの社会おいて，建築家はどういう問題を考えなくてはいけないでしょうか。

答 住宅というのはこれからも建築家がいつも見つめていかなければならないものだと私は思っています。ことに巨大な都市の問題が前面にでて，都市計画の今後の重要な課題となっているときに，もう一度あらためて住宅を考えなければいけないのではないか。もうすでに住まいの課題が忘れられているから，人間不在の都市計画が未来の都市像を描くものとして大威張りででてくるのでしょう。

私はコルビュジェのそばにいた関係で，コルビュジェが終始人間の住まいをどうするかという課題にいちばん関心をもっていたことを知っているのです。コルビュジェの典型的な都市計画の主体をなすのはやはり住宅の計画だったように思うのです。だから人間の24時間の生活ということは，コルビュジェにとっては大きなテーマで，いつもそれを考えていたわけです。彼がいつも繰り返しいっていた1日24時間の人間的営み，住む，働く，心身を育成する，この秩序と制約の中で出来する。

1日24時間の中で働くためのエネルギーをたくわえる時間というのは全部住宅に結びつく。大都市をどうするかという課題はそこに働くすべての人がどういう生活をするのだということを離れてはありえないと思うのです。機械だけが動いて都市ができているわけでなし，この東京にいる1,000万の人がかならずそれなりの生活をもって住み働く。そういう人がどういう生活をもつべきかということがまず考えられなければならないですね。そのとき住宅というのはなにも個々のウチという意味でないんです。しかし個々の生活の単位がどう集まるかという集まり方，それらの住宅の集まり方が大きな都市計画の中にどういう位置を占めるのか，それを考えないでいわゆる巨大なる都市計画はありえないですね。

それから建築家は誰よりも人間に対する深い愛情をもっていなければいけないですね。心の底から人間愛をもっていなければならない。建築家としての素質としてもっとも大切なものは人間愛をその人がもっているかどうかということだと私は思います。あとは造形的な鋭い感覚，技術に対する深い理解などでしょう。これからの住まいの課題はなんといっても個々の住宅でなくて，それらが集まって形づくる群の住まいの問題でしょう。もちろん独立した自分の庭をもつ住宅も郊外や田舎には今後も大いにあっていいんですけれども，都市の大部分の人というのは，いわゆるアパートといいますか，集合住宅に住むようになると思いますし，そうなったときにいまのコート・ハウスの思想の中にあるよう

な自分だけのプライバシーはほしい。一方自然と一体になりたい，それでいて実際には技術的なひとつの建物の中にたくさんの家族が住む，それをどう解決するかという技術的な都市計画からの問題が大切ですね。

それから最近プレハブの問題がさかんですけれども，あれもいまでている形では間違っていると思いますね。プレハブの精神は集合住宅に生きるべきです。プレハブで独立住宅をつくるということは矛盾してますね。独立家屋というのはこれからはむしろぜいたくな建物ですからね。プレハブというのを本当の意味でエコノミカルにやるもの，工業化に結びつくものとしないで，インスタントということに結びつけること，これは非常に間違いですね。住まいにしても「かり」という考えをやめないといけないです。仮建築だという自己弁護の逃げみちが，住宅なり都市をスポイルしている大きな原因だと思うのです。

問 現在，住宅に関して，具体的にどのような問題に取組んでおられますか。

答 私たちは今，副都心の問題に取組んでいますが，そこにも相当の住宅がなければいけないと思うものですから，そういう意味でも都市住宅の問題をいちばん切実な問題として考えています。そこに住む人たちは，太陽，清らかな空気，緑というものをなおいっそう要求すると思うのです。そういう自然の要求をどういうふうに満足させながら多くの人がいっしょに住めるかという問題，それからまた，技術面では住宅を建てる骨組みといいますか，壁までを含めての建築材料工業化という問題がどうしてもそこにでてくると思うのです。やはり都市住宅を考える上には工業化の問題は無視するわけにいきませんね。

問 そうした場合仮りにいままでにあるどんな集合住宅のイメージに近いものを考えたらよいでしょうか。

答 いままでのものはみな私のイメージに合わないですね。それよりもひとつのアパートの中に家族がどのぐらい入るかという可能性を，実際に日本で試みられないかということを考えたいと思います。1,000家族入るのか，それが50階になるのかわかりませんが，いまちょうど高層化の問題がでてきており，それが夢でなしに具体性がある。たとえば池袋などはいま適応しなくてはいけない問題を控えて考えているわけです。そのときたくさん集まった住宅の単位が問題で，その集まり方がイギリスのようなものでも具合が悪いし，コルビュジェのマルセーユでも今のように1棟だけ建ったようなのではいけないでしょう。お互いにプライバシーを確保して，しかもたくさん重なることはできないかと思うわけです。ほかからは見られないテラスがどういうようにあるか，そしてそういう場合にコートハウスみたいに小さなテラスだけが自分の庭という考え方ではいかんと思うのです。共用のほんとうの意味での公園——日本ではほんとうの意味での公園はまだないわけです。共用の庭としての公園の中に太陽と空間と緑とを十分味わえる集合住宅が建つようなことが考えられないか。それをぜひ実現したい。そのときにあるイメージというと，回りに広びろとした空間をもった，どっちかというとひどく背の高いアパートです。

問 人工土地との関係はどう考えられますか。

答 人工地盤の場合，人工地盤の上はいいんですが，人工地盤の下はどうなるか。地下室がひとつ上に上がっただけじゃ困るでしょう。1階と人工地盤の間はどうなるか。そこが陽の当たらない陰うつな環境になっては具合が悪いですね。ピロティにしても，その下がどうなるかということが問題です。

問 日本では，都市住居については建築家だけでは解決しない問題があるのではないのですか。

答 まさにそうですね。建築家とその手のとどく技術の問題だけでは都市の問題はなにひとつ解決しません。政治的解決がなによりも必要です。しかもその上にもうひとつ根本的に日本人は都市生活を営むための心がまえがひとつ欠けていますね。日本の都市ではほんとうの意味での自分の庭であり公園であるというものがひとつもないわけです。そこで編みものをしたり，知らぬ人がいても妨げられないで1日中自然をながめられる公園ができるためには，そこにくる人たちにそれだけの心がま

えが必要です。

われわれが率先して住めるようなアパートができないとだめですね。われわれもそこに住んで，公園で楽しくひなたぼっこができるようにならなきゃいけないわけですよ。

自分の庭をもたない人が自分の庭として公園に集まってくる。それがやっぱり都市生活じゃないでしょうか。そういう公園のまんまん中に大きなアパートが建つというのがコルビュジェの思想でしたね。

（住宅を語る『新建築』1966年5月号）

緑したたる大東京計画
ここに働く人たちによろこびを与えるための改造計画にふれて

「地下鉄工事などのため，消えていた日比谷公園お堀端沿いの歩道が，近く緑したたる遊歩道として生まれ変わることになった。公園の敷地と歩道は，不粋な鉄サクなどで仕切られているのが通例だが，こんどはそのサクを取りはらって両方をオープンにし，歩道にそって帯状の樹木をつくろうというもので，これだけの規模の大きい遊歩道は都の公園でははじめて。」これはサンケイ新聞の都内版に最近のった記事の一部である。しかもその遊歩道に沿うて植えられる樹木は従来皇居前の広場に見られるよう病むにきまっている松にこだわらず，公害に強い樹種を選ぶということである。まことに結構な企画で願わくば，その通りに立派に実現させてもらいたいものである。一方毎年のことながら，今年も街路樹を裁断する時期になって，漸く緑したたるようになったプラタナスその他の樹木の枝を無残に切りおとして，それらの街路樹を丸坊主にする作業が人手をかけて行なわれている。何んのために折角の街路樹を盆栽みたいにしなければならないのか，台風期に備えて根の弱い樹木が倒れないためとか，あるいはのびた枝が電線，架線等を傷めないためとか，等々いろいろ関係者からの説明を聞くのであるが，私は率直に申して，これらの解明は何一つ納得出来ない。何よりも何のために都市に街路樹が植えられるのであるか，緑したたる都市をつくるためではないか。それならば台風に対して樹木を守る方法はいくらでも考えられるし，また樹木の緑の枝を傷つけないように架線その他の電線の施設を考えるべきではないか。これに関連して何時も思うことは，どうもわが国の造園関係者の中には従来庭師意識つまり庭木にはさみを入れることが仕事であ

るという意識が残っているのではないか。これは私の思い過しであればよろしいが。それならば緑したたるまち造りのために植えてある街路樹を何故毎年盆栽化するための作業をつづけるのであるか。もう一つ気になることを申し加えれば，これも最近の新聞に市民の緑の憩の場を与えるために，建設大臣が都市周辺，特に多摩川畔の地域のゴルフ場その他民間施設を取り上げるということがのせられてあった。これも一応まことに結構なことであるが，今まで官庁の管理の実績を考えると，少なからぬ不安，不信を抱かざるを得ないのである。例えば，民間のゴルフ場はその経営のために，それ相当の経費を注ぎ込んで一般市民の眼に，あの緑の芝生が一般開放されたら，どんなにかよいだらうと映るのは当然であらう。当局はこれを民間から取上げて，自らの管理によって，この状態を保ち得るという自信があるのであらうか。一年を出でず，これらの緑の憩いの場，草ぼうぼうとして善良な市民が足をふみいれるのに不安を覚えるようなところにならないであろうか。ほんとうにこれらの緑の場所を末ながく市民の憩いの場とするためには，民間の占有者たちとその点で話し合って，例えば，現状の管理方式に修正を加えて，日曜，祭日には全面的に市民に開放する義務を負わすとか，いろいろ方法があるように思えてならない。

　私は今ここで大東京の将来の改造に関連して，もっとも身近かに市民の一人一人が関心を持つ小さいように見える問題の一つを取上げて見た。

　最近大東京の将来像の計画として，建築家，都市計画専門家の手に取り上げられて，マスコミの大きな支持を得ているものとはおよそ次元を異にしているようであるが。

　私が常に思うのは，これらの壮大な計画の立案者たち，またこれを支持するジャーナリズムは，本当に今の東京がこれらの計画によって救われると考えているのであらうか，ということである。これらの大計画が社会に与える積極的なプラスの面については，今までしばしばいろいろの観点から解説されているし，それを私自身も全面的に否定するわけではないが。いやむしろ支持すべきところのあることを認めるのにやぶさかではないが。しかし，それ以外の計画が全然あらわれないのはどうしたことであらう。大東京に集り，ここに働く多くの人たちは今救われることが大切であって，いきなり50年の将来のことをわれこそは将来にたいする先見の明があるということを誇示するような大計画だけではどうにも救われようはないのである。

　われわれ建築家，都市計画家は市民の一人として，今日に密着した改造計画をも合わせて考える社会的義務があるのでないか。敢えて市井の問題を取り上げた次第である。

（『建築東京』1966年8月号）

大きな声　建築家坂倉準三の生涯　［新装版］

発　行	2009年6月20日　第1刷発行
編　者	大きな声刊行会
発行者	鹿島光一
発行所	鹿島出版会

　　　　〒107-0052　東京都港区赤坂 6-2-8
　　　　電話　03-5574-8600
　　　　振替　00160-2-180883

印　刷	三美印刷
製　本	牧製本

©Takenosuke Sakakura
ISBN 978-4-306-04529-3 C3052
Printed in Japan

無断転載を禁じます。落丁・乱丁はお取替えいたします。
本書の内容に関するご意見・ご感想は下記までお寄せください。

http://www.kajima-publishing.co.jp
e-mail: info@kajima-publishing.co.jp